LE

DUC DES MOINES

PARIS. — IMP. SIMON RAÇON ET COMP., RUE D'ERFURTH, 1.

LE
DUC DES MOINES

ROMAN HISTORIQUE

PAR

PAUL AVENEL

PARIS

E. DENTU, ÉDITEUR

LIBRAIRE DE LA SOCIÉTÉ DES GENS DE LETTRES

PALAIS-ROYAL, 17 ET 19, GALERIE D'ORLÉANS

1864

Tous droits réservés

PRÉFACE

Depuis quarante ans environ on a tellement usé et abusé de l'histoire sous toutes les formes, qu'il est difficile à un auteur de trouver aujourd'hui le succès dans ce genre de littérature. Il est même téméraire de l'y chercher.

Nos romanciers, pour la plupart, ont si bien mêlé le bon grain et l'ivraie dans leurs travaux historiques, qu'il est impossible à un lecteur de croire aux qualités intrinsèques d'une œuvre, s'il ne s'en rapporte pas à l'honnêteté de l'écrivain, à moins pourtant qu'il n'ait assez de jugement et assez d'érudition pour reconnaitre la vérité des observations et l'authenticité des faits.

Je ne me donnerais pas la peine d'écrire ces lignes, si je ne savais point par expérience à quelles critiques spécieuses ou ridicules un auteur peut être exposé de la part de certains lecteurs.

Lorsque j'eus publié *le Roi de Paris*, j'attribuai le succès de cet ouvrage aux consciencieuses recherches qu'il m'avait fallu faire pour le composer.

Tous ceux qui le liront, me disais-je en l'écrivant, me sauront gré des soins que je mets à rassembler les matériaux nécessaires à son édification.

Je pensais que le côté historique l'emporterait sur le côté romanesque : je me trompais. — L'imagination donnait tort à la vérité ; la vraisemblance de la fiction annihilait le VRAI du FAIT.

Je m'étais donc fait une fausse idée des aptitudes de la majorité des lecteurs. Beaucoup lisent pour s'amuser, très-peu pour s'instruire.

Le nombre des gens sérieux est si restreint !

La perfection de l'art et la vérité de la science se sont réfugiées dans le camp retranché de l'étude : l'art et la vérité sont donc forcés de compter avec l'industrie de la pensée !

Les auteurs qui composent leurs ouvrages avec une sage lenteur, rencontrent pour adversaires, en descendant dans l'arène de la publicité, des gens de lettres atteints de la logodiarrhée ; ils n'en triomphent pas facilement, car l'esprit des lecteurs est toujours surpris et souvent captivé par leur audace et leur fécondité. Ce n'est que le temps qui décide entre eux de la victoire.

Les écrits des brasseurs de l'idée sont faits au jour le jour et lus à petite dose... en feuilletons par exemple !

Beaucoup de gens qui passent pour intelligents les lisent par habitude ou par désœuvrement, mais ils s'excusent de leur penchant ou plutôt de leur faiblesse pour ce genre de productions, en disant : Le dernier feuilleton de M. X... est insensé et mal écrit, mais il m'a amusé.

Amuser est un mérite ; mais que penser de ceux qui s'amusent de si peu?

La popularité d'un auteur est éphémère, lorsque, par son habileté, il abuse de la curiosité du public dont il exploite le mauvais goût, l'ignorance et la naïveté. — Produire vite et bien, c'est impossible.

J'ai cru devoir faire cette petite préface, qui n'est autre qu'une profession de foi à mes lecteurs, à cause d'une certaine conversation que je vais leur raconter.

Un soir, sur le boulevard des Italiens, je rencontrai un de mes amis.

— J'ai lu ton dernier livre, *le Roi de Paris*, me dit-il.

— Ah !

— Oui. Il m'a beaucoup intéressé.

— Tant mieux !

— Mais, dis-moi donc, est-ce que tous les *détails historiques* qu'il renferme sont vrais ?

— Très-vrais, répondis-je.

Et s'apercevant de l'étonnement que sa question avait produit sur ma physionomie, il ajouta :

— Ne t'offense pas de mon observation, tu sais comme moi que beaucoup de tes confrères ne se servent de l'histoire que pour encadrer leur imagination, et souvent même ils l'arrangent à leur fantaisie pour éviter de remonter à la source des événements.

— En effet, c'est plus commode...

— Mais alors, continua-t-il, ton volume a dû te demander de longues et pénibles recherches ?

— Assurément.

— Eh bien, mon ami, tu as tort, crois-moi, d'être aussi consciencieux : les lecteurs ne t'en sauront nullement gré et ton éditeur ne t'indemnisera jamais de tes veilles.

— Que t'importe !

— Tu travailles donc pour la gloire ?

— Je travaille le plus honnêtement possible.

En entendant parler mon ami, il me semblait entendre parler quelques-uns de mes lecteurs : voulant marier le roman à l'histoire, on ne croyait pas à ma bonne foi d'historien.

Voilà pourquoi il est de mon devoir de déclarer à ceux qui veulent bien me lire que la partie historique de mes ouvrages est rigoureusement historique et que leur but est non-seulement d'intéresser, mais d'instruire.

P. A.

20 octobre 1865.

INTRODUCTION

Aujourd'hui que la civilisation a rendu impossible le retour de ces guerres de religion qui, en certains siècles, couvrirent de sang des contrées entières de la France, il est intéressant pour un écrivain de reconstruire ces époques d'aveuglement avec les archives poudreuses que le temps a respectées et qui sont de précieux matériaux pour l'histoire.

La Ligue, dont nous avons esquissé un des sanglants épisodes dans notre précédent ouvrage : Le Roi de Paris[1], fut une de ces commotions sociales qui laissent un souvenir ineffaçable dans les mémoires d'un peuple. La Ligue, dans le principe, ne fut qu'une association formée par des gentilshommes pour conserver la prépondérance de la religion catholique, apostolique et romaine. Elle voulait un chef religieux, le pape, et un chef politique reconnu par les membres de l'association. Ouvertement,

[1] Un vol. in-12. Paris, Amyot.

les ligueurs faisaient tous leurs efforts pour que la religion servît de trait d'union entre Rome et Paris ; mais au fond ces hommes turbulents n'étaient que des conspirateurs qui n'agissaient que dans un but : l'ambition personnelle.

Les Guises, eux, qui prétendaient descendre de Charlemagne, jurèrent, par la Ligue, la déchéance ou l'anéantissement des Valois. Cette lutte, qui commença de famille à famille, se simplifia par la suite de personne à personne, c'est-à-dire de Henri de Lorraine à Henri de Valois.

Donc, la maison de Lorraine, jalouse de la maison de France, fournissait le chef politique aux factieux. Elle soutenait le Vatican pour mieux écraser le Louvre.

Les Guises avaient d'autant plus de facilité à former cette ligue, que les grands seigneurs étaient divisés, mécontents et envieux du pouvoir du fils de Catherine de Médicis ; aussi recrutèrent-ils parmi eux de nombreux auxiliaires. Et puis l'occasion était propice ; il y avait un troisième parti en France, qui, tous les jours, faisait de nouveaux progrès ; c'était le parti des réformés, qui comptait parmi ses adhérents Théodore de Bèze, le prince de Condé, le Béarnais, Dandelot, Châtillon, l'amiral Coligny, Agrippa d'Aubigné, Lanoue, le célèbre capitaine surnommé *Bras-de-Fer*, etc., etc.

Mais une ligue générale ne pouvait se former que par degrés : celle de 1576, signée à Péronne, avait déjà été proposée par le cardinal de Lorraine. — La bataille de Dreux, où le duc de Guise avait donné des preuves de haute valeur, servit à ce prélat pour mettre en relief les belles qualités de son frère et faire comprendre qu'il était le seul capable d'être chef d'une association qu'il croyait nécessaire au maintien de la religion romaine ; mais la mort inattendue du duc avait suspendu les projets du cardinal.

François, duc de Guise, assiégeait Orléans, lorsque Jean Poltrot de Méré, gentilhomme angoumois, l'assassina. Le 18 février 1563, ce misérable lui tira dans l'épaule, à une distance de six ou sept pas seulement, un coup de pistolet chargé de trois balles empoisonnées. Après avoir fait ce coup, M. de Méré monta à cheval et s'enfuit à travers les bois. Il galopa toute la nuit (le crime avait eu lieu vers six heures du soir), et quand le jour apparut, brisé de fatigue, il s'arrêta. Il avait fait vingt lieues. Il entra dans une grange et s'endormit. Une heure plus tard il était découvert et arrêté par Le Seurre, principal secrétaire du duc. Le malheureux ne connaissait pas le pays : en se sauvant, il avait décrit un cercle au milieu des champs et des taillis ; il était revenu presque à l'endroit d'où il était parti. — Il fut jugé et exécuté.

Le cardinal de Guise avait donc été forcé, pour constituer définitivement la Ligue, d'attendre que son neveu fût en âge d'être mis à la tête du parti ; mais la mort le surprit avant qu'il pût mettre son idée à exécution. Alors ses neveux, duc et cardinal aussi (Henri et Louis, fils de François), reprirent en sous-œuvre les desseins de leur oncle. — Les circonstances se montraient favorables : Henri III, qui, avant de monter sur le trône, avait été regardé comme un prince digne de la royauté, était tombé dans le mépris public. Au lieu de travailler au bien-être de son royaume, ce personnage fantasque et étrange consacrait des jours et des nuits à l'étude des costumes. Il élevait jusqu'à l'art la fantaisie de la toilette. Et quelquefois, sous les voûtes royales du vieux Louvre, il poussait la folie jusqu'à s'habiller en femme. Lorsqu'il assistait aux processions, vêtu d'un sac et pieds nus, il fouettait ses mignons avec une discipline ; s'il donnait une fête, il y paraissait avec un gros chapelet de têtes de morts pendu à sa ceinture. Il était taciturne et lugubre, là où il eût dû être aimable et galant. — Quand, monté dans son coche pesant, il entreprenait quelque voyage à travers son royaume, il avait avec lui des chiens, des singes, des guenons, — plus, des mignons. Si l'ennui venait à le prendre au milieu de ces distractions ridicules, il se mettait à découper, avec des ciseaux, des images indécentes ou de sainteté. Il jouait aussi au bilboquet, genre d'exercice dans lequel il était passé maître.

L'histoire malheureusement n'a pas que des folies ou des faiblesses à reprocher à Henri III ; car avec sa franchise inexorable la postérité l'a placé entre Sardanapale et Tibère. — Que de fois, au milieu de ses orgies sans nom avec ses mignons : Schomberg, Quélus, Maugiron, Saint-Luc et d'Épernon, il a dû penser à la Saint-Barthélemi, orgie aussi — mais de sang — dont il fut un des inventeurs.

Les Guises étaient trop adroits et trop ambitieux pour ne pas profiter de l'abaissement et de l'impopularité de leur roi.

Ils rassemblèrent la noblesse mécontente, enrôlèrent sous la bannière de Lorraine des plébéiens influents, orateurs de carrefours, qui avaient sous leurs ordres une grande partie de la population parisienne, et dressèrent le contrat de la Ligue, dont les articles avaient l'apparence de soutenir la religion catholique, maintenir l'autorité royale et conserver les officiers et les peuples dans leurs droits, coutumes, exemptions et priviléges ; mais, nous le répétons, le véritable but de la Ligue était d'élever la maison de Lorraine aux dépens de la maison royale et le saint-siége au-dessus du trône de France.

Henri de Guise, surnommé *le Balafré*[1], avait une grande force morale. Ses nombreuses victoires sur les reîtres d'Allemagne et sur les huguenots de France l'avaient rendu très-populaire. Outre ses qualités personnelles, il avait derrière lui des forces considérables : il était soutenu par le pape, le roi d'Espagne et la reine mère. Il n'avait plus qu'à oser pour réussir.

Mais osa-t-il ?

En 1588, pressé par les circonstances, forcé par le comité populaire de Paris, qui conspirait en son nom, il leva le masque.

Accompagné de quelques cavaliers, il quitta la ville de Soissons, où Henri III l'avait pour ainsi dire interné, et vint à Paris.

A son entrée dans la capitale, le comité des *Seize*, qui avait

---

[1] Il avait reçu une blessure profonde au visage un jour de victoire.

enrégimenté la population, le reçut *comme un sauveur* au milieu d'acclamations. L'allégresse semblait universelle, et la foule enivrée le salua *Roi de Paris*.

Ce prince était puissamment secondé dans son entreprise par sa sœur, veuve du vieux duc de Montpensier. — Libre, jeune et belle, elle avait conquis facilement une grande influence sur le parti ligueur. Et puis, il faut tout dire, si elle déployait tant d'ardeur contre ce débauché roi de France, c'est qu'elle avait une injure personnelle à venger : Henri III avait dédaigné ses charmes.

Mais pour justifier son animosité, ou plutôt sa rage, elle invoquait dans ses emportements le meurtre de son père sous les murs d'Orléans, et le sang de sa cousine Marie Stuart, mise à mort par la fière Élisabeth. Elle faisait le roi de France responsable du crime de la reine d'Angleterre.

Cette révolutionnaire duchesse de Montpensier faisait preuve d'une prodigieuse activité ; toutes ses actions concouraient à une idée fixe : elle voulait tonsurer le dernier des Valois, puis le jeter dans un cloître. Aussi portait-elle toujours sur elle une paire de ciseaux en or. Cette hardie duchesse était l'Euménide de la Ligue.

Le parti royaliste fit bien des épigrammes contre cette ligueuse ; nous en rapporterons une.

Madame de Montpensier boitait légèrement de la jambe droite, « un peu courbe, » dit-on, et l'une de ses épaules se ressentait de cette inégalité, qui ne diminuait pas le charme de sa personne, mais qui lui attira le quatrain suivant :

> Ta jambe et ton âme est boiteuse.
> Ainsi nature industrieuse
> Desmontre par l'extérieur
> Ce qui est de l'intérieur[1].

A l'arrivée de leur chef, les *Seize*, en champions *de la cause*

---

[1] Mss. Dupuy, v. 845.

catholique, tendirent les chaînes qui étaient scellées à chaque coin de rue et construisirent autour du Louvre des barricades avec des tonneaux remplis de terre, en criant : *Vive Guise, le pilier de l'Eglise !!*

La révolte se propagea dans toute la ville, et Henri *le Balafré* eut la hardiesse de se rendre au Louvre avec la reine mère.

Henri III pouvait alors le faire prisonnier ou le tuer ; — il ne le fit pas ; mais le lendemain le roi s'aperçut de sa faute, car pour ne pas tomber dans les mains des factieux il fut obligé, au sortir de son lit, de sauter sur un cheval et de s'enfuir par les Tuileries pour quitter le Louvre. Il était temps, car le capitaine Boursier avec ses ligueurs du quartier Saint-Denis arrivait pour cerner de ce côté la demeure royale.

Ce fut alors que *le Balafré* comprit à son tour la faute qu'il avait commise en laissant échapper le Valois. Dès ce moment il hésita, il temporisa et fit des concessions au parti des royaux.

Quelques mois après, le roi, réfugié à Blois, convoqua les états généraux, et l'orgueilleux rebelle n'hésita pas à s'y rendre.

Mais là, Henri III n'hésita pas à se venger... Et le grand homme de la maison de Lorraine, victime de son immense popularité, tomba, la veille de Noël, sous les épées des *Quarante-cinq*, les gentilshommes sicaires du Valois.

Tels sont les principaux événements historiques contenus dans notre ouvrage intitulé : *Le Roi de Paris* ; mais la maison de Lorraine devait prendre une éclatante revanche du crime royal de la maison de France.

Où ? quand ? et comment ?

C'est ce que *le Duc des Moines* apprendra à nos lecteurs.

LE DUC DES MOINES

CHAPITRE PREMIER

DANS QUELLE SITUATION CRITIQUE SE TROUVE LE ROI DE FRANCE APRÈS AVOIR FAIT ASSASSINER LE ROI DE PARIS

Henri de Lorraine, en acceptant la direction suprême des affaires de la Ligue, n'avait pas laissé d'alternative à sa fortune. Il ne pouvait plus se contenter d'un rang secondaire ; il fallait qu'il devînt roi de France ou qu'il mourût. Marchant sur les traces des ambitieux, il devait être tout ou rien, *aut Cæsar, aut nihil* ; Marius, Cinna, Pompée, Lépide, Antoine en sont une preuve.

La destinée de ces grands capitaines aurait dû l'avertir du sort qui l'attendait ; mais, confiant en son étoile, il espérait échapper à la fatalité. La déchéance du dernier des Valois était son idée fixe, et sa popularité le rendait aveugle.

Acteur principal du grand drame des barricades qui commença au mois de mai 1588 et qui se termina en décembre de la même année, il portait avec orgueil le titre de *roi de Paris*, dont la populace l'avait anobli dans un jour de triomphe. Au milieu des enivrements de la foule, il était loin de penser qu'il n'y avait pas plus loin du pouvoir populaire à la salle des états de Blois que du Capitole à la roche Tarpéienne.

Henri III, en faisant assassiner par ses gardes ordinaires *ce beau roi de Paris*, comme il l'appelait lui-même, vengeait les offenses faites à sa couronne par un sujet rebelle.—Ce meurtre mit en émoi la papauté, Philippe II roi d'Espagne, et la maison de Savoie, qui soutenaient de tout leur pouvoir le parti de la Ligue.

La lutte des trois partis qui divisaient la France allait devenir plus violente, plus terrible.

Le parti de la Sainte-Ligue, sous la direction des ducs de Mayenne, d'Aumale, d'Elbeuf, de Mercœur, frères ou cousins germains de la victime, était le plus puissant.

Le parti du roi était le plus légitime, mais le plus faible.

Quant au parti du roi de Navarre, il avait aussi ses chances de succès, quoique ne comptant dans ses rangs aucun des princes du sang catholiques.

La mort du duc de Guise mit en première ligne le duc de Mayenne dans la faction de la Ligue; c'est lui qui désormais sera responsable du sang que répandra la guerre civile.

Donc, au roi de Paris succède le *duc des moines*; le duc de Mayenne fut ainsi surnommé parce que, quoique étant chef de la Ligue, les moines gouvernaient tout.

Henri III, en se délivrant par le crime du duc de Guise, croyait rétablir son autorité; il pensait renverser le parti ligueur en le frappant à la tête : il se trompait. Les événements nous apprendront que le faible monarque rendit par cet acte sanguinaire son absolution impossible de la part de la maison de Lorraine, qui avait juré sa déchéance, mais qui, à partir du 23 décembre 1588, jura sa mort.

Le corps de Henri de Guise fut brûlé dans de la chaux vive, puis jeté dans les flots rapides de la Loire.

Le meurtre accompli, le roi avait fait appeler Alphonse d'Ornano, colonel des gardes, et l'avait envoyé à Lyon pour y surprendre le duc de Mayenne, qui y rassemblait une armée pour se rendre en Dauphiné. Mais Henri III avait été prévenu par l'ambassadeur d'Espagne, qui avait expédié dans le but contraire, au frère du *Balafré*, un courrier nommé Chazeron.

Chazeron avait seulement trois heures d'avance sur Alphonse d'Ornano.

Le duc de Mayenne, en apprenant la nouvelle de la mort de son frère, fit seller ses chevaux pour partir de Lyon. Il se rendit à Dijon, où il rassembla quelques troupes et attendit.

La ville d'Orléans appartenait à la Ligue. Le roi, aussitôt la catastrophe du 23 décembre, avait envoyé d'Entragues pour la faire rentrer dans le devoir; mais Rossieux, écuyer de Henri de Lorraine, le devança de quelques heures et mit cette ville ligueuse en armes. Comme on le voit, l'autorité du roi de France était sans effet; dans son propre royaume, le malheureux monarque était en pays ennemi.

Henri avait supporté tant d'émotions depuis qu'il voulait ressaisir le sceptre que sa main défaillante laissait échapper, qu'il était tombé malade. — Dans ce sombre et sévère château de Blois, il était abandonné de ses plus fidèles serviteurs. Sa vieille mère Catherine de Médicis était également forcée de garder le lit; elle seule peut-être, en une circonstance pareille, aurait pu relever le courage de cet infortuné prince.

Un soir, le 28 décembre, le roi appela son valet de chambre.

— Où est mon fou? lui demanda-t-il.

— Sire, M. de Chicot n'est pas rentré au château depuis trois jours.

— Qu'on s'informe où il est allé.

Le valet de chambre laissa retomber la portière derrière lui et disparut.

— Est-ce qu'il m'abandonnerait aussi, lui? murmura le roi en s'appuyant sur le bord de son lit. — O mon Dieu! je suis bien souffrant!... Ces maudits Guisards veulent ma mort, ils l'auront!.. Et le saint-père qui va me frapper d'excommunication!... Oui, mais j'ai des dispenses... et puis, on n'excommunie pas un roi de France comme un simple mortel... O Jésus, Maria!...

Le roi venait de s'étendre tout habillé sur son lit lorsque Chicot entra, enveloppé d'un grand manteau.

— Ah! mon ami, te voici? s'écria Henri en tendant les deux bras vers son bouffon.

— Oui, c'est moi, mon cher Henriquet; que me veux-tu?

— Je suis bien malade... Mets cette fourrure sur mes pieds... Là, bien!

— Henriquet, je te crois plus souffrant d'esprit que de corps; tâche de dormir et demain tu te porteras à merveille. Adieu.

Et Chicot se dirigea vers la porte.

— Tu pars! s'écria Henri, en descendant brusquement de la couche royale.

— Oui; si tu ne m'as fait appeler que pour me parler de ta personne. Je croyais que tu me demandais pour m'entretenir d'une affaire sérieuse.

— Assieds-toi, je t'en prie. J'ai une mission à te confier.

— Alors, c'est différent. Parle, je t'écoute.

Chicot s'assit dans un grand fauteuil qui était près du lit.

— Tu es bien heureux, toi, dit le roi en soupirant, de n'être pas comme moi sous le coup d'une excommunication.

— Est-ce que tu veux m'envoyer à Rome, mon fils?

— Non, non; ce n'est pas cela que je voulais te dire, reprit le roi en cherchant à rassembler ses idées. Je voulais te parler de mon cousin de Navarre.

— Du Béarnais?

— Justement.

— Alors, je suis prêt à monter à cheval; Henri de Bourbon est un franc huguenot, qu'il vaut mieux avoir pour ami que pour ennemi; et si tu n'y prends garde, il s'emparera de ton royaume ville par ville. En ce moment il doit assiéger Cognac ou Niort.

— Comment le sais-tu ?

— Est-ce que je n'ai pas des compatriotes dans son armée ?

— C'est juste; tu es Gascon et huguenot, toi.

— Et malgré cela, je ne t'en suis pas moins dévoué, mon pauvre Henriquet.

— Je voudrais que tu te rendisses près du Béarnais et que tu t'assurasses par toi-même de l'état de ses affaires. Je crois que mes émissaires ordinaires ne me disent pas toute la vérité. Les succès de ses armes m'inquiètent.

— Et tu voudrais faire la paix avec lui ?

Le roi ne répondit pas.

Puis, jetant un regard interrogateur sur son fou, il dit :

— Si je t'envoyais près de ma sœur Margot, avant de te dépêcher vers son mari ?

— Henriquet, reprit Chicot, tu es ennemi de la ligne droite, tu as tort. Tu veux ruser avec plus fin que toi; c'est une folie. Le Béarnais connaît tes affaires mieux que toi. Il sait bien que si tu lui tends la main, c'est que tu as besoin de lui. Il faut donc user de franchise ou tu seras dupe de tes ruses. Ce Bourbon vaut tous les Valois !

— Que dis-tu là, Chicot ! s'écria le roi.

— Je dis ce que je pense, mon fils : les Valois n'ont plus qu'un représentant sur terre, qui est un roi sans couronne, puisqu'il est sans puissance; ce fantôme de la royauté, c'est toi.

— Oublies-tu que j'ai le sang de Henri II dans les veines ?

— Ce n'est pas moi qui l'oublie, c'est toi.

A cette réponse, Henri III baissa la tête et fit quelques tours dans la chambre; il semblait plus soucieux et plus inquiet.

Le bouffon le suivait des yeux sans dire mot.

Au bout de quelques minutes, le roi s'arrêta devant Chicot et lui dit :

— Demain je te donnerai mes ordres.

— C'est bien, mon fils.

Le fou quitta le fauteuil où il était assis et se dirigea vers la porte.

— Tu prendras le meilleur cheval de mon écurie ; tu sais, celui que j'ai dompté moi-même.

— Soit.

— As-tu des armes ?

— J'ai mon épée.

— Cela ne suffit pas quand on voyage en pays ennemi. Tiens, prends ce poignard, il te portera bonheur. Toutes les blessures qu'il fait sont mortelles : je l'ai trempé dans mon bénitier.

Chicot prit l'arme que lui présentait Henri III et la passa à sa ceinture.

— As-tu de l'argent ?

— Si je te disais que non, mon fils, tu serais bien embarrassé de m'en donner, je crois ; car tes coffres sont vides.

— C'est vrai ; mais ma bonne mère Catherine a encore une cassette pleine d'or.

— Elle a toujours été femme de précaution, ta bonne mère : je le sais.

— Tu refuses, alors ?

— Oui, mon escarcelle est pleine ; et puis, tu sais qu'en voyage je me contente de peu.

— Eh bien, à demain !

— A demain.

En sortant de la chambre du roi, Chicot fit ses préparatifs de voyage.

CHAPITRE II

DE LA RENCONTRE SINGULIÈRE QUE FIT CHICOT EN ALLANT DE BLOIS A SAINT-JEAN-D'ANGÉLY

Le lendemain matin, Chicot alla chez le roi. Sa Majesté n'avait pas fermé l'œil de la nuit ; elle était pâle, maladive et inquiète.

Le roi se leva d'un grand fauteuil où il était plutôt étendu qu'assis, et se dirigea vers une table chargée de papiers. Il y prit une lettre et la présenta au bouffon.

— Chicot, mon ami, dit-il, tu remettras ce pli en mains propres à mon frère Henri le Béarnais.

— Et puis ?

— C'est tout.

— Il est à Saint-Jean-d'Angély ?

— Oui, pars, fais diligence, et surtout tâche de ne pas tomber dans une embuscade de ligueurs.

— Sois tranquille, mon fils, j'ai un cheval qui compte Pégase parmi ses ancêtres. C'est le meilleur de tes écuries.

Immédiatement notre ambassadeur se mit en selle.

Quand il fut sur la grand'route, il se dit :

— Ah ! les astrologues Regiomontanus Stoffler, Rantzovius, Nostradamus et Turellus ont bien eu raison de prédire à la France de grandes calamités pour l'année 1588 ; leurs prédictions ne se sont malheureusement que trop bien accomplies. Maintenant, je suis tenté de croire à l'astrologie. Ah! la belle science que l'astrologie! savoir l'avenir! Je voudrais bien connaître ce que l'avenir réserve à Henriquet.

En faisant cette dernière réflexion, Chicot jeta les yeux devant lui et aperçut, dans un pré qui bordait la route, un homme. Cet homme avait laissé son cheval à quelque distance et cherchait à attacher une corde à l'extrémité d'une des branches d'un vieil orme.

Chicot, pour bien se rendre compte de l'occupation de cet inconnu, qui portait le costume des soldats du roi, arrêta sa monture.

L'homme, ne pouvant atteindre la branche qu'il désirait, alla chercher une grosse pierre qui se trouvait le long de la route et vint la placer sous l'arbre. Il monta dessus, s'y tint en équilibre et leva les bras pour attacher sa corde; la pierre roula, et notre soldat tomba à la renverse dans la neige qui garnissait le sol. Il se releva en proférant un furieux juron. Puis, comme tout honteux de sa mésaventure, il regarda autour de lui. Il aperçut le messager du roi. Son œil roula étincelant dans l'orbite, sa lèvre eut une contraction nerveuse qui dénotait la colère, et d'un mouvement convulsif sa main droite saisit la poignée de son épée. Il la tira à demi du fourreau et fit trois pas en avant; mais, se ravisant tout à coup, il courut à son cheval, d'un bond fut dessus et mit flamberge au vent.

Rien de ce que nous venons de raconter n'avait échappé à Chicot. En voyant l'homme lancer son cheval contre lui, il s'affermit sur ses étriers, tira son épée et se disposa à le recevoir comme un soldat doit recevoir un ennemi.

Le cavalier galopait en brandissant son arme et en poussant des cris gutturaux, qui frappèrent l'oreille du fou du roi d'une façon étrange.

— Ce personnage a les allures bien diaboliques, pensa Chicot. Le soldat arrêta son cheval au milieu du chemin.

— Es-tu l'Homme-Rouge? dit-il à Chicot.

— L'Homme-Rouge ?

— Oui.

— Pourquoi cette question ?

— Tu m'en as tout l'air.

— Moi, j'ai l'air de l'Homme-Rouge.

— Malgré ton déguisement, je te reconnais.

— Est-ce que cela te déplaît que j'aie un manteau violet sur les épaules?

— D'où viens-tu?

— De Blois.

— Alors tu es l'Homme-Rouge?

— Flattons sa manie, pensa Chicot, et il répondit : — Oui, je suis l'Homme-Rouge. Après ?

— Je le savais bien! s'écria le soldat.

— Puisque tu le savais, pourquoi me le demandais-tu?

— Pour en être plus sûr.

— Eh bien, maintenant que tu en es sûr, que veux-tu de moi ?

— Je veux savoir si tu viens ici pour te venger.

— Pour me venger... de qui ?

— De moi.

— De toi? Je ne te connais pas.

— Tu mens.

— Ah! çà, drôle, je vais te passer ma rapière au travers du corps, si tu continues sur ce ton.

— A ta place j'en ferais autant. Frappe.

Et le soldat se renversa à demi sur sa selle en poussant un éclat de rire strident.

— Cet homme a perdu la raison, se dit Chicot.

L'inconnu garda quelques instants le silence. Sa figure était devenue sombre. Son regard fixe était sans intelligence. Chicot avait réellement affaire à un fou.

— Monsieur l'Homme-Rouge, reprit le soldat, si vous voulez

continuer votre route sans vous occuper de moi, je me retire ; sinon nous allons croiser le fer.

— Monsieur, répondit Chicot en ôtant son toquet de velours, je ne m'occupe jamais des affaires des autres ; j'ai assez des miennes. Allez vous faire pendre où vous voudrez !

— La pendaison est une mort comme une autre.

— Je ne me suis jamais pendu ; ce trépas manque de charmes pour moi.

— Cela dépend des goûts.

— Vous avez raison.

— Ainsi, monsieur l'Homme-Rouge, veuillez continuer votre voyage, moi, je vais commencer le mien pour un monde meilleur : le vôtre.

— Le mien ?

— Oui, n'êtes-vous pas une ombre ?

— Je suis une ombre ?

— Et depuis trois jours et trois nuits vous me poursuivez sans relâche.

— Pour quelle raison, s'il vous plaît ?

— Parce que vous ne me pardonnez pas le coup de pertuisane que je vous ai donné dans la gorge le 24 décembre.

— En effet, cela doit se pardonner difficilement.

— Adieu, Homme-Rouge ; adieu, je suis excommunié ! s'écria le soldat en proie à un délire effrayant, adieu, je suis maudit, maudit, maudit !!...

Et l'inconnu fit cabrer son cheval, qui tourna sur ses jambes de derrière et traversa au galop le pré à l'extrémité duquel s'élevait l'orme séculaire.

— Décidément, se dit Chicot, cet homme tient à embellir ce gros arbre de son cadavre. Laissons-le faire, un fou de plus ou de moins sur terre n'est pas de grande importance pour le salut de l'humanité.

Le soldat s'arrêta sous l'orme. Il attacha sa corde à une des branches principales. Après avoir fait un nœud coulant à l'extrémité, il se le passa au cou. — Chicot, obéissant à un mouvement naturel, enfonça ses éperons dans le ventre de sa monture et arriva près du soldat au moment où le malheureux vidait les étriers pour se balancer dans l'espace.

D'un coup du tranchant de son épée Chicot coupa la corde, et le moribond roula sur le sol au milieu d'un râle affreux.

— Ventre de biche! il était temps! s'écria Chicot en sautant lestement à terre.

Le soldat gisait à trois pas de lui sans connaissance.

Chicot aussitôt s'occupa de le rappeler à la vie. Il lui desserra le nœud coulant qui l'étranglait, et le mit sur son séant au pied de l'arbre.

L'inconnu semblait inanimé. Sa figure violacée par la strangulation avait une expression cadavérique.

Chicot écarta son pourpoint et mit la main sur son cœur. Il sentit un léger battement.

— Il n'est pas mort, pensa-t-il; une seconde de plus eût suffi pour lui faire passer le Styx.

Le soldat ouvrit les yeux et poussa un soupir.

— Ah! ah! ça va déjà mieux, murmura Chicot.

Et pour activer sa résurrection, le bouffon prit une poignée de neige sur l'herbe et se mit à en frotter vigoureusement la face et le cou du pendu. Ce remède fut efficace. Le moribond étendit les bras comme un homme qui sort d'un profond sommeil et dit d'une voix sourde :

— Sainte Mère de Dieu, où suis-je?

— Vous êtes dans un pré, couché sur la neige, répondit Chicot; vous vous croyiez en paradis, n'est-ce pas? Erreur, mon ami, les pendus n'y vont pas.

— Les pendus n'y vont pas? reprit l'inconnu; pourquoi dites-vous cela, monsieur? Est-ce que je suis pendu?

— Vous ne l'êtes plus, mais vous l'étiez, il n'y a pas trois minutes.

— Moi?

2.

— Oui, vous ; et sans moi vous seriez à cette heure dans la barque de ce bon M. Caron.

— Qui êtes-vous donc?

— Je suis un voyageur inoffensif que vous avez arrêté en l'appelant l'Homme-Rouge.

— L'Homme-Rouge! le cardinal, le cardinal!!

Le soldat prononça ces mots avec terreur et se laissa aller à la renverse, en proie à des convulsions violentes.

Chicot tira de son pourpoint un petit flacon de cristal qui contenait un cordial et en versa quelques gouttes sur les lèvres du malheureux.

Peu à peu il revint à lui, la crise se calma. Ses yeux perdirent de leur fixité, leurs regards devinrent doux et intelligents. Un sourire effleura ses lèvres. L'inconnu venait de passer de la mort à la vie et de la folie à la raison. Ce qui prouve que la pendaison est parfois utile.

— Vous m'avez sauvé, dit-il en tendant la main à Chicot; merci, monsieur.

— Ce n'est pas malheureux, nous voilà dans notre bon sens enfin! Ah! depuis un quart d'heure vous me donnez assez de tourment, ventre de biche!

— Que puis-je faire pour vous payer de vos bons soins? Qu'exigez-vous de moi?

— J'exige que vous n'arrêtiez plus les gens sur la route; vous entendez!

— Pardonnez-moi, je n'avais pas la tête à moi.

— Je m'en suis, pardieu! bien aperçu. Allons! levez-vous, remontez à cheval et partons. A propos, mais nous ne suivons peut-être pas le même chemin?

— Mon chemin sera le vôtre.

— Voilà votre folie qui vous reprend.

— Non. Je me suis sauvé ce matin du château de Blois et ne veux y retourner à aucun prix.

— Vous étiez donc au service du roi de France?

— Malheureusement.

— Et pourquoi malheureusement ?

— Mettons-nous en selle, je vous conterai mon histoire en route. Je suis gelé jusqu'à la moelle des os.

— Chicot et le soldat enfourchèrent leurs chevaux et regagnèrent le chemin.

— Alors, vous voulez m'accompagner? demanda Chicot à l'inconnu.

— Oui, répondit celui-ci, si toutefois cela ne vous déplaît pas.

— Du tout.

— Où allez-vous?

— Je vais voir un de mes parents qui sert dans l'armée du roi de Navarre.

— C'est un grand capitaine que le Béarnais.

— Il le prouve tous les jours ! Mais laissons là le Navarrais, et dites-moi pourquoi vous vous êtes sauvé du château de Blois.

— Volontiers ; mais à une condition...

— A une condition?

— Oui.

— Laquelle?

— Je veux que vous me juriez, sur ce que vous avez de plus cher au monde, de ne jamais répéter à qui que ce soit le secret que je vais vous confier.

— Je vous le jure !

— Vous connaissez les terribles événements qui se sont passés aux états généraux?

— Je sais que le roi de France a eu le bon esprit de se débarrasser des Guises qui voulaient le déposséder de son trône.

— Alors vous approuvez sa conduite?

— A sa place j'en eusse fait autant. Vaut mieux tuer le diable que le diable ne vous tue.

— C'est ce que je me suis toujours dit.

— Mais qu'a de commun la tragédie de Blois avec votre histoire?

— Vous allez le savoir. Sa Majesté a fait poignarder *le Balafré* par sept ou huit de ses ordinaires.

— Ses quarante-cinq, dont le chef est M. de Loignac; je sais cela.

— Ce n'était pas difficile de trouver des hommes dévoués pour tuer un ambitieux; il n'y allait pas de la vie éternelle! tandis que pour assassiner un cardinal...

— Ah! ah! je comprends, fit Chicot.

— Personne donc, reprit le soldat, ne voulut tremper ses mains dans le sang du prélat, de crainte d'être damné; eh bien, moi, monsieur, j'y ai consenti...

— Moyennant cent écus neufs et la défroque de la victime. Et la robe d'un cardinal vaut bien trente écus, surtout celle-là qui était en beau velours rouge doublé de peluche...

— D'où savez-vous ces détails? Je croyais que personne ne les connaissait.

— Je suis un des amis du capitaine Duguast.

— Mon capitaine?

— Oui; en buvant, hier soir, au repos de son âme, il m'a tout conté.

— Et il ne redoute pas, lui, le châtiment de Dieu?

— Non; il a exécuté des ordres, il n'est pas responsable des actes.

— C'est juste.

— Sans cela, je ne vous le dirais pas.

— Eh bien, je n'y avais pas pensé, moi.

— C'était un tort.

— Il me semble à présent que je respire plus à mon aise.

— Respirez, respirez, mon brave, cela vous soulagera.

Et le soldat respira bruyamment comme un homme qui vient d'échapper à un grand danger ou plutôt comme un homme qui a un poids énorme de moins sur la conscience.

A la suite de cette conversation, un silence assez long régna entre nos deux voyageurs.

Le soldat hâtait la marche de son cheval. Il paraissait désireux de s'éloigner le plus vite possible de l'endroit où un moment de désespoir avait failli le faire passer de vie à trépas.

Chicot, en habile observateur, avait remarqué la réaction morale à laquelle était en butte son compagnon de route.

Il avait lâché la bride de sa monture.

Le noble cheval d'Espagne qui le portait galopait à côté du cheval normand du soldat, en réglant son pas sur le sien. Il secouait la tête en lançant par les naseaux deux jets de vapeur. De temps en temps il faisait entendre un petit hennissement; on eût dit qu'il était fier d'entrer en lutte avec un des vigoureux coursiers d'une des meilleures races de France.

Chicot, alors, examina la physionomie de l'ex-pendu. — C'était un homme aux larges épaules, aux membres athlétiques. Sa figure avait une expression commune; son front était bas et étroit; ses yeux gris et vifs étaient ombragés de gros sourcils noirs; ses lèvres étaient épaisses; son nez était camus, et ses narines, extrêmement ouvertes, dénotaient chez cet individu des instincts matériels et brutaux. En somme, il avait plutôt l'air d'un instrument aveugle que d'un être raisonnable et intelligent.

Après une course à fond de train d'une heure, le soldat arrêta son cheval tout à coup.

— Qu'avez-vous donc, camarade? lui demanda Chicot en imitant sa manœuvre.

L'inconnu ne répondit pas et regarda derrière lui avec effroi.

— Est-ce que vous n'avez pas entendu quelque chose?

— Que voulez-vous dire par quelque chose? repartit le bouffon de Henri III. Est-ce un coup de feu, le râle d'un mourant ou le cri d'un hibou?

— Je croyais distinguer au loin le bruit d'une troupe de cavaliers.

— Et quand cela serait?

— S'ils étaient à ma poursuite?

— A votre poursuite?

— Ce ne serait pas impossible.

— Ah çà! mon brave, vous vous croyez donc un bien grand personnage, s'écria Chicot, parce que vous avez donné quelques coups de poignard à un cardinal qui, par ambition, trahissait Henri III, vendait la France à l'Espagne, en abritant son infamie sous le manteau de la religion catholique, apostolique et romaine? Le cardinal de Guise était plus ennemi de la France que Philippe II, ne vous y trompez pas. Ce que vous avez fait est plutôt digne d'éloge que de blâme : vous avez sauvé la couronne du dernier des Valois.

— En vérité!

— Parbleu! Allons, en route! Nous sommes maintenant plus près de Loches que de Blois, nous pouvons y arriver avant le coucher du jour.

— Allons! fit le soldat d'une voix sourde ; à la volonté de Dieu!

Les deux cavaliers enfoncèrent leurs éperons dans les flancs de leurs chevaux et partirent ventre à terre.

Ils disparurent bientôt entre deux collines qui bordaient la route, et le bruit des fers de leurs coursiers sur le sol glacé se perdit peu à peu dans l'immense tranquillité de la plaine.

CHAPITRE III

OU L'ON VERRA QU'IL EST QUELQUEFOIS UTILE A UN HONNÊTE HOMME DE SAVOIR TRICHER AU JEU

Il était huit heures du soir.

La ville de Loches était plongée dans un morne silence.

Les rues étaient désertes.

Les habitants de cette petite ville s'étaient réfugiés dans les maisons, dont ils avaient fermé avec soin les volets et les portes pour échapper aux trois ennemis réunis qui les menaçaient : les reîtres, les huguenots et l'hiver.

Le ciel, d'un bleu terne parsemé d'étoiles, répandait sur les objets une lueur douteuse et blafarde.

Un vent glacial sifflait dans les rues et tourbillonnait dans les carrefours, emportant dans sa marche rapide les quelques flocons de neige qui erraient dans l'espace.

La tranquillité de cette humble cité fut bientôt troublée par le roulement lointain d'une chaise de poste.

La voiture, après avoir parcouru un tiers de la ville, en venant du midi au nord, s'arrêta devant l'auberge du *Rameau vert*, située à l'un des angles de la place.

Deux personnes en descendirent, et demandèrent à l'aubergiste l'hospitalité pour la nuit.

Un petit homme maigre, aux joues creuses, au nez busqué, au regard oblique, s'avança portant une lanterne et dit aux voyageurs que son établissement était à leur disposition.

Le garçon d'écurie remisa la chaise de poste, et les deux étrangers pénétrèrent dans une vaste salle à demi éclairée par un bon feu qui petillait dans l'âtre d'une immense cheminée.

L'un de ces nouveaux venus était un homme de quarante ans environ. Il portait un large feutre et une longue barbe d'un noir d'ébène dissimulait les traits de sa figure. Sa démarche était lente et grave.

L'autre était un jeune homme tout à fait imberbe. Sa physionomie était expressive et son œil vif et pénétrant. Son allure était timide et maladroite ; sous le costume de page qu'il portait, il semblait mal à son aise. Un observateur quelque peu exercé aurait supposé que ce jeune inconnu était une femme qui cherchait à cacher son sexe sous des vêtements masculins. Il était drapé à l'espagnole dans un manteau de drap brun.

Les voyageurs s'étaient assis près du feu et causaient à voix basse, tandis que l'hôte allait et venait pour leur préparer le souper et des chambres.

— Hé ! l'hôtelier ! dit d'une voix mâle et sonore le plus âgé des deux inconnus.

— Monsieur m'a appelé ? répondit le petit homme maigre, tenant toujours sa lanterne à la main.

— Comment te nommes-tu ? reprit le voyageur en se tournant vers l'aubergiste.

— Fridolin, pour vous servir.

Et le petit homme grimaça sous prétexte de sourire.

— Tu t'appelles Fridolin pour nous servir, reprit d'une voix rude l'étranger ; et si tu ne nous servais pas, comment te nommerais-tu donc ?

Le maître de l'auberge du *Rameau vert* resta tout interdit. Il ne s'attendait pas à une pareille observation.

— Monsieur veut sans doute plaisanter, balbutia le pauvre hôtelier.

— Je ne plaisante jamais, entends-tu! En France, vous avez une singulière façon d'aborder les gens...

— Cet homme est un capitaine de brigands ou le chef d'une compagnie de reîtres, pensa Fridolin, ce qui est à peu près la même chose.

Après un moment de silence, l'homme à la barbe noire reprit :

— Nous pouvons souper chez toi?

— Oui, capitaine.

— Pourquoi m'appelles-tu capitaine? Est-ce que tu me connais?

— Pardon, mon gentilhomme, je croyais deviner à vos manières, à votre ton, que... vous... que...

— Pourquoi me nommes-tu gentilhomme à présent?

— Vous savez, dans notre état il faut toujours user de politesse...

— Assez! Ah! en France, vous avez une singulière manière de parler aux gens!...

Fridolin commençait à trembler de tous ses membres.

— Alors nous pouvons souper ici? reprit l'inconnu.

— Oui, Monsieur.

— Et que peux-tu nous donner?

— Un potage...

— Nous ne mangeons pas de potage...

— Un morceau de bœuf bouilli...

— Le bœuf bouilli est bon pour les mendiants.

— Il me reste un quartier de chevreuil....

— Du chevreuil?

— Voilà un mets excellent, dit Fridolin avec une légère grimace qu'il tenait toujours à faire passer pour un sourire.

— Excellent! excellent! répéta le voyageur, quand on n'en mange pas tous les jours.

— Si Monsieur est dégoûté du chevreuil, je n'insiste pas.

— Depuis Bayonne jusqu'ici nous en avons mangé dix fois.

En France, on n'aime donc pas le gibier, qu'on l'offre au premier venu?

— Au contraire, Monsieur, la politesse française veut que l'on donne les meilleurs mets aux étrangers...

— Dans mon pays, c'est différent, on garde les meilleurs morcéux pour soi ; les Français sont des niais.

— Je ne dis pas le contraire.

— Ah! caramba! je voudrais bien que tu disses le contraire, je t'enverrais contre le mur aussi facilement que cela.

En disant ces mots, l'étranger, d'un revers de main, envoyait à l'extrémité de la salle la lanterne que tenait encore l'aubergiste.

Fridolin devint pâle comme la mort. Ses yeux allaient alternativement du voyageur à la lanterne brisée.

Le plus jeune des voyageurs lança en ce moment un regard impératif à son compagnon. Celui-ci y répondit par un geste de la main qui voulait dire : — Ne craignez rien.

— Eh bien, bonhomme, reprit le plus âgé des étrangers, sers-nous pour souper ton potage, ton morceau de bœuf et ton quartier de chevreuil.

— Bien, Monsieur, fit l'aubergiste ; dans un petit quart d'heure vous serez servis.

— Et dépêche-toi ; don Gaspar d'Alcégas n'aime pas attendre.

Fridolin salua et sortit.

— Don Gaspar, dit alors le plus jeune des voyageurs en jetant un coup d'œil vers la porte, vous avez tort de tourmenter ainsi les gens ; depuis notre entrée en France vous n'en faites pas d'autres dans les hôtelleries où nous nous arrêtons.

— Que voulez-vous! ces maudits Français me donnent sur les nerfs! Un hérétique est pour moi un reptile venimeux que j'écrase du talon de ma botte, lorsque je puis le mettre dessous.

— Rien ne vous dit que notre hôte soit huguenot, reprit le jeune homme.

— Dans ces contrées, ils le sont tous. Le Béarn, la Gascogne, la Guienne, l'Angoumois, le Poitou ont de la vénération pour *le Béarnais*, que les ennemis de l'Espagne appellent aussi *le Navarrais*.

— C'est un brave soldat que Henri de Bourbon.

— Ah ! si mon roi très-catholique Philippe II voulait seulement me confier le commandement de quelques milliers de ses nobles et courageux Castillans, je chasserais bien ce roitelet-là de son royaume de Béarn.

— Oh ! je sais, don Gaspar d'Alcégas, que vous ne doutez de rien.

— Quand on combat pour la religion catholique et sa patrie, il n'y a rien d'impossible.

— En attendant, ne parlons pas politique, nous sommes en pays ennemi.

— C'est vrai, don Alfonse, le huguenot Bourbon tient victorieusement la campagne dans le Poitou, et ses succès le rendent plus arrogant de jour en jour. Mais, patience, ce géant aux pieds d'argile tombera au moindre souffle de la sainte Ligue. Pour cela il suffit de la volonté du vainqueur d'Auneau et de Vimory, l'illustre capitaine Henri de Guise.

— Qu'on a surnommé le *Prince des ténèbres*[1], par allusion à la surprise nocturne de Vimory, je crois, ajouta don Alfonse.

— Justement.

— Chut ! fit le jeune homme, voici notre hôte qui revient.

— Motus ! alors ; car ce petit homme au regard faux pourrait bien être un espion à la solde du Valois ou du Béarnais.

La porte de la salle tourna lentement sur ses gonds et Fridolin parut.

— Ces messieurs désirent-ils choisir leurs chambres, dit-il, car j'en ai plusieurs à leur disposition ? Pendant ce temps on mettra la table.

[1] Étienne Pasquier, liv. XI, lettre 15.

— Volontiers, répondit don Gaspar d'Alcégas en se levant. Venez-vous, don Alfonse? ajouta-t-il en se tournant vers son compagnon.

— Non, c'est inutile, vous savez ce qu'il nous faut.

— Nous voulons deux chambres voisines l'une de l'autre, avez-vous cela, monsieur l'aubergiste?

— Certainement. Ici, au rez-de-chaussée, j'ai votre affaire, répondit Fridolin en emmenant l'étranger dans une allée obscure qui conduisait de la rue à la cour de la maison et sur laquelle donnait une des portes de la salle.

Une grosse servante entra alors dans la grande salle où était resté le plus jeune des voyageurs, et se disposa à mettre le couvert.

Don Gaspar d'Alcégas, après avoir regardé d'un coup d'œil rapide les chambres que lui offrait l'hôtelier, alla aux fenêtres et aux portes de chacune d'elles. Il en examina avec soin la solidité.

— Oh! dit Fridolin, qui ne comprenait pas la pensée de l'étranger, oh! vous n'aurez pas froid, tout cela ferme hermétiquement.

— En effet, je le vois.

— Et puis, vous avez deux verrous à chaque porte, reprit en souriant l'aubergiste; dans le cas où vous auriez peur, vous pourriez les tirer.

— Une bonne épée est plus sûre que le meilleur verrou, répondit don Gaspar, surtout lorsqu'on a le poignet solide et le sommeil léger.

— En effet, mais d'ailleurs vous n'avez rien à craindre dans mon établissement; vous pouvez y dormir sur les deux oreilles en toute sécurité.

— J'aime à le croire, mon cher hôte. Tu vas nous servir le souper dans une de ces chambres.

— Comment! vous ne restez pas dans la salle?...

— Non, mon compagnon et moi n'aimons pas à être dérangés pendant que nous sommes à table.

— Ce serait bien un hasard, si à cette heure il m'arrivait de nouveaux voyageurs ; vous pourriez donc tout à votre aise...

— Pas de réflexions! dit don Gaspar d'une voix haute et ferme en interrompant l'aubergiste.

— Mais ce que je vous dis, c'est...

— Caramba! un mot de plus et je te fais passer à travers la fenêtre!...

Fridolin baissa la tête et recommença à trembler de tous ses membres.

— C'est étonnant, ajouta don Gaspar, comme en France les aubergistes aiment à imposer leurs idées aux voyageurs.

— Croyez bien, monsieur, croyez bien que... si je vous parle ainsi...

— Assez! reprit l'étranger d'une voix sèche et impérative qui coupait court à toute observation; assez! ou je mets à exécution ma promesse.

Fridolin, qui après tout tenait à ne pas sortir par la fenêtre en en cassant les vitres, s'inclina avec un profond respect et dit :

— Les ordres de monsieur vont être exécutés à la lettre.

Ils revinrent dans la salle.

Don Alphonse était resté au coin du feu et la servante achevait de mettre la table.

En ce moment le galop de plusieurs chevaux se fit entendre au dehors dans le lointain.

— Voici des cavaliers bien attardés, dit don Gaspar d'Alcégas en se tournant vers l'aubergiste.

— Oh! ce sont sans doute quelques reîtres qui vont se joindre à l'armée du roi de Navarre, répondit Fridolin ; il en passe ici toutes les nuits. Ces diables d'hérétiques préfèrent l'ombre au grand jour pour voyager....

— Afin d'échapper aux troupes catholiques, qui tiennent la campagne, n'est-ce pas?...

Le bruit des chevaux cessa tout à coup.

— Ils se sont arrêtés devant la porte, dit don Alfonse en quittant la place qu'il occupait près du foyer.

— Marianne, conduisez ces messieurs dans leurs chambres. Je reste ici, moi.

Don Gaspar d'Alcégas et don Alfonse sortaient de la salle avec la servante, lorsque deux coups vigoureux ébranlèrent la porte de l'auberge.

— On y va ! cria Fridolin.

Et il alla fermer la porte qui donnait sur l'allée, que les voyageurs avaient laissée ouverte derrière eux.

De nouveaux coups retentirent à la porte de la rue.

— On y va, on y va ! répéta l'aubergiste.

Il prenait une lumière sur la table, lorsqu'une main aux doigts de fer se posa sur son épaule.

C'était don Gaspar qui venait de rentrer précipitamment en entendant les coups redoublés frappés en dehors.

— Si tu signales notre présence ici aux gens qui vont venir sans doute te demander à loger, dit-il à demi-voix, je me charge de te punir.

En disant cela, l'Espagnol faisait jouer dans sa gaîne une dague suspendue à sa ceinture.

— Ne craignez rien, mon gentilhomme, ne craignez rien, je serai discret.

— Tu le jures ?

— Je le jure, répondit le pauvre homme en étendant horizontalement la main ; quand il le faut, je suis muet comme la tombe.

— C'est bien.

Don Gaspar jeta un dernier coup d'œil menaçant sur Fridolin et disparut dans l'allée obscure qui conduisait à sa chambre.

La porte allait céder sous les coups des nouveaux arrivants, lorsque l'aubergiste en tira les verrous.

— Ventre de biche ! dit un des cavaliers, on est donc sourd comme des pots dans cette bicoque ?

— Monsieur, je n'avais pas entendu, répondit Fridolin en balbutiant... Je dormais.

— Faites mettre nos chevaux à l'écurie ; nous passons la nuit chez vous.

— Bien, très-bien, messieurs, entrez, entrez ; on va s'occuper de vos chevaux, soyez sans inquiétude.

Chicot, que nos lecteurs ont sans doute déjà reconnu à son juron familier, entra, suivi de son compagnon de route.

Cet homme s'appelait Gosi.

Nos lecteurs ont vu, dans *le Roi de Paris*, la part que ce soldat avait prise au drame des états généraux, ainsi que deux de ses camarades nommés Violet et Chalons ; nous ne reviendrons pas sur ce sujet.

— Ah ! ah ! fit Chicot en apercevant la table mise par Marianne ; on se disposait donc à souper ici ?

— Oui, monsieur, répondit l'aubergiste, mais au moment de servir, les personnes ont changé d'idée, et...

— La place est libre, c'est le principal ! dit Chicot en s'asseyant ; à table, Gosi !

Et le soldat, sans dire mot, se plaça en face du bouffon de Henri III. — Fridolin leur servit une partie du dîner commandé une heure auparavant par don Gaspar d'Alcégas, se basant sur ce dicton : Quand il y en a pour deux, il y en a pour quatre.

Gosi était un grand mangeur.

Chicot était un grand buveur.

En dix minutes ils firent table rase.

Fridolin fut enchanté.

— Ces messieurs trouvent ma cuisine bonne, à ce qu'il paraît, dit-il.

— Vos plats sont trop petits, répondit Gosi.

— Et vos bouteilles ne contiennent presque rien, continua Chicot en remplissant son gobelet.

— Ce que vous me dites-là, messieurs, repartit l'hôtelier, fait honneur à ma cuisine, à mon vin et surtout à votre appétit... j'en suis ravi. C'est que j'ai à cœur, voyez-vous, la réputation du *Rameau vert*, et...

— Pas de phrases, mon ami, mais du vin, dit Chicot en l'interrompant, et du meilleur!

— Un autre quartier de chevreuil, ajouta Gosi, et du plus tendre.

— Messieurs, je vais faire tous mes efforts pour que vos vœux soit accomplis, dit Fridolin ; dans trois minutes vous serez satisfaits... ou du moins je l'espère !

— Ventre de biche ! s'écria Chicot, nous sommes tombés chez un disciple de Clémence Isaure... Quel ton ! quelles phrases ! quel jargon ! Par ma foi ! cet aubergiste est littéraire, il a du style ; nous l'enverrons aux *Jeux Floraux!!*

Le bouffon accompagna cette plaisanterie d'un bruyant éclat de rire.

Gosi ne sourcilla pas ; son épaisse nature était au-dessous des saillies du bouffon. Il n'avait pas compris.

Fridolin revint de la cuisine avec un plat et deux bouteilles.

Il posa le plat devant Gosi.

— Monsieur a demandé du chevreuil, dit-il ; voici du jambon, je n'ai plus de gibier.

Il posa les deux bouteilles à la droite de Chicot et dit :

— Monsieur a demandé du meilleur vin, je n'en ai pas, voici de l'eau-de-vie.

— Bravo ! l'ami, s'écria Chicot, voilà qui est intelligent ! Qu'en dites-vous, Gosi ?

— Ce jambon est excellent, répondit le soldat la bouche pleine.

— Voyons ces bouteilles, méritent-elles aussi un éloge ?

Chicot déboucha une des bouteilles avec la pointe de son poignard et emplit le verre de Gosi et le sien.

Ils trinquèrent à la santé de Fridolin et achevèrent tranquillement leur souper.

Au moment de quitter la table, Gosi proposa une partie de dés.

— Vous êtes joueur, camarade ? dit Chicot.

— Le jeu est une distraction.

— Eh bien, jouons. Nous verrons si les écus neufs du cardinal vous porteront bonheur.

— Oh ! ne parlons plus de cela ! s'écria le soldat. Si je vous propose de jouer c'est pour ne pas dormir, car ce maudit Homme-Rouge m'apparaît toujours pendant mon sommeil.

— Camarade, vous croyez donc aux revenants ?

— Ah ! monsieur Chicot, si vous étiez à ma place, vous verriez qu'on peut y croire.

Ils appelèrent l'aubergiste, qui avait regagné sa cuisine.

Fridolin vint, et leur donna des dés et des cartes.

Nos deux voyageurs se mirent à jouer.

La chance favorisa constamment Chicot.

Au bout d'une demi-heure, Gosi n'avait plus un seul écu en poche.

— Maudite chance ! s'écria-t-il en jetant avec colère son cornet de cuir contre la muraille. Maudite destinée que la mienne ! Ah ! pourquoi ne m'avez-vous pas laissé pendu ce matin, ce soir au moins je n'aurais plus de tourments.

— Au contraire, reprit Chicot, vous seriez bien plus malheureux qu'à cette heure.

— Et pourquoi ?

— Parce que Lucifer vous brûlerait à petit feu, comme les bons catholiques font en Grève des hérétiques. Dans l'autre monde, mon pauvre Gosi, on n'est pas beaucoup meilleur que dans celui-ci. Et, à tout prendre, la vie vaut encore mieux que la mort.

— Qu'en savez-vous ?

— Si vous aviez fait le voyage des enfers, à votre arrivée vous n'eussiez pas, assurément, trouvé sur une table, près d'un bon feu, un quartier de chevreuil et un jambon.

— Vous riez de tout, vous ! dit Gosi d'une voix sourde.

— Rire est le propre de l'homme, a dit Rabelais, et ce brave curé de Meudon se connaissait en philosophie. Aussi le roi François Ier savait l'apprécier à sa juste valeur.

— Je vous répète, monsieur Chicot, que la vie m'est à charge, et qu'un jour ou l'autre...

— Allons, dit Chicot en interrompant le soldat, chassez ces idées noires, elles sont indignes d'un homme comme vous.

Gosi, les coudes sur la table et la tête appuyée dans les mains, garda le silence. — Puis, au bout de quelques secondes, il poussa un long soupir à demi étouffé ; ce fut là toute sa réponse.

Cependant Chicot ne voulait pas laisser son compagnon succomber sous le profond désespoir qui l'accablait.

Il reprit :

— Faisons une partie de cartes, Gosi ; à ce jeu vous serez sans doute plus heureux qu'aux dés.

— Je ne possède plus un denier.

— Qu'importe ! nous jouerons sur parole.

— Le jeu sur parole est un jeu de dupes. Je n'aurais qu'à perdre et à être tué demain, vous seriez volé. La partie n'est donc pas égale entre nous.

— Est-ce que tout homme n'est pas toujours à la veille de sa mort ? s'écria Chicot. Si on était sûr du lendemain, Catherine de Médicis ne se serait pas fait construire un observatoire pour lire dans les astres et elle n'aurait jamais eu recours aux prophéties de Côme Ruggieri et de Zarlinus ! Ce que vous me dites là, camarade, n'a pas le sens commun.

— Comme enjeu, j'ai encore deux choses, reprit lentement le soldat.

— Lesquelles ?

— Une médaille bénite que j'ai trouvée suspendue au cou du Guise, et ma vie. Si je perds la relique sainte, vous me donnerez ma revanche, et si la chance tourne une seconde fois contre moi, alors je me brûlerai la cervelle, ou, si vous l'aimez mieux, je retournerai me pendre à l'endroit où vous m'avez rencontré.

— Vous redevenez fou, mon ami.

— Acceptez-vous?

— Eh bien, j'accepte ; mais à une condition.

— Parlez.

— Si le jeu me favorise, je veux que vous n'attentiez plus à vos jours sans ma permission et que vous soyez toujours prêt à exécuter mes ordres.

— En un mot, que je sois votre âme damnée !

— C'est cela. Si je perds, moi, je vous rendrai vos cent écus neufs, plus cinquante quadruples espagnols que j'ai dans mon escarcelle.

— Jouons ! monsieur Chicot, jouons ! je suis content de porter un dernier défi à ma mauvaise fortune.

Gosi déboutonna son pourpoint et ôta de son cou une médaille d'or brisée par la moitié, qui était pendue à un cordon de soie.

Chicot posa une poignée de pièces d'or sur la table.

La partie d'écarté commença.

— En cinq points, dit le soldat.

— Soit!

En dix minutes la partie était terminée.

Chicot avait gagné la relique du cardinal.

— Je suis maudit ! s'écria Gosi.

— Vous serez peut-être plus heureux cette fois; continuons.

— A vous de faire, monsieur Chicot.

— Tirons la main.

Chicot amena un neuf de trèfle.

Gosi un roi de pique.

— Ah ! la chance tourne, dit le bouffon.

— Coupez, dit Gosi après avoir battu les cartes.

Chicot coupa.

Le soldat, d'une main tremblante, distribua le jeu ; et retourna le roi de cœur.

— Ah ! ah ! fit le bouffon, les rois vous sont favorables;

après le roi de pique, le roi de cœur. Espérons qu'ils vous procureront moins de désagréments que le roi de France !

— Nous allons voir.

— Je propose.

— Je refuse.

— Vous êtes donc sûr du point ?

— Jouez.

Gosi fit la vole, et comme il avait tourné un roi, il marqua trois points.

Un éclair de bonheur illumina un instant sa sombre physionomie.

— Vous voyez bien, camarade, qu'il ne faut jamais se désespérer, s'écria le fou du roi en ramassant les cartes.

Le coup suivant, Chicot fit deux points.

— Deux à trois, dit Gosi.

Et il distribua le jeu.

— Comme vous me servez mal ! murmura Chicot ; on dirait que je suis tout à fait en déveine.

— J'ai gagné ! s'écria tout à coup le soldat en abattant ses cartes sur la table. Voyez, il tourne carreau : j'ai le roi et la tierce majeure en atout. Trois points que j'ai déjà et deux font cinq.

Chicot avança la lumière du côté de son adversaire, et se pencha sur la table pour mieux examiner le coup.

— Permettez, mon ami, dit-il après un instant d'examen, il y a maldonne, vous avez six cartes. Le coup est nul et vous perdez la main.

Gosi resta stupéfait.

En effet, il s'était donné six cartes au lieu de cinq.

— Malédiction ! s'écria-t-il ; ces choses-là n'arrivent qu'à moi.

Chicot tranquillement ramassa le jeu de cartes, le battit longtemps et donna à couper. Puis il tourna le sept de trèfle.

— Vous ne brillez pas par la retourne, dit le soldat en rassemblant son jeu dans sa main gauche.

— Je ne puis rien y faire.
— Je propose.
— Ah! vous demandez des cartes?
— Oui.
— Eh bien, je ne vous en donnerai pas.
— Quoique second, vous jouez d'autorité?
— Oui, et vous avez perdu.
— J'ai perdu? vous n'avez que deux points à la marque!
— C'est précisément parce que j'ai déjà deux points que j'ai gagné. Regardez ; j'ai en main le roi d'atout...
— Ce qui vous fait trois...
— Accompagné de la quatrième à la dame en atout, continua Chicot. Deux points, et le roi font trois, et deux de la vole, cinq !

Gosi se leva furieux, en prononçant un juron énergique.

Chicot serra en souriant son gain dans son escarcelle.

— Mon ami, dit-il au soldat, ne vous emportez pas. Le ciel est juste dans tout ce qu'il fait. Maintenant votre existence m'appartient ; vous n'avez donc plus le droit de vous pendre.

— C'est vrai. Je suis votre esclave ; que me commandez-vous? dit Gosi avec résignation.

— Camarade, je vous commande de me suivre. Nous avons besoin de repos, car dans quelques heures il faudra nous remettre en route.

— Soit.

Fridolin les conduisit dans deux chambres qu'il avait préparées et leur souhaita une bonne nuit.

Chicot se jeta tout habillé sur son lit, et ne tarda pas à s'endormir.

Il y avait deux heures environ qu'il reposait lorsqu'il fut réveillé par un léger bruit. Il se mit sur son séant et tendit l'oreille.

Gosi ne s'est donc pas couché? se dit-il. Voyons.

Et il se dirigea vers la cloison d'où venait le bruit.

A travers une fente filtrait un rayon de lumière: il y colla un œil. Et il aperçut dans une chambre voisine de la sienne une jeune femme d'une beauté remarquable qui achevait de revêtir un costume de page. Puis, la belle inconnue jeta sur ses épaules un manteau, et plaça, coquettement incliné sur sa noire chevelure, un feutre à larges bords.

— Don Alfonse, cria une voix d'homme dans l'allée, la chaise de poste est attelée.

Le jeune page sortit, et quelques instants après la voiture quittait l'auberge, emportée par deux chevaux vigoureux.

Quand Chicot fut revenu de son étonnement, il se dit en lui-même : Je ne me trompe pas ; cette femme, je la connais, c'est la belle Jovita, dont raffole le chevalier d'Aumale. Par quel hasard est-elle dans ce pays ? Et pourquoi voyage-t-elle sous ce déguisement ?

CHAPITRE IV

COMMENT LES SOLDATS DU BÉARNAIS S'EMPARÈRENT DE LA VILLE DE NIORT

Depuis que le roi de Navarre était rentré dans le giron de l'Église réformée, il s'était déclaré ouvertement l'ennemi de la Ligue et des Guises, dont il devinait les projets ambitieux.

Son courage personnel, son aptitude particulière à toutes les affaires politiques, ses prétentions à la couronne de France, avaient groupé autour de lui une petite armée de vaillants capitaines et de braves soldats.

Le Béarnais, comme on l'appelait familièrement, avait fait de la Rochelle son quartier général.

C'est là qu'il avait réuni les principaux chefs protestants qui combattaient sous ses ordres.

Le 17 décembre 1588, jour de la clôture de l'assemblée de ceux de son parti, il avait quitté la Rochelle pour se rendre à Saint-Jean d'Angély, où il avait donné rendez-vous à toutes ses troupes. Son intention était de s'emparer de quelque place forte, afin de diviser l'armée de M. de Nevers, qui combattait avec succès les huguenots dans le bas Poitou.

M. de Nevers, malgré les propositions brillantes que les Guises lui avaient faites, était resté loyal et franc royaliste.

L'armée qu'il commandait était composée de Français, de Suisses et d'Italiens.

Ses principaux lieutenants étaient : les seigneurs de la Châtre, de Laverdin, de Sagonne, de la Châtaigneraie et de Miraumont.

Les catholiques, sous de si habiles capitaines, venaient de s'emparer des villes de Mauléon et de Montaigu.

Le roi de Navarre donc voulait tenter quelque hardi coup de main, pour attirer M. de Nevers au secours des catholiques dans le haut Poitou et l'Angoumois.

A cet effet, il avait arrêté avec un de ses principaux lieutenants, Louis de Saint-Gelais, son entreprise sur Niort.

Le siége de cette ville, dans les environs de laquelle le sieur de Saint-Gelais avait ses terres, avait été retardé pour diverses raisons jusqu'au 26 décembre ; et, en attendant son exécution, le bruit courait dans Saint-Jean-d'Angély qu'on allait marcher sur Cognac.

Ce jour-là, le roi de Navarre avait appris à son lever le meurtre du cardinal et du duc de Guise.

— Il y a longtemps que j'avais prévu ce qui leur arrive ! s'était-il écrié ; et sur-le-champ il avait fait demander Saint-Gelais.

Le gentilhomme vint aussitôt trouver le roi dans sa chambre.

— Vous allez vous mettre en marche pour Niort, lui dit Henri.

— Bien, sire.

— Savez-vous le mauvais tour que mon cousin Henri de Valois vient de jouer à messieurs mes parents de Lorraine ?

— Je viens d'apprendre qu'ils ont été assassinés dans le château de Blois, répondit le sieur de Saint-Gelais.

— Cet événement ne change rien à nos dispositions, reprit le Béarnais. Ce soir vous partirez avec Antoine de Ranques et vous irez rejoindre quatre cents arquebusiers et cent gendarmes que Jean Baudeau de Parabère, d'Arambure et Hector du Préau doivent conduire dans un carrefour, près le bourg de Sainte-Placine.

— Et après, sire?

— Après, vous marcherez sur Niort. Quant aux dispositions à prendre pour la réussite de cette expédition, je m'en rapporte complétement à votre prudence et à votre bravoure.

Nous allons suivre le sieur de Saint-Gelais dans cette entreprise militaire, pour donner à nos lecteurs une idée de cette guerre de partisans qui déchira la France pendant tant d'années.

Le sieur de Saint-Gelais avait, depuis longtemps, médité les plans d'attaque de Niort. Il les avait soumis au roi de Navarre, et, depuis les premiers jours de décembre, il attendait l'ordre de marcher. Le jour tant désiré était donc enfin arrivé.

Vers le soir, M. de Saint-Gelais et Antoine de Ranques, accompagnés de dix ou douze chevaux seulement, partirent de Saint-Jean-d'Angély. — En se dirigeant vers Villeneuve, à une lieue de la ville, ils rencontrèrent quarante arquebusiers à cheval, du régiment des gardes du roi de Navarre, que commandait un nommé Deslistres.

M. de Saint-Gelais se mit à la tête de cette petite troupe et la conduisit, par un chemin de traverse, vers une forêt voisine.

Là, Antoine de Ranques, accompagné de quelques gentilshommes et d'une douzaine d'arquebusiers, se sépara de M. de Saint-Gelais.

Il prit la route de Fors, seigneurie près de Niort.

Chemin faisant, il rencontra un détachement de cavaliers albanais.

— Sus aux ennemis, messieurs! dit-il en se tournant vers les gentilshommes qui le suivaient.

Et, sans hésitation, ils mirent l'épée à la main et chargèrent les Albanais.

Ils en tuèrent un, plusieurs furent blessés, et le reste, c'est-à-dire une dizaine de cavaliers, gagnèrent au galop la forêt de Chizay, ville du haut Poitou, sur Boutone.

Pendant ce temps, M. de Saint-Gelais arrivait au bourg de

4.

Sainte-Placine, où il trouva MM. de Parabère, du Préau, d'Arambure et autres, avec leurs hommes et six mulets portant les pétards, échelles et autres choses nécessaires à l'escalade des murs d'une ville fortifiée.

On fit halte, le temps de rallier les quatre cents arquebusiers et les cent gendarmes qui composaient la colonne expéditionnaire.

Puis on se remit en marche, dans le plus grand silence, vers la ville de Niort, du côté de la porte Saint-Gelais.

Antoine de Ranques, après son escarmouche avec les cavaliers ennemis, s'était avancé sur le grand chemin qui menait à la porte Saint-Jean, de la ville de Niort, afin d'empêcher tout avertissement qui aurait pu être donné de ce côté aux habitants.

Non loin des murailles, il arrêta un paysan qui portait à la main une boule d'argile cuite. Cette boule contenait une lettre du sieur de la Ferrière, guidon de la compagnie de M. Malicorne, qui pour le moment habitait à Contie.

Cette lettre prévenait M. Malicorne, gouverneur de Niort, de se tenir sur ses gardes; car l'expédition commencée par les huguenots sur Cognac était feinte, disait-il.

Le porteur de cette missive fut gardé à vue, et M. de Saint-Gelais ordonna les préparatifs de l'escalade.

Les échelles et les pétards furent portés à un trait d'arc de la ville, dans une carrière, et distribués à ceux qui devaient s'en servir.

Après le coucher de la lune, qui cette nuit-là ne se coucha que vers quatre heures, MM. de Ranques, Vilpion de Valières, Gentil et quelques autres allèrent reconnaître le fossé, le lieu où l'on devait planter les échelles, et les portes où se devaient appliquer les pétards.

Quand la reconnaissance fut terminée, on descendit les échelles dans le fossé qui était à sec, et l'on disposa les pétards près des portes.

Nul bruit ne se faisait dans la ville, elle semblait endormie dans une pleine sécurité.

Ceux qui portaient les échelles ne furent pas plutôt dans le fossé que la voix d'une sentinelle retentit sur les murailles.

— Qui va là? demanda la voix.

Les huguenots, protégés par l'obscurité, ne bougèrent ni ne répondirent.

Alors le commandant du corps de garde de la ville (lequel était posé sur le portail même de la porte Saint-Gelais, où l'on venait de planter les pétards), sortit, et s'approchant du soldat en faction :

— Qui est là? Que veux-tu?

— J'entendais quelque bruit, répondit la sentinelle, mais ce n'est rien, je me suis trompé.

Alors, comme par enchantement, la nuit devint tout à coup plus noire, phénomène qui se produit souvent après le coucher de la lune.

Protégés par une complète obscurité, les assaillants ne redoutaient plus les yeux de la sentinelle; ils appliquèrent à la muraille, haute de quarante pieds, leurs échelles, distantes l'une de l'autre de trois à quatre pas. Puis, il fut convenu qu'on entrerait le plus que l'on pourrait par l'escalade, et que les pétards ne joueraient qu'à la dernière extrémité.

Les sieurs de Jonquière et Soussoubre, suivis de vingt-cinq ou trente soldats, escaladèrent les premiers la muraille. Ils marchèrent droit à la sentinelle, et avant qu'elle eût pu pousser un cri, la poignardèrent et la précipitèrent dans le fossé.

Hector de Préau et Deslistres, pendant ce temps, à la tête de cinquante hommes, se dirigèrent vers le corps de garde.

Ils surprirent sept ou huit pauvres diables de la plus basse roture, qui étaient chargés de veiller au salut de la ville pendant que les riches dormaient dans leurs lits, et que beaucoup d'entre eux, disent les Mémoires du temps, avaient passé la plus grande partie de la nuit à danser et à jouer.

Les chefs huguenots laissèrent la vie à leurs prisonniers, après leur avoir fait jurer de ne pousser aucun cri pour donner l'alarme.

Un soldat du roi de Navarre, sur ces entrefaites, se mit à crier : « Au pétard ! au pétard ! »

Les pétardiers obéirent à ce signal, et une explosion terrible se fit entendre : c'était la porte du Ravelin qui volait en éclats.

Un second pétard joua contre le pont de la ville, fait en bascule; mais il creva. L'effet n'en fut pourtant pas nul, car l'explosion rompit deux madriers du pont et fendit en deux la porte. Par cette étroite ouverture passèrent M. de Parabère, M. de Saint-Gelais, les gentilshommes et soldats qui les accompagnaient.

Le bruit avait donné l'alarme aux habitants.

Le cri : « Aux armes ! » retentit dans la ville.

La résistance s'organisa.

Philippe de Villiers, Princé et Jacques Laurent, lieutenant général de Niort, se mirent à la tête des gardes et marchèrent contre leurs ennemis, les religionnaires. Le reste de la population suivit leur exemple, et le combat s'engagea dans la rue de la maison de ville.

La mêlée fut terrible.

Princé, qui était receveur des tailles, combattait au premier rang, encourageant ses hommes du geste et de la voix; mais tout à coup ce chef intrépide tomba frappé à mort.

La lutte, pendant quelque instants, continua avec acharnement, mais quelques arquebusades des huguenots, bien dirigées, jetèrent le désordre et le découragement dans les rangs des assiégés. Ils lâchèrent pied, et bientôt, au milieu d'un *sauve qui peut* général, ils regagnèrent leurs maisons en abandonnant leurs armes dans la fuite.

Au bout de trois quarts d'heure, les huguenots étaient maîtres de la place.

Le jour commençait à poindre, les soldats victorieux de M. de Saint-Gelais se dispersèrent dans la ville et commencèrent à piller les maisons. Ceux qui cherchaient à défendre leur propriété subissaient la loi du plus fort : ils étaient tués sans autre forme de procès.

En ce temps-là les soldats, royalistes, ligueurs ou hérétiques, usaient et abusaient du droit de pillage. La voix de leurs chefs était impuissante à modérer leur convoitise, en ce cas, du bien d'autrui. Toute ville prise restait, pendant un certain nombre d'heures, à la disposition d'une soldatesque effrénée qui commettait toutes les cruautés imaginables.

Le gouverneur de la ville, M. Malicorne, voyant Niort au pouvoir de l'ennemi, se retira dans le château avec les gardes qu'il put rassembler autour de lui. Sa position était précaire, car toutes les munitions et l'artillerie étaient sur les murailles. Il ne lui restait donc qu'à capituler honorablement.

A neuf heures du matin, M. de Saint-Gelais le somma de se rendre. Il demanda la vie sauve pour lui et les siens, ce qui lui fut accordé.

Un courrier fut envoyé à Saint-Jean-d'Angély pour annoncer au roi de Navarre le succès de l'expédition.

Dès que le chef huguenot se vit paisible possesseur de la ville liguée, il mit à rançon les plus riches habitants.

Quelques-uns furent pendus. Entre autres, un nommé Jamart, homme excessivement riche, qui entretenait des relations très-suivies avec le comité des Seize de Paris. On avait trouvé chez lui, caché dans la cave, un homme qui refusait de se faire connaître et que les huguenots supposaient être un agent subalterne de la Ligue.

Cet homme avait quarante-cinq ans environ ; il avait le regard vif, la lèvre dédaigneuse, et une profonde cicatrice qui lui partageait le sourcil droit.

A toutes les questions qu'on lui avait adressées il avait répondu : « Chiens d'hérétiques, pendez-moi, je ne crains point la mort. »

Une potence était plantée devant le château. Il y fut conduit. En apercevant le corps de Jamart qui se balançait dans l'espace, il s'écria d'une voix pleine d'émotion : « Pauvre ami! martyr de la sainte religion catholique, apostolique et romaine, pardonne-moi, je suis cause de ta mort. »

L'exécuteur allait s'emparer de lui, lorsque survint M. de Saint-Gelais.

— Ne faites pas encore mourir ce misérable, dit-il ; les tortures peuvent tirer de lui des révélations importantes ; qu'on le mène au château.

Le ligueur jeta un regard de mépris sur le chef huguenot, et, escorté par quatre soldats, il se dirigea vers la porte de la forteresse.

Ce qu'il y avait de compromettant pour cet homme, c'est que l'on avait trouvé dans la demeure de Jamart deux lettres : l'une était de Crucé, avocat de Paris, et l'autre de la Morlière, notaire, tous deux membres très-influents dans le comité des Seize.

Il était donc important de faire parler le prisonnier ; car messieurs les ligueurs professaient une aversion aussi grande pour Henri III, roi de France, que pour Henri de Bourbon, roi de Navarre.

Arrivé au château, le malheureux fut jeté pieds et poings liés dans un cachot qui ne recevait le jour que par une petite fenêtre longue et étroite. Lorsque la porte se fut refermée derrière lui, il se laissa tomber avec désespoir sur un tas de paille à demi pourrie qui était dans un des coins de sa prison.

— Pauvre enfant! murmura-t-il ; pauvre Marie! si je meurs, tu n'auras plus personne au monde pour veiller sur toi !

Après cette exclamation, le prisonnier resta absorbé dans ses réflexions.

Quand le geôlier vint, au bout de quelques heures, lui apporter pour son repas un morceau de pain et une cruche d'eau, le ligueur paraissait moins abattu.

— Monsieur le geôlier, dit-il, voulez-vous me permettre de vous adresser une question ?

— Cet homme est devenu bien poli depuis ce matin, pensa le geôlier. — Et il continua d'une voix rude : Parlez, que me voulez-vous ? Je n'ai pas de temps à perdre.

— Pourriez-vous me desserrer ces liens qui me coupent les poignets ?

— Non ; cela n'est pas dans ma consigne.

— J'aurais pourtant bien voulu fouiller dans ma poche pour y prendre un bon quadruple d'Espagne que les soldats qui m'ont conduit ici n'ont pas eu l'idée d'y chercher...

— Quoique ligueur, vous avez la mine d'un honnête homme, vous.

Le geôlier, en disant ces mots, avait posé sa lanterne à terre, et s'était mis aussitôt à enlever les menottes du prisonnier.

Celui-ci prit la pièce de monnaie et la présenta au geôlier, en lui disant :

— Voulez-vous me rendre un service ?

— Deux, si vous le désirez, répondit le porte-clefs en s'emparant du quadruple.

— Dites-moi franchement le sort qui m'est réservé.

— Cela n'est pas difficile.

— Voyons.

— Vous avez été pris dans la maison du traître Jamart.

— Oui.

— Vous êtes par conséquent ami de Guise et de la Sainte-Union.

— Qu'en savez-vous ?

— Moi, je n'en sais rien ; mais M. d'Arambure, qui parlait de vous tantôt à M. de Saint-Gelais, prétend le savoir.

— Et puis vous êtes les plus forts, et je suis votre prisonnier. Après ?

— Eh bien ! demain on vous torturera.

— Demain ?

— Oui. Et après-demain on vous pendra à la même potence que Jamart.

— Pourquoi donc ne serai-je pas pendu demain ?

— Parce que nous sommes aujourd'hui mardi et que le roi de Navarre n'arrivera de Saint-Jean-d'Angély ici que jeudi. De cette façon, vous pourrez l'instruire vous-même des menées ténébreuses de la Ligue.

— Qu'entendez-vous par menées ténébreuses de la Ligue?

— Je ne sais pas; mais, répondit le geôlier, c'est M. d'Arambure qui tantôt disait cela à M. de Saint-Gelais.

— Alors, j'ai encore quarante-huit heures à vivre ?

— Oui, si vous survivez à la question extraordinaire qu'on a le dessein de vous appliquer.

— Oh! je ne crains pas la torture.

— Je ne veux pas dire, monsieur, que vous ne soyez pas courageux, quoique ligueur.

— Si je meurs, torturé ou pendu, je mourrai en brave, soyez-en persuadé, mon cher geôlier.

— C'est ce que nous verrons.

— Maintenant que les heures de ma vie sont comptées, je voudrais les bien employer.

— Faites-vous protestant.

Le prisonnier jeta un sombre regard sur le geôlier, et sa lèvre dédaigneuse se contracta sous un amer sourire.

— Ce que je vous en dis, reprit le geôlier qui avait remarqué le changement de physionomie du ligueur, c'est afin de vous adoucir vos derniers moments.

— Je voudrais me confesser, reprit le prisonnier après un moment de silence, car je veux mourir en vrai catholique. M'est-il possible d'avoir un prêtre ?

— Si ce n'est pas impossible, ce n'est pas facile, car je crois que toutes les robes noires ont déserté la ville.

— Le P. Martinet, le prédicateur, est-il donc aussi en fuite?

— Je ne pourrais pas vous dire.

— C'est lui que je veux pour confesseur, ou je n'en veux pas. Si vous obtenez de M. de Saint-Gelais la permission d'introduire ce prêtre dans ma prison, je vous donne dix quadruples d'Espagne comme celui que vous avez reçu.

— Eh bien, soyez tranquille, je vais faire tout mon possible pour vous satisfaire. Que faudra-t-il dire au révérend père Martinet?

— Vous lui direz que Pierre Jorand est près de mourir et qu'il désire recommander son âme à Dieu.

CHAPITRE V

OU L'ON VERRA POURQUOI PIERRE JORAND AVAIT BESOIN DE SE CONFESSER
AU P. MARTINET AVANT DE S'ABANDONNER AU BOURREAU

Le pillage de la ville de Niort avait duré une grande partie de la journée.

Les plus riches habitants avaient été forcés de payer des sommes considérables pour sauver leur vie ou leurs propriétés. Un grand nombre avaient pris la fuite, abandonnant leurs maisons aux vainqueurs, trop heureux de mettre leur personne à l'abri de la brutalité des soldats.

Deux prêtres qui avaient voulu braver en face les hérétiques avaient été égorgés sans pitié.

Le vieux curé Martinet avait seul échappé à la mort. Dès le commencement du combat, il s'était occupé du pansement des blessés.

Il avait transformé en hôpital une grande maison située près de la Halle. Là, il avait fait transporter indistinctement huguenots et ligueurs. Il avait mis en dehors de son humanité les distinctions des partis politiques ; pour lui il n'y avait plus d'amis ou d'ennemis, il n'y avait plus eu que des hommes blessés ou mourants qui avaient besoin de ses soins et des consolations de la religion.

Les chefs religionnaires avaient été touchés de la conduite noble et désintéressée du vieux prêtre.

M. de Saint-Gelais lui-même l'avait fait appeler pour le complimenter.

— Je n'ai fait que mon devoir, avait répondu le vénérable vieillard; tous les hommes sont frères, et ceux qui souffrent doivent toujours être secourus. Dieu, en mourant sur la croix, ne nous a-t-il pas donné l'exemple du dévouement et de la charité?

Vers minuit la porte de la prison de Pierre Jorand s'ouvrit.

— Voici M. Martinet que vous avez demandé, dit le geôlier calviniste, donnez-moi la récompense que vous m'avez promise.

Le prisonnier poussa une exclamation de joie et remit dix quadruples dans la main de son gardien.

Celui-ci s'inclina respectueusement et sortit. Il tira les verrous de la porte du cachot, et le bruit de ses pas se perdit peu à peu dans l'éloignement.

Pierre Jorand se jeta au cou du prêtre en étouffant un douloureux sanglot.

La présence d'un ami avait amolli les fibres de son cœur.

Cet homme, qui par sa seule volonté s'était, depuis tout un jour, mis au-dessus de son infortune, semblait faiblir en présence de celui qu'il avait appelé pour le consoler et le soutenir dans sa lutte morale contre les événements. La sueur inondait son front et de grosses larmes roulaient dans ses paupières.

Le vieux curé était aussi sous l'empire d'une poignante émotion. Il avait appris du geôlier que Jorand était à la veille de subir le supplice de la torture.

Après quelques moments de silence, M. Martinet prit la parole :

— Veuillez maintenant me dire, mon ami, pourquoi vous êtes traité avec tant de cruauté par les hérétiques. Si je puis vous venir en aide, si je puis apporter quelque soulagement à vos malheurs, parlez, disposez de moi, je suis tout à vous.

— Mon Père, répondit le prisonnier, asseyez-vous près de moi sur ce banc, car j'en ai long à vous dire et mes jambes sont affaiblies par les meurtrissures que les cordes y ont laissées.

— Vous avez donc été garrotté comme un criminel?

— Oui, mon Père, dit Jorand avec un triste sourire, nos bons ennemis les huguenots m'avaient mis ici, ce matin, pieds et poings liés, de peur, sans doute, que je ne m'échappasse comme un sylphe par cette meurtrière.

Et, en disant cela, il indiquait de la main l'étroite fenêtre de son cachot, par laquelle entrait furtivement un pâle rayon de lune.

— Dites-moi donc pourquoi Jamart a été pendu, demanda alors le prêtre, et pourquoi vous, étranger à la ville de Niort, vous avez été arrêté comme un malfaiteur?

— Jamart était très-riche; puis il a été pris les armes à la main; il venait de tuer deux soldats béarnais lorsque l'on s'empara de lui. La vengeance d'un côté et l'appât des richesses de l'autre, ont été les causes de sa mort.

— Mais vous?

— Moi, reprit le prisonnier, j'ai été arrêté comme un poltron, dans une cave...

— Dans une cave? vous! s'écria le vieux curé.

— Oui; dans la cave de mon pauvre ami Jamart. J'étais descendu dans ce lieu pour mettre à l'abri de la rapacité des pillards la fortune de ma nièce Marie, dont j'étais dépositaire depuis deux jours seulement. Vous savez que mon frère était joaillier à Paris sur le Pont aux Changeurs et que ses affaires l'avaient mis en relation avec Jamart, si bien qu'avec le temps ils étaient devenus amis intimes.

— En effet, je me souviens d'avoir vu M. votre frère, il y a deux ans, à Niort.

— C'était en 1587, au mois de novembre; rappelez bien vos souvenirs.

— Oui, il y a une circonstance qui me précise la date : les chemins étaient fort mauvais et sa chaise de poste s'était brisée à une lieue de la ville.

— Eh bien ! mon frère était venu confier une partie de sa fortune à Jamart. Il avait déposé entre ses mains un coffret rempli de diamants et de pierres précieuses. Ce dépôt pouvait valoir cinquante mille francs. La prudence l'avait engagé à agir ainsi. Étant riche et ardent ligueur il pouvait être tué ou pillé par une poignée de fougueux royalistes, et alors son enfant, la jeune et belle Marie, aurait été privée tout à la fois et de protecteur et de fortune.

— A cette époque vous n'étiez donc pas à Paris, vous? demanda M. Martinet.

— Moi, j'étais alors brigadier aux recrues de Lorraine, j'avais l'honneur de combattre sous les ordres de Henri le Balafré.

— Que Dieu ait son âme ! murmura le prêtre, et que dans sa miséricorde divine il le compte au nombre de ses élus !

— Pourquoi adressez-vous cette prière au ciel? dit Pierre Jorand en interrogeant de l'œil celui qui venait de la prononcer.

— Les hérétiques, mon fils, nous ont apporté une triste nouvelle.

— Laquelle, mon Père ?

— Le noble duc de Guise, celui que la Sainte-Union avait à si juste titre nommé le *Pilier de l'Eglise*, n'est plus.

— Le Balafré est mort ?

— Il a été assassiné à Blois.

— Mourir assassiné, le duc, c'est impossible ! s'écria le prisonnier. Ce brave capitaine alliait la force du lion à la ruse du renard ; il épouvantait trop ses ennemis, même le roi de France, pour qu'ils osassent s'en débarrasser d'une façon aussi misérable.

— M. de Saint-Gelais m'a confirmé lui-même cette terrible nouvelle.

— Le chef huguenot, combattant une ville ligueuse, a tout intérêt à décourager ses ennemis par tous les moyens possibles.

— C'est vrai, mais malgré cela...

Pierre Jorand interrompit le prêtre.

— Assez, mon Père; si le duc est mort, moi, je vais mourir ; ce que je dois vous confier ne peut être entendu que de vous, et les moments sont précieux.

Pierre Jorand alla à la porte de sa prison et tendit l'oreille.

— Rien, dit-il tout bas.

Il prit la lanterne que le geôlier avait laissée sur le bout du banc et la posa au milieu du cachot, dont le sol était recouvert d'une couche de terre grasse et humide.

Avec l'ongle de l'index, il fit sur l'argile le plan de la maison de Jamart.

— Approchez-vous, mon Père, dit-il, et comprenez bien tout ce que je vais vous dire, car c'est de vous que désormais dépend l'avenir d'une enfant.

Le prêtre s'était agenouillé près du condamné à mort et suivait tous ses gestes avec une anxieuse attention.

— Voici le plan du rez-de-chaussée de la maison de Jamart. Ici la porte d'entrée, et là, l'escalier. Vous comprenez bien, mon Père ?

— Parfaitement.

— Sous l'escalier, il y a une trappe ; sous cette trappe, il y a des marches ; ces marches conduisent à la cave. Quand la maison ne sera plus au pouvoir des soldats huguenots, vous descendrez dans cette cave. Vous tournerez à droite, puis, vous entrerez à gauche dans un caveau haut et large, où sont entassées de vieilles futailles. Quand vous aurez fait trois pas, vous vous arrêterez et vous soulèverez un vieux tonneau défoncé, que son état délabré met à l'abri des investigations hérétiques. Alors vous aurez en face de vous la muraille humide de la cave. A partir du sol vous compterez trois rangs de pierres ; sur le troisième rang de pierres vous chercherez un crampon de fer rouillé qui doit être là depuis des années ; quand vous l'aurez trouvé, vous descellerez la pierre qui est au-dessus. Sous cette pierre il y a un coffret contenant cinquante mille francs de diamants. Maintenant, mon Père, vous comprendrez facilement pourquoi j'ai été surpris dans la cave de Jamart par les hérétiques. Dès que j'appris que la ville avait été surprise par l'ennemi, je ne pensai qu'au trésor que mon ami m'avait remis depuis vingt-quatre heures. J'ai mieux aimé, étant pris dans une cave, passer aux yeux des Béarnais pour un poltron ou pour un lâche, que d'avouer le motif qui m'y avait amené.

— Je comprends, dit le prêtre.

Pierre Jorand continua :

— Quand vous aurez en votre possession le coffret, vous le garderez jusqu'à ce que vous puissiez le remettre à la fille de mon frère...

— Et pourquoi pas à lui-même ?

— Ah ! vous ignorez que Guillaume a été tué à mes côtés au combat de la rue des Lavandières, à Paris, au mois de mai dernier.

— C'est un martyr de la sainte Ligue, dit M. Martinet en joignant pieusement les mains.

— Il est mort sur le champ de bataille au moins, lui, tandis que moi je vais être pendu haut et court comme un routier ou un malandrin ! Qu'importe ! je l'ai vengé, car plus d'un soldat royaliste est tombé blessé à mort sous mon coup d'arquebuse.

— Et mademoiselle Marie Jorand, demanda le vieux curé, où est-elle ?

— Elle est au couvent.

— A Paris ?

— A Paris, aux bernardines de l'abbaye Saint-Antoine, dont Anne de Thou est abbesse.

— Vous pouvez être sûr que je remplirai avec zèle la mission toute confidentielle dont vous me chargez, à moins pourtant que vous ne la remplissiez vous-même.

— Que voulez-vous dire ?

— Je veux dire qu'avant de m'occuper du coffret, qui après tout est en lieu de sûreté, je vais faire des démarches auprès du nouveau gouverneur de la ville, pour obtenir votre liberté.

— Je suis trop compromis pour espérer de la pitié de mes juges.

— De quoi vous accuse-t-on ?

— On m'accuse d'être un agent secret de la Ligue. Jamart avait reçu ces jours derniers deux lettres du comité des Seize de Paris. Les calvinistes les ont saisies chez lui, et c'est moi qui suis soupçonné d'en avoir été porteur.

— Sont-ce les seules charges qui pèsent sur vous ?

— Je le crois, mon Père.

— Alors je cours chez M. de Saint-Gelais...

— C'est inutile ; la haine qui existe entre les calvinistes et ligueurs est trop vivace, trop violente pour que la générosité occupe une place dans leur cœur. Aussi, depuis que je suis ici, l'idée que je pouvais obtenir ma grâce ne m'est pas venue à l'esprit ; j'attends la mort avec résignation.

Des pas retentirent sur les dalles du corridor.

— Voici le geôlier qui revient sans doute, dit M. Martinet. Embrassez-moi, mon fils, et mettez votre confiance en Dieu.

— Oui, mon Père, répondit le prisonnier d'une voix grave, car je n'ai rien à espérer de la clémence des hommes.

Le bruit d'un trousseau de clefs résonna près de la porte en dehors.

— Je ne m'étais pas trompé, dit le prêtre, c'est moi qu'on vient chercher.

— Ou moi, ajouta le ligueur avec un sourire mélancolique ; est-ce qu'il n'y a pas encore la torture entre la potence et moi ? Messieurs les huguenots font bien les choses.

— Taisez-vous, mon ami, taisez-vous, votre sang-froid me donne le frisson.

— Ah ! j'oubliais, s'écria Pierre Jorand, j'oubliais de vous demander un dernier service.

— Parlez.

— Vous remettrez aussi à Marie cette petite bague en or, elle vient de ma mère.

Il la tira de son doigt et la remit à M. Martinet.

Le geôlier entra.

Le prêtre, en quittant le condamné, se rendit chez le gouverneur.

Il était une heure du matin.

M. de Saint-Gelais revenait d'inspecter postes et sentinelles que ses lieutenants avaient échelonnés sur les murailles de la ville.

Il donna audience au vieux curé, malgré l'heure avancée de la nuit.

Le chef huguenot laissa parler M. Martinet pendant quelques minutes, et quand il vit qu'il ne s'agissait que de l'homme accusé d'être un envoyé de la Ligue, il l'interrompit en disant :

— Monsieur, Pierre Jorand est un ligueur des plus actifs et des plus dangereux. J'en ai les preuves. Tout ce que je puis faire pour lui, c'est de lui éviter ou du moins de lui retarder la torture jusqu'à l'arrivée du roi notre maître. Mais ne me demandez pas autre chose, je ne l'accorderais pas.

Le ton bref et impératif avec lequel ces paroles furent dites ne permit pas au prêtre d'insister davantage. Il se retira, heureux encore d'avoir obtenu un sursis au supplice de son protégé.

Du château, M. Martinet se dirigea vers la maison qu'il avait transformée en hôpital et où il ne restait plus que quelques blessés huguenots. Il donna de nouveaux ordres aux infirmiers improvisés qu'il y avait établis, afin que les malheureux confiés à leur garde ne manquassent de rien. Puis il s'éloigna, disant qu'il allait prendre un peu de repos.

Au lieu de retourner à son domicile, comme il l'avait annoncé, il alla droit à la demeure de Jamart.

La maison était silencieuse et déserte. Les vitres des fenêtres étaient brisées et la porte ouverte. Il y entra à tâtons et ferma la porte derrière lui. Quand il eut traversé une longue allée qui coupait la maison en deux, il se trouva dans la cour. Là il chercha à s'orienter.

En regardant autour de lui, ses yeux furent attirés par une faible lueur qui s'échappait d'une fenêtre du rez-de-chaussée d'un petit bâtiment situé au fond de la cour.

Il se dirigea sans bruit de ce côté.

A la lueur d'un feu mourant, il aperçut sur une table des brocs, des bouteilles et des verres.

— Ah! ah! se dit-il, nos vainqueurs ont choisi la cuisine pour célébrer leur victoire.

Il s'approcha du foyer et raviva le feu. Il prit un tison enflammé et l'éleva au-dessus de sa tête en guise de falot.

Sur la table il aperçut une chandelle de cire à demi consumée. Il la prit et l'alluma.

Quand la clarté eut succédé à l'obscurité, il se mit à chercher si quelque ivrogne n'était pas resté endormi sous la table.

Il ne découvrit personne. Cela ne l'étonna pas, car M. de Saint-Gelais était un chef aimé de ses soldats, mais qui savait se faire obéir. La consigne était toujours respectée de ceux qu'il avait sous ses ordres.

Pour s'assurer qu'il était bien seul dans la maison, M. Martinet alla de la cuisine à la salle à manger, de la salle à manger au salon, du salon à la chambre à coucher; enfin il visita tous les étages de la maison sans rencontrer âme qui vive.

Alors il pensa à tout ce que lui avait dit Pierre Jorand.

La première chose à trouver était la trappe; la trappe était sous l'escalier, et l'escalier donnait dans l'allée de la maison.

Il n'eut pas grand'peine à trouver ce qu'il cherchait, car les religionnaires avaient visité la cave depuis longtemps.

La trappe était encore levée.

Il s'engagea avec précaution sur les marches humides de l'escalier de pierre qui était béant devant lui.

A la dernière marche son pied heurta un corps dur qui rendit un son métallique. Il baissa sa lumière, et ramassa les tronçons d'une rapière que les huguenots avaient brisée sans doute en éventrant quelque futaille.

La cave était dans le plus grand désordre. Des bouteilles vides ou cassées jonchaient le sol.

Mais pour le prêtre, tout ceci n'étaient que des détails insignifiants; la chose importante pour lui était de trouver le caveau où était le coffret.

Il tourna à droite, comme le lui avait recommandé le ligueur, puis à gauche.

Là, il fut en face d'un caveau haut et profond. Il était bien rempli de vieilles futailles, mais elles avaient été dérangées, bouleversées, et leurs débris étaient épars çà et là.

A cette vue, le prêtre fut pris d'une émotion étrange. Son cœur battit violemment, et son visage se couvrit d'une pâleur livide. Un tremblement nerveux s'empara de tous ses membres; il fut obligé de s'appuyer contre l'huis vermoulu du caveau pour ne pas tomber.

— Si le trésor avait été volé ! pensa-t-il.

En ce moment un juron formidable et peu catholique ébranla les voûtes de la cave.

M. Martinet faillit lâcher la lumière qu'il portait. La peur avait subitement changé la nature de son émotion. Il resta cloué sur place.

Un second juron plus rapproché, mais tout aussi peu catholique que le premier, se fit entendre.

Le prêtre se retourna.

Il se trouva en présence d'un huguenot ivre, qui d'une main tenait une bouteille et de l'autre un poignard.

— Es-tu ami ou ennemi? cria le soldat.

— Ami, répondit le prêtre en voyant d'un coup d'œil à qui il avait affaire.

— Alors, mon ami, montre-moi le chemin, car je suis perdu... Les camarades m'ont abandonné comme des lâches dans cette caverne de Bacchus.

— Je le savais, répondit M. Martinet, et c'est pour cela que je suis venu à ta recherche.

— Si tu dis vrai, tu es doublement mon ami, et une fois sorti d'ici nous partagerons cette bouteille en frères.

— Volontiers.

M. Martinet suivi de l'ivrogne remonta l'escalier de la cave et le mena à la porte de la rue.

Quand le soldat fut dehors, il fit sauter le bouchon de la bouteille avec la pointe de son poignard et but à longs traits.

Pendant ce temps, le prêtre était rentré dans la maison de Jamart. Il avait fermé la porte derrière lui et tiré les verrous.

Maintenant, sûr de ne plus être dérangé par quelque dangereux témoin, il reprit le chemin de la cave, bien résolu de n'en sortir qu'après avoir découvert le trésor qui y était caché.

CHAPITRE VI

CHICOT ET GOSI ARRIVENT A SAINT-JEAN-D'ANGÉLY. LE ROI DE NAVARRE
LES EMMÈNE AVEC LUI A NIORT. CE QU'ILS Y FIRENT

Revenons maintenant à nos voyageurs Chicot et Gosi, que nous avons laissés à l'auberge du *Rameau vert*, dans la ville de Loches.

Le premier, très-intrigué d'avoir découvert que la señorita Jovita, déguisée en page, courait les grandes routes, accompagnée d'un inconnu aux allures de matamore.

Et le second, ronflant comme un bienheureux ou comme un homme épuisé de fatigue dans le lit dur et étroit que lui avait donné maître Fridolin. En effet, Gosi devait avoir besoin de dormir, car depuis la mort du cardinal de Guise, nous savons qu'il avait perdu le sommeil.

Quand le bruit des roues de la chaise de poste se fut éteint dans l'éloignement, Chicot réveilla son compagnon, solda la dépense et demanda les chevaux.

Chicot et Gosi se mirent en selle; le maître de l'auberge leur souhaita un bon voyage, et ils sortirent de la ville dans la direction de Saint-Jean-d'Angély.

Chicot était pensif.

Gosi était muet, mais il ne pensait pas; il regardait la pensée comme un exercice contraire à ses habitudes de soldat. Quand il se préoccupait de l'avenir, c'est qu'il y était forcé par les événements ; mais, à présent qu'il appartenait corps et âme au fou de Henri III, il ne semblait plus obéir qu'à cet instinct qui attache le chien aux pas de son maître.

Au bout d'une demi-heure, Chicot rompit le silence :

— Ah çà ! Gosi, tu ne dis rien.

— Je vous imite, monsieur Chicot.

— C'est juste, j'oubliais que cette nuit je t'ai gagné et ta bourse et ta vie, et qu'en conséquence tu m'appartiens.

— Je n'ai jamais de chance au jeu, moi.

— Tu appelles n'avoir pas de chance être gagné par un gentilhomme ? Tu es, en vérité, bien difficile. Il me semble que je vaux bien ton dernier maître, M. Duguast.

— Oh ! assurément, répondit le soldat en poussant un profond soupir ; car je suis sûr que vous ne me commanderez jamais, vous, de tuer un cardinal.

— A cette condition, tu me seras dévoué ?

— Jusqu'à la mort.

— Eh bien, je te jure que parmi mes ennemis je n'ai pas le moindre cardinal, tu peux donc dormir en paix.

— J'ai déjà commencé cette nuit.

— Bah ! à dormir ?

— Oui.

— Comment cela ?

— Maintenant que je vous appartiens, je ne dois plus m'occuper de mes actions passées ; c'est un compte réglé sur lequel je ne dois plus revenir. J'ai commis une lâcheté en acceptant de l'argent pour assassiner un homme d'Église ; car, là, je n'ai pas accompli un ordre, j'ai obéi à ma propre volonté. Dans toute ma compagnie il ne s'est trouvé que trois gredins capables d'un crime pareil : Violet, Chalons et moi. Aussi, désormais, je ne veux plus faire la moindre chose de mon propre mouvement, cela ne m'a pas profité. La preuve, c'est que je voulais mourir, et que vous ne m'avez sauvé la vie que pour me gagner mon argent. Bien mal acquis ne profite jamais.

A ce raisonnement du soldat, un léger sourire effleura les lèvres du Gascon gentilhomme.

— Ainsi, reprit Chicot, en toute occasion je puis compter sur toi?

— Oui, monsieur Chicot.

— Mais tu ne sais pas que j'ai de mortels ennemis en France, et qu'à un moment donné j'aurai à les combattre.

— Vous commanderez, et nous combattrons. Vous serez la tête et moi le bras.

— Que ferais-tu à un homme qui t'aurait attiré dans un guet-apens et qui t'aurait fait bâtonner, toi, sans défense, par ses valets?

Le rouge monta à la figure de Gosi, et des éclairs jaillirent de ses yeux.

— Allons, réponds, mon brave, reprit Chicot.

— Je le tuerais.

— C'est bien.

Et le fou du roi de France ajouta dans son esprit :

— Nous verrons, monsieur de Mayenne, si vous échapperez à ma vengeance.

Le soir, nos deux voyageurs entraient dans la ville de Saint-Jean-d'Angély.

Chicot descendit dans une auberge, confia son cheval à Gosi et se fit indiquer le logis du roi de Navarre.

En sa qualité d'envoyé extraordinaire du roi de France, il ne doutait pas que toutes les portes ne s'ouvrissent devant lui.

C'est ce qui eut lieu, en effet.

Lorsque Chicot pénétra dans l'appartement du Béarnais, il trouva celui-ci occupé à donner des ordres à ses lieutenants. Depuis une heure à peine, le courrier de M. Louis de Saint-Gelais était arrivé; il était donc tout joyeux de savoir que son entreprise sur Niort avait réussi.

— Ah! c'est toi, mon brave Chicot, dit le Navarrais en apercevant le bouffon qui lui faisait un grand salut de cérémonie.

— Oui, sire, c'est moi; mon tout-puissant et très-honoré maitre m'a envoyé vers vous...

— Pour m'apporter une bonne nouvelle, sans doute? continua Henri de Bourbon.

— Bonne ou mauvaise, je n'en sais rien, mais Votre Majesté le saura après la lecture de cette lettre.

Chicot remit alors au roi de Navarre le pli que lui avait confié à Blois Henri III.

— Allons, répliqua le Béarnais, mon ami, cesse maintenant ton rôle d'ambassadeur, et laissons l'étiquette de côté. Entre compatriotes il ne faut pas de gêne. Lorsque tu combattais à mes côtés contre M. Vezin... te souviens-tu que tu m'as sauvé la vie à la prise de Cahors?

— Oui, sire; votre cheval, frappé d'une balle, vous avait entraîné dans sa chute.

— Et sans toi, qui fis tête aux ennemis qui m'entouraient, je n'aurais probablement pas le plaisir de te tendre la main aujourd'hui.

Le roi de Navarre, en parlant ainsi, donna une amicale poignée de main à Chicot.

— Mon vieux camarade, je viens d'apprendre que M. Malicorne a eu le sort de M. Vezin, gouverneur de Cahors, reprit Henri.

— Il est prisonnier?

— Oui.

— M. Malicorne était à Niort...

— En qualité de gouverneur.

— Eh bien?

— Eh bien! j'ai pris Niort comme autrefois j'ai pris Cahors. Monsieur l'ambassadeur, depuis hier cette ville est à moi.

Et Henri s'inclina vers Chicot avec un sourire de satisfaction. Son œil vif et intelligent reflétait toute la joie de son âme.

— Pardon, sire, dit Chicot, mais je ne comprends pas comment, étant aujourd'hui à Saint-Jean-d'Angély, vous avez pu prendre hier Niort.

— C'est juste. Je m'explique mal. A Cahors, je combattais en personne, tandis qu'à Niort mes lieutenants ont combattu pour moi.

— A la bonne heure !

— Si tu veux te convaincre du nouveau succès de mes armes, Ventre Saint-Gris ! repartit le roi, tu n'as qu'à venir avec moi demain, je pars pour la ville conquise avec un petit corps de cavalerie.

— Volontiers, sire, à moins que la réponse à la missive du roi de France ne force votre serviteur à retourner sur-le-champ à Blois.

— Ventre Saint-Gris ! dans mon contentement, j'oubliais la lettre de mon bon cousin de Valois.

Henri décacheta le pli royal qu'il avait déposé sur la table et l'ouvrit.

Chicot prit un siége et s'approcha sans façons de la cheminée dans laquelle pétillait un bon feu.

Au bout de quelques instants le roi de Navarre replia la lettre et dit :

— Le frère de ma chère Margot m'assure de son amitié et me dit que des raisons de sûreté personnelle l'ont forcé à couper court à l'ambition des Guises. Mais tu sais, mon cher Chicot, ce que valent les promesses et les protestations d'amitié de ton maître !

Et il jeta au feu la lettre après l'avoir froissée dans sa main.

Chicot ne répondit pas.

Après un instant de silence, le Béarnais reprit :

— Henri III ne m'a jamais compris, et je ne puis pas me fier à lui tant qu'il sera sous la tutelle de la Florentine. Catherine de Médicis a perdu François II et Charles IX; elle perdra, comme eux, son dernier fils. Elle me donna sa fille Marguerite, parce que ce mariage entrait dans ses calculs politiques. Aux yeux des partis qui divisent la France, cette union devait être un gage de sécurité pour l'avenir, mais Catherine, par ses intrigues ténébreuses, m'a contraint à briser net avec la cour de France, car je ne suis pas, moi, un enfant qu'on mène en lisières. Si mon cousin Henri avait su s'affranchir, dès son avénement au trône, des influences maternelles, il aurait trouvé en moi un frère, un allié dévoué, qui l'eût soutenu contre ses ennemis et qui l'eût peut-être fait triompher de la faction de la Ligue. Mais tu connais sa conduite envers moi, envers mes coreligionnaires; c'est ce qui fait que je dirige mes affaires à ma manière et que, pour occuper mes loisirs, je me taille un royaume dans le sien.

Chicot ne put retenir un sourire.

— Ventre Saint-Gris! s'écria le roi de Navarre, n'ai-je pas mille fois raison?

— Sire, nous sommes compatriotes, et nous nous connaissons depuis assez longtemps pour ne rien nous cacher : foi de Chicot, vous avez raison, et le sang du roi de Navarre est du sang de roi de France. Et qui sait, peut-être un jour le deviendrez-vous... et alors...

Chicot hésita.

— Et alors? reprit Henri.

— Alors, je demande à devenir votre fou de cour.

— Tu le seras... Mais je te croyais plus ambitieux.

— Moi, je n'ai que l'ambition de l'obscurité, c'est là que je trouve mon bonheur. Je tends le dos à tous les événements et ils passent sur moi sans m'atteindre...

— Tu es philosophe.

— Je le suis depuis que j'ai l'âge de raison. Je vois tout, j'entends tout, et ne suis forcé de me prononcer sur rien. Sire, dites-moi, je vous prie, s'il y a à la cour une charge qui soit plus agréable que celle-là.

— Je n'en connais pas.

Le Béarnais partit d'un grand éclat de rire.

Chicot se leva.

— Maintenant, dit-il, Votre Majesté permet-elle à l'ambassadeur du roi de France de se retirer?

— Oui, répondit Henri; mais j'invite Chicot, le fou philosophe, à souper avec moi.

— Impossible, sire.

— Pourquoi?

— Parce que ma présence vous gênerait pour les ordres que vous avez encore à donner, et pour vos préparatifs de départ...

— Non, mon ami.

— Et puis, puisqu'il faut vous mettre les points sur les i, je tombe de fatigue, et si vous voulez que je parte avec vous demain de Saint-Jean-d'Angély, il faut que je puisse me tenir en selle; il y a loin d'ici à Niort.

— Eh bien, à demain.

— A quelle heure et à quel endroit?

— A quatre heures, sur la place.

— J'y serai avec mon compagnon de route.

— Tu n'es donc pas venu seul?

— Non, sire, j'ai avec moi un ami qui, au besoin, pourra nous donner un coup de main en cas d'escarmouche. Je dors tout debout; je vous conterai son histoire plus tard. Adieu, sire.

Chicot retourna à l'auberge et trouva Gosi assis devant une table, mais ne mangeant pas.

— Est-ce que tu as dîné? demanda le bouffon.

— Non, monsieur Chicot. Je vous attendais.

— Et si je n'étais pas rentré de la nuit?

— Eh bien, je n'aurais ni mangé ni dormi, puisque j'ai fait un pacte avec vous.

— C'est juste, fit Chicot qui commençait à voir fonctionner l'homme-machine que le hasard lui avait donné.

Ils se mirent à table.

Le repas fut court.

En gagnant leur chambre, Chicot recommanda à Gosi de seller les chevaux pour trois heures et demie.

Le soldat répondit par un signe de tête affirmatif.

Le lendemain, à l'heure indiquée, les chevaux étaient prêts.

Chicot et Gosi se rendirent sur la place de la ville. Quelques centaines de cavaliers y étaient réunis.

Bientôt le roi de Navarre parut ; il se mit en selle et jeta les regards autour de lui.

Chicot et Gosi s'étaient placés au dernier rang. Le Béarnais l'aperçut et envoya vers lui un de ses lieutenants.

Chicot et Gosi mirent leurs chevaux au petit trot et vinrent près du roi.

— Chicot, ne me quittez pas, dit Henri, votre place est à mes côtés.

Chicot inclina la tête, puis jeta un regard sur son compagnon.

Le roi comprit.

— Quant à votre ami, dit-il, vous pouvez le garder près de vous. Et maintenant en route !

La petite troupe, ayant à sa tête le Béarnais, sortit au pas de la ville ; arrivée aux murs d'enceinte, elle prit le trot et disparut bientôt dans une petite vallée à une demi-lieue de là.

Pendant le chemin, Chicot raconta à Henri l'histoire de Gosi, mais il se garda bien pourtant de lui dire la part que cet homme avait prise au meurtre de Mgr l'archevêque de Reims. L'épisode de la pendaison fit beaucoup rire le prince.

Chicot, pour cause de cet acte de démence, avait inventé un amour violent de son héros pour une chambrière de madame la duchesse de Montpensier, qui avait quitté Blois quelques jours seulement avant le coup d'État.

Après une marche accélérée, le roi de Navarre et sa cavalerie firent leur entrée dans Niort, le jeudi, c'est-à-dire le second jour de la prise de cette ville.

M. de Malicorne fut présenté au Béarnais par M. de Saint-Gelais.

Ce prisonnier fut traité fort humainement. Sa Majesté lui permit d'emporter du château tout ce qui lui appartenait.

Ce qu'il exécuta sur l'heure.

Puis, on lui donna une escorte qui le conduisit jusqu'à Parthenai.

Le roi de Navarre parcourut ensuite la ville, accompagné de ses lieutenants, et se fit raconter dans tous ses détails l'expédition nocturne qui avait si heureusement fait tomber la ville en son pouvoir.

— Avez-vous trouvé des armes et des munitions? demanda-t-il à M. de Saint-Gelais.

— Oui, sire, répondit celui-ci; nous avons trouvé cinq beaux canons de batterie, portant demi-pied et un doigt d'ouverture; plus, deux fort longues couleuvrines, que le lieutenant mort de ses blessures avait fait fondre pour (comme il le disait par dérision) en saluer Votre Majesté quand elle approcherait des murailles de Niort.

— Je regrette que le pauvre diable soit mort, reprit Henri. J'aurais été heureux de lui prouver que l'excommunié roi de Navarre sait reconnaître la bravoure partout où elle se trouve.

— Sire, dit Chicot, vos amis comme vos ennemis savent depuis longtemps qu'aucun prince n'est votre égal pour la galanterie et la valeur guerrière; mais vous l'emportez sur tout le monde pour la justice et la générosité.

— Ventre Saint-Gris! maître Chicot, s'écria Henri, vous croyez donc qu'un Bourbon est un Valois? A ma cour, je ne veux ni compliments ni flatterie; je veux autour de moi des soldats et non des courtisans!

— Je croyais que toute vérité était bonne à dire, répondit le bouffon. Sire, pardonnez-moi.

Le prince ne répondit pas, et, se tournant vers M. de Saint-Gelais, il dit:

— Avez-vous des prisonniers?

— Nous n'en avons plus qu'un, sire, répondit le gentilhomme; il est au château.

— Un seul! Et les autres?

— Les autres ont été jugés : les coupables ont été pendus, et les innocents rendus à la liberté.

— Et pourquoi n'avez-vous pas jugé celui qui vous reste?

— Notre prisonnier est un envoyé secret de la Ligue. Comme il vient de Paris, nous avons cru devoir le mettre au cachot afin que vous puissiez l'interroger vous-même, sire.

— Vous avez agi sagement; entrons au château, je veux le voir.

Le Béarnais et son escorte se rendirent à la forteresse.

On chercha inutilement le geôlier. On interrogea les soldats de faction, tous répondirent qu'ils ne l'avaient pas vu depuis la veille au soir. Ils l'avaient vu en effet sortir du château à la tombée de la nuit, mais il n'était pas rentré.

M. de Saint-Gelais envoya aussitôt plusieurs soldats dans tous les quartiers de la ville, afin de savoir ce qu'il était devenu. Peut-être avait-il été assassiné : une vengeance particulière est chose très-ordinaire en temps de guerre.

On ne trouva pas plus le geôlier dans la ville, qu'on ne l'avait trouvé dans le château.

Enfin, lassé d'attendre, le capitaine huguenot, à défaut de l'homme, demanda les clés.

On les chercha.

Mais on ne trouva pas plus de clés qu'on n'avait trouvé le geôlier.

— Faites enfoncer la porte de la prison, dit Chicot.

Comme l'idée du bouffon eut l'approbation de toutes les personnes présentes, il offrit lui-même de la mettre à exécution.

Suivi de Gosi et de quelques soldats huguenots, il descendit dans les souterrains de la forteresse.

Arrivé près de la porte du cachot, il s'arrêta, frappa avec le pommeau de son épée et prêta l'oreille.

Il reçut pour toute réponse un long gémissement.

— Le prisonnier est donc à demi asphyxié dans ce trou humide et malsain, dit-il, qu'il ne réponde que par un cri de douleur ?

Chicot frappa de nouveau.

Un nouveau son plaintif et inarticulé se fit entendre.

— Le malheureux manque d'air ; donnez-moi une hache.

Chicot prit une hache que portait un des soldats, et, à la lueur fumeuse de la torche dont s'était muni Gosi en descendant, il fit sauter la ferrure du guichet.

— Ohé ! dit-il en cherchant à pénétrer des yeux l'obscurité du cachot, ohé ! monsieur le prisonnier, êtes-vous vivant, bien vivant, ou moribond ?

Un troisième gémissement, mais plus fort que les deux autres, fut toute l'explication qu'il put tirer du captif.

— Allons, Gosi, reprit Chicot, enfonce cette porte à coups de hache.

Le soldat prit la hache et commença à faire de larges entailles à l'huis de chêne du cachot.

Laissons Gosi accomplir sa besogne, et revenons à M. de Saint-Gelais, qui était resté à causer avec Henri de Bourbon dans l'appartement du gouverneur.

Le chef huguenot avait raconté au Béarnais la conduite pleine de charité et de dévouement du vieux prêtre Martinet.

Sa Majesté avait demandé à le voir.

Aussitôt un soldat s'était rendu au domicile du vénérable curé. Une vieille femme, sa servante sans doute, avait répondu que depuis la prise de la ville par les hérétiques, son maître n'était point rentré.

A cette nouvelle, M. de Saint-Gelais parut fort mécontent.

— Niort est une ville ensorcelée, s'écria le roi de Navarre. Il s'y passe vraiment quelque chose d'extraordinaire. Vous voulez m'amener un prisonnier, point de geôlier. Il est ivre sans doute dans quelque coin.... Vous voulez me présenter un bon prêtre romain....

— Sire...

— Oh! mon cher Louis, ne vous excusez pas... Je sais que vous ne pouvez être responsable de la soif d'un porte-clés ou de la mort d'un prêtre...

— M. Martinet est un noble cœur, sire, il a soigné nos blessés sans s'inquiéter de leur religion; je suis donc garant de son existence par devoir et par reconnaissance...

— Qui vous dit, mon ami, reprit à demi-voix Henri, que votre saint homme n'a pas été rencontré dans une rue obscure par des reitres avinés et qu'ils ne l'ont pas pendu, pour se distraire, à quelque enseigne de cabaret ?...

— Une telle supposition, sire...

— On peut tout supposer, en temps de guerre civile. Les reitres sont nos alliés, parce que nous les payons, mais leur solde ne leur donne pas plus de respect pour un catholique que pour le diable...

La conversation fut interrompue par le bruit des pas de plusieurs personnes dans la cour.

M. de Parabère, qui assistait à cet entretien, alla vers la fenêtre, et dit :

— Sire, voici M. Chicot qui revient avec notre prisonnier.

La porte de l'appartement s'ouvrit.

— A défaut du ligueur captif, dit le fou de Henri III, sire, je vous amène son geôlier.

— Et Pierre Jorand, qu'est-il donc devenu? s'écria avec colère M. de Saint-Gelais.

— Cet homme va vous le dire, répondit Chicot.

Le malheureux geôlier tremblait de tous ses membres.

— Allons, parle, reprit le chef calviniste, qu'as-tu fait du prisonnier confié à ta garde?

— Hier soir, répondit le pauvre homme, lorsque je descendis porter le souper au prisonnier, je ne m'aperçus pas qu'il avait scié ses fers. Il se jeta sur moi, et il me terrassa avant que j'eusse pu jeter un cri. Alors il me bâillonna, s'empara de ma casaque et de mon bonnet, puis il me lia les pieds et les mains avec une petite corde de soie qui m'entrait dans les chairs...

Le geôlier, en disant cela, montrait ses poignets meurtris.

— Après? dit le roi.

— Après, le misérable prit mes clés et ma lanterne. Il endossa ma casaque, mit mon bonnet et me souhaita une bonne nuit...

— Si dans trois jours Pierre Jorand n'est pas retombé entre nos mains, dit M. de Saint-Gelais au sergent qui, avec trois soldats, avait amené le geôlier, vous pendrez cet homme. Allez, et qu'on le remette au cachot.

Quand la porte fut refermée derrière les soldats qui escortaient le patient, Sa Majesté dit en souriant :

— Il faut avouer, mon cher de Saint-Gelais, que vous n'avez pas de chance avec les personnes que vous voulez me présenter...

— Si j'avais pendu haut et court Pierre Jorand à côté de son ami Jamart, répondit le huguenot, je n'aurais rien à me reprocher.

— Que cette leçon vous serve pour l'avenir, monsieur, ajouta Chicot : les oiseaux qu'on met en gage finissent toujours par s'envoler, ne l'oubliez pas.

Vers le soir, le Béarnais fit appeler Chicot pour lui remettre sa réponse au roi de France, et causer une dernière fois avec lui.

La nouvelle de la disparition du curé Martinet était arrivée jusqu'à un petit poste de huguenots établi à l'une des portes de la ville.

Un soldat prétendait avoir rencontré le vieillard dans la cave de Jamart. Il s'offrit d'y retourner; autorisé par le sergent, il partit avec deux de ses camarades. Ce huguenot était l'ivrogne que le prêtre avait reconduit dans la rue, lorsqu'il avait été surpris par lui dans le caveau où devaient être cachés les diamants.

Nos trois soldats fouillèrent la maison de Jamart dans tous les coins et recoins, ils visitèrent la cave, et ne trouvèrent pas une trace qui pût prouver la présence du prêtre en ce lieu. Ils interrogèrent les voisins ; M. Martinet n'avait été vu par personne.

— Tu étais ivre, dit un des huguenots à son compagnon ; tu as cru voir, mais tu n'as pas vu. Retournons au corps de garde.

— C'est singulier! répondit l'ivrogne. Est-ce que par hasard j'aurais rêvé?

Nos lecteurs savent bien que le prêtre avait été dans la cave de Jamart pour découvrir l'endroit où Pierre Jorand avait caché toute une fortune ; mais depuis, qu'était-il devenu?

CHAPITRE VII

CE QUI SE PASSAIT DANS LA BONNE VILLE DE PARIS PENDANT QUE
HENRI III ÉTAIT A BLOIS ET LE BÉARNAIS EN POITOU

Laissons le drapeau au double écusson de Navarre et de Bourbon flotter sur les murailles de Niort (il était blanc et portait sur azur, d'un côté les chaînes d'or, de l'autre côté les fleurs de lis d'or avec le lambel posé en cœur), et transportons notre lecteur dans la bonne ville de Paris.

La nouvelle de la mort des Guise et de l'emprisonnement de leurs partisans à Blois arriva à Paris le 24 décembre, veille de Noël, sur le déclin du jour.

L'avocat Crucé, député aux états généraux, avait accompagné le courrier.

Le courrier traversa la ville et descendit à l'hôtel de Guise.

Crucé se rendit à la maison de ville, où il trouva Anselme Louchard et Jean Roland, membres très-influents dans le comité des Seize.

Madame la duchesse de Montpensier, qui habitait hors la ville, dans le faubourg Saint-Germain, fut prévenue et vint à l'hôtel de Guise.

Les Seize firent aussitôt fermer les portes de Paris, doublèrent les postes et appelèrent le peuple aux armes.

L'assassinat du beau roi de Paris, comme on l'appelait, fut

connu en un clin d'œil de toute la population. Les ligueurs déployèrent leurs drapeaux et commencèrent à parcourir les rues en criant : *Au meurtre ! au feu ! au sang et à la vengeance !*

Les boutiques se fermèrent, et les cloches de toutes les paroisses de Paris sonnèrent à toute volée.

La foule encombra bientôt les rues ; des groupes se formèrent, et le terrible événement qui frappait au cœur la faction de la Ligue fut raconté, discuté, commenté de mille façons diverses par les orateurs en plein vent, qui s'emportaient en invectives contre le roi de France.

Pendant ce temps, les Seize s'étaient réunis en conseil pour délibérer.

La maison de ville était entourée par les bourgeois, qui, à la voix de leurs capitaines, avaient pris les armes. Ils attendaient le résultat de la séance pour agir.

Le plus grand désordre régnait parmi les Seize : les uns voulaient s'emparer de la ville au nom de la Sainte-Union, et les autres s'y opposaient, disant que Henri III devait s'être mis en marche et qu'il ne fallait agir qu'avec prudence. L'audace et la peur se combattirent si bien, que les ligueurs levèrent la séance sans prendre un parti ; la gravité des circonstances les y engageait pourtant.

La nuit était venue, et, malgré la rigueur de la saison, de nombreux groupes stationnaient dans les rues et principalement aux abords des églises.

Les cloches reprirent leur tintement lugubre pour appeler les fidèles à la messe de minuit.

Le peuple entra dans le saint lieu, espérant voir ses prédicateurs bien-aimés fulminer contre l'attentat du roi ; mais l'office divin fut triste et morne.

La nouvelle de la mort de Henri de Guise, *le Pilier de l'Église*, jeta tant de stupeur parmi les plus zélés de la Ligue, que plusieurs en moururent comme frappés de la foudre : entre autres,

Pierre Versoris, avocat, qui fut étouffé par ses sanglots en embrassant le portrait du Guise.

Toute la nuit la ville fut sur pied; une garde active était montée aux portes Saint-Michel et Saint-Jacques; à tout moment on s'attendait à voir paraître l'avant-garde de l'armée du roi de France; mais, hélas! comme nous l'avons dit plus haut, Henri III était dans son château de Blois, tremblant et irrésolu, passant son temps à examiner les cahiers des états.

Un jeune homme de vingt-deux ans descendait, une heure après minuit, la rue Saint-Jacques. Il marchait à grands pas et paraissait complétement indifférent à l'anxiété qui agitait les esprits des ligueurs; il passait à côté des groupes sans s'informer des affaires de la Ligue, et cependant il portait à son toquet une croix de Lorraine.

Sur ses épaules était jeté négligemment un petit manteau, et à son côté pendait une rapière. La bise de décembre, en soulevant son manteau, laissait voir de temps en temps une brigantine, cotte de mailles qui le recouvrait des épaules à la ceinture.

En traversant le petit pont, un moine lui frappa sur l'épaule.

— Ah! c'est vous, Clément?

— Oui, mon cher Gaston.

— Que faites-vous donc à cette heure dans les rues?

— Ce que tous ceux qui y sont y font. Nous nous entretenons du crime abominable commis par le Valois.

— Où allez-vous?

— Je vais sur le pont aux Changeurs.

— Et après?

— Après, je reviendrai dans le quartier de l'Université.

— Et que ferez-vous alors?

— Pourquoi toutes ces questions?

— Parce qu'il doit y avoir une réunion aux Jacobins; les bons Pères doivent s'assembler pour discuter la mise en armes de tous les couvents; car on vient de nous dire que le colonel

7.

Alphonse d'Ornano et le maréchal d'Aumont étaient en marche sur la capitale avec des forces imposantes. Il faut que nous soyons prêts à les bien recevoir.

En parlant ainsi, Jacques Clément caressait la crosse d'un pistolet passé à sa ceinture

— Ah! fit Gaston.

Et il continua sa route. Jacques l'accompagna.

— Comme vous paraissez indifférent! reprit Jacques après un moment de silence.

— C'est vrai.

— Pourquoi?

— Je suis amoureux, mon ami.

— O Jésus Maria! répondit le moine.

— Oui, j'aime une jeune fille de toute la force de mon âme. Je crois que si je viens à posséder jamais le tendre objet de mes rêves, mon bonheur vaudra bien la béatitude...

— C'est un sacrilège, mon cher Gaston, de comparer le bonheur matériel et passager d'ici-bas aux joies ineffables et éternelles du céleste séjour!...

— Que ne dites-vous tout de suite, reprit Gaston en souriant, que je sens le fagot et qu'il faut me brûler en place de Grève...

— Brûler un hérétique, c'est faire son salut.

— C'est là où vous ont conduit vos études en théologie?

— Ah! si vous aviez comme moi la foi, si comme moi vous compreniez que de jouissances il y a dans l'espoir d'une autre vie, dans un monde meilleur, vous penseriez moins aux choses terrestres, pour vous occuper davantage des choses divines!...

— Frère Jacques, nous sommes arrivés... voici le pont aux Changeurs, dit Gaston pour couper court à la conversation qui dégénérait en sermon.

Les deux jeunes gens s'avancèrent jusqu'au milieu du pont et s'arrêtèrent devant une boutique sur l'enseigne de laquelle on lisait: *Guillaume Jorand, changeur.*

Gaston s'approcha d'un petit groupe de ligueurs réunis devant la porte d'une maison voisine, et demanda si messire Pierre Jorand était de retour de son voyage.

Le voisin lui répondit que Jorand était absent depuis une quinzaine de jours, et que madame veuve Guillaume, qui tenait la boutique, lui avait dit, le matin même, qu'elle n'attendait pas son beau-frère avant le jour de l'an.

Gaston remercia le confrère de Jorand des renseignements qu'il venait de lui donner, et rejoignit Clément qui était resté à quelques pas.

— Il faut encore attendre, dit le jeune homme entre ses dents... toujours attendre !...

— Qu'avez-vous donc, Gaston? demanda le moine.

— L'oncle de celle que j'aime est en voyage.

— C'est donc la fille de Guillaume Jorand que vous aimez?

— Oui, mon ami.

— Quel brave ligueur c'était que messire Jorand ! dit le moine avec une certaine animation.

— Vous l'avez donc connu?

— Beaucoup. Il commandait une dizaine de son quartier aux barricades du mois de mai dernier.

— Il était brave?

— Comme un lion.

— Vraiment !

— Il fut tué par un Quarante-Cinq devant la maison d'un marchand de drap, dans la rue des Lavandières.

— Comment cela?

— Oh ! c'est toute une histoire !

— Contez-la-moi.

— Volontiers.

— Mais la nuit est froide; voulez-vous venir jusque chez moi?

— Où demeurez-vous?

— A deux pas : rue de l'Hirondelle.

— Il faut que je sois à mon couvent dans une heure.

— Dans vingt minutes, vous me quitterez.

— Oui, car je tiens à savoir ce que les bons Pères vont décider dans leur conférence.

— Je comprends cela.

En causant ainsi, les deux ligueurs tournèrent à droite et se trouvèrent dans la rue de l'Hirondelle.

Gaston tira une clef de la poche de son haut-de-chausses et ouvrit la porte étroite d'une maison basse.

Jacques s'engagea derrière lui dans une allée humide qui conduisait à une cour ; au fond de cette cour il y avait un bâtiment composé simplement d'un rez-de-chaussée. C'était là que demeurait Gaston.

Le jeune homme battit le briquet, alluma la lampe et jeta dans l'âtre de la cheminée un demi-fagot.

Bientôt le feu petilla.

Jacques Clément s'assit près du foyer, tandis que son ami tirait d'une vieille armoire une bouteille et deux verres.

— Vous boirez bien un coup avec moi au triomphe de la sainte Ligue? dit Gaston en se plaçant dans l'autre coin de la cheminée et attirant vers lui une petite table sur laquelle il venait de déposer la bouteille de vin et les verres.

Jacques ne répondit pas ; il semblait étonné et parcourait des regards l'appartement.

— Je vous croyais bachelier en droit, mon cher Gaston?

— En effet, je le suis.

— Que signifie tout ce que je vois?

— Ah! vous êtes étonné de voir ici des tableaux, des pinceaux et un chevalet?

— Certes.

— Eh bien, sachez, mon ami, que j'ai délaissé la jurisprudence pour me livrer tout entier à l'art illustré par Michel-Ange, Léonard de Vinci et les Carrache.

— Vous êtes peintre?

— Oui. Je gagne largement ma vie en faisant des tableaux d'église et des portraits.

— En vérité !

— Regardez : voici une Vierge que je viens de commencer pour l'oratoire de madame la duchesse de Montpensier.

— Oh ! comme l'inspiration divine anime son front !... quelle pieuse onction règne dans les traits de son angélique figure ! s'écria le jeune moine en se signant dévotement.

— N'en soyez pas surpris, Jacques, ce tableau est la traduction d'un beau souvenir de ma vie.

— La sainte Vierge vous est apparue peut-être ?

— Oui, reprit le jeune peintre avec un sourire.

— C'est beau, n'est-ce pas, une vision, mon ami ? Vous avez donc aussi des visions, vous ?

Jacques Clément en parlant donnait une intonation particulière à ses paroles. Il se tut, et ses yeux restèrent immobiles levés vers le ciel. Il semblait en extase.

Gaston recouvrit d'un rideau le tableau et versa du vin plein les verres.

— A votre santé, Clément, dit le jeune homme en élevant la voix.

Jacques tourna machinalement la tête, comme quelqu'un qui sort d'un rêve.

— Pardon, mon ami, j'étais au ciel ! murmura-t-il.

— Buvons au triomphe de la religion catholique.

— Oui ! oui, buvons au triomphe de notre sainte religion.

Jacques prit son verre, le vida d'un seul trait, se remit sur le tabouret de bois près du feu, et sa physionomie reprit son aspect ordinaire. La vision à laquelle le jeune moine était en proie avait disparu.

— Ainsi vous avez connu Guillaume Jorand ? dit Gaston après un long silence, car il avait deviné l'effet que son œuvre avait produit sur l'esprit faible et crédule de son ancien camarade d'étude.

— Ce brave ligueur est mort dans mes bras, répondit Jacques ; il a rendu l'âme au Créateur en prononçant le divin nom de Marie.

— Marie est le nom de sa fille, pensa le peintre, et cette chère enfant est le poétique modèle de mon tableau.

— Au mois de mai dernier, reprit le moine, pendant les barricades, j'étais, rue Saint-Honoré, avec plusieurs moines de mon ordre, lorsque messire Jean le Clerc, aujourd'hui gouverneur de la Bastille, livra au peuple une hérétique qui s'était cachée dans une maison, non loin de la Croix du Trahoir. Nous conduisions cette damnée au Châtelet, lorsque dans la rue des Lavandières, nous fûmes attaqués par une poignée de politiques, commandés par le chef des quarante-cinq coupe-jarrets du Valois [1].

— M. de Loignac.

— Oui ; un gentilhomme gascon de la pire espèce.

— Je le connais de réputation, ajouta Gaston en souriant.

— La lutte fut terrible. Je combattis contre Loignac, nos épées effleurèrent vingt fois notre poitrine... Mais, accablés par le nombre, mes compagnons et moi fûmes obligés de battre en retraite, et ce fut en nous dégageant des mains de ces forcenés que Guillaume Jorand tomba, blessé mortellement par l'épée d'un ordinaire.

— O mon Dieu ! fit Gaston.

— Jean le Clerc fut également blessé...

— Je sais cela. Son adversaire était un nommé Olivier le Long, espion du Valois.

— Oui. C'est ce chien de Valois qui est cause de tout le sang répandu ! s'écria le jeune dominicain ; c'est ce *vilain Hérodes* qui causera la ruine de notre sainte religion !...

Jacques Clément avait prononcé ces paroles en proie à une exaltation extraordinaire.

[1] Voir *le Roi de Paris*

Les zélés de la Ligue appelaient le roi de France *vilain Hérodes,* parce que cette épithète est l'anagramme de *Henri de Valois.*

Nous ferons aussi remarquer à nos lecteurs que *jacobin* et *dominicain* sont synonymes. — On a donné en France le nom de jacobins aux dominicains, parce que le premier couvent qu'ils eurent parmi nous, fut celui qu'ils occupaient à Paris, près de la porte Saint-Jacques.

Gaston avait été surpris du ton singulier avec lequel son ami Jacques avait prononcé ses dernières paroles.

Le moine se leva et se dirigea vers la porte.

— Jacques, vous partez? dit le jeune homme.

— Je veux assister à la réunion qui doit avoir lieu au couvent.

— En effet, vous me l'aviez dit.

— Venez-vous avec moi?

— Non. J'ai une lettre à écrire.

— Adieu, mon ami.

— Adieu, mon frère.

Au moment de sortir, le moine s'arrêta.

— Mon cher Gaston, dit-il, si jamais vous avez besoin de mon concours pour quelque chose que ce soit, adressez-vous à moi sans crainte. Je pourrai vous être utile; je suis le protégé du R. P. Bourgoing, notre prieur, et vous savez sans doute que ce saint homme est le confident intime de madame la duchesse de Montpensier.

— Merci, je ne l'oublierai pas.

Aussitôt que le frère Jacques fut parti, Gaston se mit à écrire une lettre d'amour pour sa bien-aimée Marie.

Si ce jeune homme était plus amoureux que ligueur, bien d'autres, en revanche, étaient plus ligueurs qu'amoureux : Anselme Louchard, Jean Roland, par exemple, qui, au sortir de la messe de minuit, qu'ils avaient été entendre à l'église de Saint=Gervais, étaient revenus à la maison de ville.

En attendant les autres *sires*[1], Louchard et Roland interrogeaient Crucé sur l'événement des états généraux.

— Comment donc avez-vous pu sortir de Blois? demandait Louchard.

— De la façon la plus simple du monde, répondait Crucé ; j'ai escaladé la muraille! Et si quelque royaliste avait osé me barrer le chemin, je l'aurais tué.

— C'est le 23 décembre que vous vous êtes échappé des griffes du tyran?

— Oui. Après l'assassinat de notre cher et bien-aimé duc, le grand prévôt fut envoyé par le roi à l'hôtel de ville, où étaient MM. les députés du tiers état. Il entra dans la salle et nous dit: « Messieurs, je viens ici de la part du roi pour vous dire qu'il « veut que vous continuiez vos charges. Mais, pour ce qu'on lui « a voulu donner un coup de dague dans sa chambre, il vous « commande à vous, monsieur le prévôt des marchands, président de Nully, Compan et vous, lieutenant d'Amiens, de le « venir trouver; suivez-moi, car on lui a fait entendre que vous « étiez de cette conspiration. »

— Ce qui était faux.

— Assurément. Cette prétendue conspiration avait été imaginée par le Valois pour retenir prisonniers les plus zélés de notre parti. Alors, comme on vint me dire que les portes de la ville de Blois venaient d'être fermées, j'ai sauté par-dessus la muraille, et me voilà.

— Ah! si tous les partisans de la Sainte-Union vous ressemblaient!...

La conversation fut interrompue par l'arrivée de quelques Seize.

---

[1] Les principaux bourgeois de la faction des *Seize* étaient appelés *sires*; ce qui, comme il paraît, se faisait par honneur, et, je crois, comme la plupart de ces sires étaient des marchands, pour les égaler à ces anciens marchands appelés *Syri*, parce que c'étaient des *Syriens* qui faisaient le plus considérable trafic de l'Occident. — Un roi, dit Étienne, a le marchand pour compagnon, quant au titre de *Sire*. (Dial. I du *Nouv. Lang. franç. ital.*)

Le reste de la nuit se passa en discussions oiseuses.

Au retour du jour, les ligueurs se séparèrent de nouveau pour se livrer à leurs dévotions, car c'était Noël. La matinée s'écoula à l'église; mais quand les vêpres furent dites, les sires revinrent à l'Hôtel de Ville et firent convoquer les plus notables bourgeois, les membres des facultés et messieurs de la cour de parlement. Parmi ces derniers, on désigna de préférence ceux que l'on savait dévoués au roi, entre autres le président de Thou et le président de Harlay.

La séance ne tarda pas à devenir tumultueuse. Pierre Senault et Anselme Louchard parlèrent avec une extrême irrévérence du roi de France et nièrent son autorité.

Alors, Jean Roland, voyant que les discussions se prolongeaient inutilement, se leva et déclara que tous ceux qui l'écoutaient devaient faire le serment de se dévouer au salut de la religion et à la défense de Paris. Puis il proposa d'élire un chef, et nomma le duc d'Aumale, proche parent des Guise.

Cette proposition fut reçue avec enthousiasme et par la majorité de l'assemblée et par le peuple qui encombrait la place de Grève.

Le duc d'Aumale était débauché, sans talents et sans courage, comme il le prouva plus tard à la bataille de Senlis et au combat de Saint-Denis.

Quand la nomination de d'Aumale, comme gouverneur de Paris, fut sanctionnée, Jean Roland, Anselme Louchard, Crucé, Bussy le Clerc et Senault, suivis d'une partie de la populace la plus turbulente, allèrent chercher le nouvel élu dans un couvent de chartreux, où il s'était retiré quelques jours avant Noël pour faire ses dévotions. Le couvent des chartreux était situé entre le faubourg Saint-Jacques et la rue de Vaugirard, c'est-à-dire hors de la ville.

D'Aumale fut amené à la maison de ville au milieu des cris : *Vive d'Aumale!* que poussait la population sur son passage.

De l'Hôtel de Ville, les Seize et tous ceux qui assistaient à la séance, le duc d'Aumale en tête, se rendirent à l'hôtel de Guise, pour assurer de leur dévouement la veuve de l'illustre martyr.

La duchesse de Guise, en habits de deuil, reçut les ligueurs. Elle voulut parler, mais ses larmes éteignirent sa voix. Alors madame de Montpensier prit la parole. Elle fit un discours passionné qui releva le courage des partisans de la Sainte-Union qui désespéraient de l'avenir. Elle montra Henri III sous les couleurs les plus sombres ; elle le traita d'hérétique, de traître et de bourreau, en appelant sur sa tête les vengeances des vrais catholiques. — Sa voix eut un écho dans la foule. Au désespoir et au silence succédèrent la colère et la fureur. Et au milieu des cris, les plus horribles menaces furent proférées contre le roi de France.

Les Seize et le peuple se retirèrent pleins d'un nouvel enthousiasme. Ils ne redoutaient plus la lutte contre la royauté, ils la demandaient. La religion catholique n'avait plus pour eux qu'un seul ennemi, Henri III.

Le peuple ne manqua pas de se rendre à l'office du soir ; les églises étaient trop petites pour contenir la foule. Là, il y avait aussi un changement extraordinaire depuis la veille. Un second courrier était arrivé de Blois à l'hôtel de Guise : il venait annoncer la mort du cardinal. Aussitôt cette sanglante nouvelle avait été transmise aux fougueux prédicateurs de l'Union. L'assassinat de leur patron les touchait encore plus directement qu'aucun autre événement. Aussi lorsque les curés Guillaume Lucain, Jacques Commelet, Boucher, Pigenat, Lincestre montèrent en chaire, eurent-ils la rage dans le cœur et le feu dans la bouche. Ils vomirent un torrent d'injures contre le roi assassin.

Les fidèles sortirent du saint lieu en criant : *Vengeance !*

Le lendemain la ville fut en armes ; et pendant plusieurs jours, on brisa les armoiries de Henri III, on déchira son portrait partout où il se trouvait en criant : *Mort à l'assassin !* Partout enfin le nom du roi de France fut maudit, et le double écusson de Pologne et de France brisé et couvert de boue.

Le premier jour de l'an 1589, dit Pierre de l'Estoile, Lincestre, après le sermon qu'il fit à Saint-Barthélemi, exigea de tous les assistants le serment, en leur faisant lever la main pour signe de consentement, d'employer jusqu'au dernier denier de leur bourse et jusqu'à la dernière goutte de leur sang pour venger la mort des deux princes lorrains, massacrés par le tyran à la face des états. — Et comme le premier président de Harlay, assis devant lui dans l'œuvre, restait en prière sans tenir compte des paroles du prédicateur, Lincestre se tourna vers lui et l'interpella par deux fois en ces mots : « Levez la main, monsieur le président, levez-la bien haut, encore plus haut, s'il vous plaît, afin que le peuple la voie. » Ce qu'il fut contraint de faire, mais non sans scandale et danger du peuple, auquel on avait fait entendre que ledit président avait su et consenti la mort de ces deux princes lorrains que Paris adorait comme ses dieux tutélaires.

Le lendemain, les ligueurs continuant leurs furies, démolirent les sépulcres et les statues que le roi avait, depuis dix ans, fait ériger auprès du grand hôtel de l'église Saint-Paul, à la mémoire de Saint-Mégrin, Quélus et Maugiron, ses mignons, disant « qu'il n'appartenait pas à ces méchants athées, morts en reniant Dieu, sangsues du peuple et mignons du tyran, d'avoir de si beaux monuments en l'église de Dieu, et que leurs corps n'étaient dignes d'autres ornements que d'un gibet. »

Devant de tels excès, les royalistes ne disaient mot ; ils souffraient en silence, en attendant tous les jours des nouvelles de leur souverain ; mais Henri III, effrayé lui-même de son coup d'État, restait à Blois, attendant les événements plutôt que de les prévoir et de les dominer.

Maintenant que nous avons mis nos lecteurs au courant de la situation politique de Paris, nous allons reprendre notre récit en nous occupant de don Gaspar d'Alcégas, que nous n'avons pas revu depuis son départ de la ville de Loches, en compagnie de la belle Jovita, qui voyageait sous le nom de don Alfonse.

CHAPITRE VIII

OU LE LECTEUR RETROUVERA PLUSIEURS PERSONNAGES AVEC LESQUELS
IL A DÉJA FAIT CONNAISSANCE

Don Gaspar d'Alcégas et son compagnon, en quittant l'auberge du *Rameau vert*, à Loches, avaient continué leur route vers Paris.

Lorsque leur chaise de poste s'arrêta devant la porte Saint-Jacques, les événements que nous venons de raconter s'étaient accomplis.

Grand fut l'étonnement de nos voyageurs, en voyant la porte de la ville fermée et gardée par de nombreuses sentinelles, armées de pied en cap, comme en un jour de bataille.

Le son monotone des cloches mises en branle par la faction des Seize arrivait jusqu'à eux comme des murmures plaintifs qui traversaient l'espace.

La solennité de la douleur semblait planer sur l'immense cité ; Paris semblait plongé dans un deuil terrible et profond, que jetait au loin le glas funèbre de ses paroisses.

Un instant l'Espagnol don Alfonse crut que la capitale était tombée au pouvoir des royalistes ; mais un soldat ligueur qui s'approcha de la portière de la chaise dissipa bientôt ses craintes en lui apprenant en deux mots le coup d'État de S. M. le roi de France.

Sur la présentation d'un sauf-conduit signé Bernardin de Mendoze, ambassadeur d'Espagne, les portes furent ouvertes.

La voiture descendit la grande rue Saint-Jacques jusqu'à l'entrée de la rue des Mathurins, tourna à gauche et s'arrêta rue de Hautefeuille, devant une petite maison dont la porte et les fenêtres étaient hermétiquement fermées.

Don Gaspar offrit la main à don Alfonse, qui sauta lestement à terre.

— De la prudence, don Gaspar, dit à demi-voix le personnage que jusqu'ici nous avons appelé don Alfonse.

— Soyez tranquille, señorita.

— Il faut qu'Inigo ignore mon retour à Paris.

— Il l'ignorera.

— Il n'y a que vous qui pourriez me trahir...

— Un Castillan n'a jamais manqué à sa noblesse, répondit don Gaspar avec fierté. Pour M. l'ambassadeur je vous ai laissée à Madrid, sous la tutelle de votre très-chère et très-honorée tante Lorença de Comacho. Donc, ne craignez rien, señorita.

L'Espagnol fit un gracieux salut à la jeune fille et remonta dans la chaise de poste, qui se dirigea vers le quartier de la maison de ville où se trouvait l'ambassadeur d'Espagne.

Pendant cet entretien la porte de la maison avait été ouverte par une main invisible.

La jeune fille entra. Sa camériste l'attendait.

Jovita, car c'était elle, ne désignait jamais son oncle que sous le nom d'*Inigo*. — Les Espagnols, à Paris, appelaient ainsi Bernardin de Mendoze, parce qu'il était injuste et méchant. Pour sa part, elle n'avait jamais eu à se louer de ses bontés, comme on le verra par la suite. — Ce grand personnage politique était aussi surnommé *el Sabantas* (le lettré), parce qu'il avait composé en espagnol une histoire de la guerre de Flandre.

8.

Jovita avait dix-huit ans. Sa taille était élancée et sa démarche hardie. Son front était haut, ses grands yeux expressifs, son nez fin et droit, sa bouche au gai sourire laissait voir deux rangées de belles dents, blanches comme des perles. Sa chevelure abondante était d'un noir brillant qui ajoutait un nouveau relief à la beauté de son visage. Jovita était, en un mot, un de ces beaux types espagnols qui font l'admiration de nous autres Français, étrangers au ciel bleu de la Castille et de l'Andalousie.

Elle était venue en France avec son oncle, l'ambassadeur de Philippe II. — Amie de madame la duchesse de Montpensier, elle était une des reines, par les charmes et la jeunesse, des fêtes splendides qui se donnaient à l'hôtel de Guise.

C'était dans une de ces soirées féeriques qu'elle avait rencontré le chevalier d'Aumale pour la première fois.

Ce jeune gentilhomme était un beau cavalier, brave, galant, *amoureux des plaisirs et de la gloire*, comme disent les Mémoires du temps. — Son amabilité avait fait beaucoup de jalouses parmi les dames de haute noblesse et parmi les plus riches de la bourgeoisie. — Sa bravoure sur le champ de bataille le fit surnommer plus tard *le Lion de la Ligue*. Il affrontait les plus grands dangers avec le plus grand sang-froid. — Ses qualités en avaient fait, comme on dirait aujourd'hui, un homme à la mode ; aussi exerçait-il une certaine influence sur le parti ligueur, dont il était un des chefs les plus ardents et les plus dévoués.

Tel était l'homme que Jovita aimait avec passion. Elle lui avait donné sa vie en lui abandonnant son cœur. Les galanteries du chevalier avaient peu à peu éveillé en elle des désirs inconnus, toutes ses pensées d'amour s'étaient tournées vers lui, et ses rêves de bonheur ne voyaient plus leur réalisation que dans la tendresse de celui qu'elle adorait. Elle, jeune femme, pleine d'une passion vive et fougueuse, pleine d'une jalousie dévorante et inexorable, aurait cent fois préféré voir son amant mort qu'infidèle. Et quand une noble Espagnole de la nature de notre héroïne aime passionnément, il n'y a pas de terme moyen entre un brûlant baiser et un coup de poignard.

Bernard de Mendoze, son oncle, s'était aperçu, mais un peu tard, des relations qui s'étaient établies entre le chevalier et sa nièce. Les oncles, dans le monde comme dans les comédies, se sont toujours fait une piètre réputation ; ils ont toujours eu l'idée de mettre une fille sous clef lorsque son cœur n'était plus à elle, ou de venir fermer la cage quand l'oiseau était envolé. — M. l'ambassadeur, qui s'occupait beaucoup plus des affaires de la Sainte-Union que des sentiments de Jovita, s'était donc aperçu, mais trop tard, des dispositions de son cœur. Mais se basant sur ce proverbe : Il vaut mieux tard que jamais ! il avait renvoyé la jeune fille à Madrid pour ne pas avoir la responsabilité de ses amoureux penchants.

Jovita avait bien été conduite en Espagne par un secrétaire d'ambassade, mais elle en était revenue avec un espion de Philippe II.

La maison où venait d'entrer la belle Espagnole servait à ses rendez-vous avec son amant. Elle avait été louée par le chevalier dans le quartier de l'Université, afin que leurs entrevues fussent plus faciles et plus secrètes. Comme la duchesse de Montpensier avait un pied à terre au delà de la porte Saint-Germain et que Jovita était liée avec elle, monseigneur l'ambassadeur ne trouvait pas extraordinaire que sa nièce allât de temps en temps de la rive droite à la rive gauche de la Seine.

Nous avons dit que Jovita, en descendant de voiture, avait trouvé sa camériste qui l'attendait, et que la porte s'était ouverte devant elle comme par enchantement.

La jeune fille avait monté l'escalier d'un pas alerte et était entrée dans un charmant petit salon, décoré avec beaucoup de luxe, situé au premier étage. Elle se débarrassa du manteau qu'elle avait sur les épaules et se laissa tomber sur un large canapé en poussant un profond soupir.

— Enfin, ma pauvre Juana, dit-elle en s'adressant à sa suivante, me voici revenue dans le beau pays de France !

— J'en suis heureuse, señorita, répondit la vieille femme, car je craignais que vous n'arrivassiez trop tard.

— Et pourquoi ?

— Parce que M. le chevalier doit partir pour une expédition militaire, cette nuit ou demain matin.

— Où va-t-il ?

— Je n'en sais rien.

— A-t-il reçu ma lettre ?

— Oui, señorita, c'est moi-même qui la lui ai remise.

— Et tu dis qu'il va quitter Paris ?

— C'est lui qui me l'a appris, en venant chercher une cotte de mailles et une paire de pistoles (pistolets) qu'il avait laissées ici le jour de votre départ.

— Vite, Juana, donne-moi mon toquet de velours noir surmonté d'une croix de Lorraine.

— Vous sortez ?

— Oui. Donne, il faut que j'aie l'air d'un écolier franc-ligueur pour traverser les ponts sans danger.

La vieille Juana apporta le toquet.

— Et mon poignard ?

— Le voici.

— Si je ne rentre pas de la nuit, ne sois pas inquiète, ajouta la fière Espagnole en se dirigeant vers la porte de l'appartement ; je resterai sans doute à l'hôtel de Guise, avec madame la duchesse.

— Jésus Maria ! s'il allait vous arriver malheur ! s'écria la suivante en joignant les mains ; vous, seule, à cette heure, dans les rues !... et voilà déjà la nuit qui vient !... Ah ! je tremble pour vous, ma chère et bonne maîtresse...

— La nuit commence, tant mieux ! reprit Jovita d'un air fanfaron ; dans l'ombre je serai moins remarquée des passants ! Et puis il y a trop de monde dans les carrefours et dans les rues pour que l'on fasse attention à moi... Adieu, Juana... adieu...

— O ma chère maîtresse ! je vais prier pour vous, dit la vieille Juana en faisant le signe de la croix.

Mais Jovita, qui était redevenue pour le monde don Alfonse, ne l'entendit pas. Elle avait descendu en trois sauts l'escalier; de sa petite main blanche et nerveuse elle avait ouvert la porte de la rue et avait disparu dans l'ombre.

Elle se dirigea vers le Petit-Châtelet, dont les abords étaient encombrés par une foule composée de moines, de soldats et d'écoliers qui criaient à tue-tête : « *Vive la Ligue ! Mort au Valois !* »

De là, elle traversa le Petit-Pont, la Cité, le pont au Change, et se retrouva dans une nouvelle cohue de *vrais catholiques* qui grouillaient et braillaient autour de la maison de ville.

Enfin, après mille et mille détours, elle arriva à l'extrémité de la rue de Braque, où demeurait pour le moment son bien-aimé le chevalier d'Aumale.

La jeune fille entra rapidement dans la cour du petit hôtel occupé par celui qu'elle cherchait.

Là, plusieurs chevaux sellés et bridés étaient tenus en main par des valets.

Cette particularité fit battre son cœur : elle pouvait donc enfin le voir puisqu'il n'était pas parti ! Le voir, ne fût-ce qu'une seconde, pour lui dire : « Chevalier, vous ne pensiez peut-être pas à moi en ce moment ! je vous aime toujours et me voilà. »

Un domestique, trompé par le costume masculin qu'elle portait, l'introduisit sans hésitation près de son maître ; car celui-ci avait donné l'ordre de laisser pénétrer jusqu'à lui tous ceux qui se présenteraient au nom de la Sainte-Ligue. Comme elle portait ostensiblement la croix de Lorraine à son toquet, le valet n'avait pas hésité à accéder à sa demande.

Le chevalier d'Aumale poussa un cri d'étonnement en reconnaissant Jovita. Il s'attendait si peu à sa visite ! Il la croyait à Madrid, sous la garde tutélaire de sa bonne bigote de tante Lorença de Comacho.

La jeune fille, de son côté, ne put retenir une exclamation de bonheur. Elle s'arrêta un instant en proie à une émotion indicible; puis elle alla se jeter au cou du beau gentilhomme qui l'attendait, la regardant tranquillement, le sourire aux lèvres. Il déposa un long baiser sur son front et la pressa avec tendresse contre sa poitrine.

— O mon ami, dit-elle, que je suis heureuse de vous avoir revu avant votre départ !

— Mais, ma bien-aimée, dit à son tour le jeune homme, soyez persuadée que je prends une large part de votre douce ivresse. Je ne puis encore revenir de ma surprise... Vous n'avez donc pas quitté Paris?... Pourquoi êtes-vous sous ce costume?... Il vous va à ravir, du reste !... En vérité, vous êtes charmante! Ah! folle que vous êtes, je soupçonne quelque escapade dont vous seule êtes capable... Voyons, contez-moi cela.

En terminant ces mots, le chevalier d'Aumale s'était assis et avait attiré sa maîtresse près de lui.

— Oh! mon histoire est bien simple, dit la jeune fille.

— Eh bien, contez-la-moi, ma bien-aimée.

— Ce fut à une des brillantes soirées de l'hôtel de Guise que mon oncle Bernardin de Mendoze s'aperçut de notre mutuel amour. En rentrant à l'ambassade, à peine étais-je descendue de ma chaise à porteurs qu'il me fit appeler. Il prit sa grosse voix, tâcha de se donner toute la dignité nécessaire à un représentant du roi d'Espagne, et me dit : « Ma nièce, vous me semblez bien familière avec M. le chevalier d'Aumale ; j'ai remarqué cela, moi, et j'ai un coup d'œil qui ne me trompe jamais. Pendant le menuet où figura mademoiselle de Sainte-Beuve, je vous observais, et je m'aperçus que vous étiez tout entière aux galants propos que vous débitait sans doute, en cet instant, cet endiablé chevalier qui fait tourner la tête à toutes nos ligueuses. Or donc, comme ce gentilhomme a bien plus la politique de l'amour que l'amour de la politique, je ne crois nullement à son respect pour votre vertu... »

— Il a dit cela? fit d'Aumale.

— Comme je vous le répète.

— Ah! ah! ah!

Et le chevalier s'abandonna à un rire franc et bruyant.

Jovita continua :

« Ma nièce, me dit *Inigo*, je vais vous renvoyer en Espagne; vous partirez avec un de mes fidèles serviteurs, don Fernand de Vargas. » En effet, trois jours après ce petit sermon je me mettais en route avec *le fidèle serviteur*.

— Hélas oui! fit le chevalier en poussant un profond soupir.

— Vous croyiez peut-être ne jamais me revoir, mon ami? reprit la jeune fille en penchant amoureusement sa belle tête sur l'épaule du ligueur; mais vous n'aviez rien à craindre : je vous avais dit en partant, dans notre dernière entrevue, que je reviendrais quand même, et me voici. Ah! voyez-vous, chevalier, quand on aime comme je vous aime, il n'y a pas d'obstacles qui puissent s'opposer à un de mes désirs ou à une de mes volontés!... Si je n'étais pas revenue, vous auriez pu dire : *Elle est morte!*

— Mourir! quelle pensée! s'écria le chevalier en enlaçant de ses deux bras la jeune fille et l'attirant sur son cœur; à ton âge, ma Jovita, on ne doit pas mourir, on doit aimer; la vie s'ouvre devant toi sous les aspects les plus riants; la route est belle, tu peux la parcourir sans secousses. Tu es jeune, jolie, aimée, adorée! que peut-il donc manquer au contentement de ton âme? Tu sais que nos deux cœurs n'en font qu'un, que tes chagrins sont les miens, et que nos destinées sont liées l'une à l'autre par de doux liens que nulle puissance humaine ne peut détruire. Lorsque je suis loin de toi, d'enivrants souvenirs, comme de riants rayons de soleil qui traversent un ciel brumeux, viennent alléger la tristesse que j'éprouve de ton absence; mais lorsque je puis te presser dans mes bras, une ineffable ivresse emplit mon âme, mon cœur fait écho aux battements de ton cœur : il me semble que tu es un ange resplendissant de beauté et d'amour, qui a quitté les voûtes célestes pour venir faire le bonheur d'un malheureux sur terre...

— O mon ami, que ces tendres paroles me font de bien! Je n'avais jamais douté de votre franchise et de votre loyauté; mais elles viennent confirmer les sentiments que j'ai toujours vus dominer dans votre conduite noble et généreuse. Oui, je vous retrouve tel que je vous ai quitté. Oh! je suis bien heureuse!...

— Et ton bonheur existera, ma bien-aimée, tant que je vivrai, reprit d'Aumale avec passion; mais notre félicité ne sera complète que le jour où, te conduisant à l'autel, je pourrai te nommer ma femme...

A ces mots, la figure de la belle Espagnole prit une nouvelle expression; ses yeux brillèrent d'un plus vif éclat, puis s'emplirent de larmes; ses joues se colorèrent, et un sourire plein d'ivresse contracta ses lèvres... La réalité, en elle, venait de prendre la place de l'illusion de ses rêves de bonheur.

Elle était en proie à un charme inexprimable.

— Oh! oui, ta femme, mon beau chevalier, reprit Jovita en se jetant au cou de son amant et en couvrant son front de baisers; ta femme! que ce mot a de douceur pour mes lèvres! Que je serai fière de porter ton nom, un nom que tu as déjà couvert de gloire dans les combats! Tu es brave, aimant, généreux; je ne m'étais pas trompée en m'abandonnant aux élans de mon cœur, tu es bien l'homme que j'avais rêvé!... Et pourtant, dans un instant peut-être tu vas me quitter pour longtemps, ajouta-t-elle avec tristesse, ah! c'est affreux!

La jeune fille alors laissa déborder sa douleur et éclata en sanglots.

— Ne pleure pas ainsi, ma belle Jovita, reprit le chevalier en l'entourant de caresses; ne pleure pas, enfant!; dans quelques jours je serai de retour...

— Tu vas donc réellement partir cette nuit?

— Il le faut.

— Ah! je n'osais y croire.

— Je vais à Orléans avec une cinquantaine de cavaliers. Cette place est menacée par les troupes royalistes, et il faut que j'aille organiser la défense de la ville.

— Ne puis-je t'accompagner?

— Impossible.

— Pourquoi? sous ce costume...

— Quelques-uns de nos ennemis te reconnaîtraient, et ta présence en France ne tarderait pas à être dévoilée à ton oncle.

— Je serais si contente de partager les dangers que tu vas courir pour le salut de la sainte religion!..

— Aussitôt que j'aurai mis Orléans à l'abri d'un coup de main, je reviendrai.

— Tu me le promets?

— Je te le jure.

— Allons, je me résigne. J'attendrai...

— Ne faut-il pas que je sois à Paris pour le retour du duc de Mayenne? et il doit arriver d'un moment à l'autre.

La conversation du chevalier d'Aumale et de Jovita fut interrompue par un grand bruit qui se fit dans la cour.

Le jeune homme regarda par la fenêtre.

— Ce sont mes hommes, dit-il. Adieu, ma bien-aimée, adieu...

Un long baiser succéda à ces paroles.

D'Aumale appela un de ses serviteurs, et la jeune fille le suivit en faisant un dernier signe d'adieu à son amant.

Le chevalier descendit dans la cour, sauta lestement sur un cheval fringant qu'un palefrenier tenait en bride, et dit d'une voix mâle et vibrante : — En route, messieurs !

CHAPITRE IX

QUELLE NOUVELLE GRAVE ET INATTENDUE ARRIVA A PARIS
LE 7 JANVIER 1589

Laissons le chevalier d'Aumale faire route pour la ville d'Orléans avec son petit détachement de francs-ligueurs, et jetons un coup d'œil rétrospectif sur les événements.

Chicot et Gosi avaient quitté Niort quelques jours après l'évasion du prisonnier Pierre Jorand. Ils étaient retournés à Blois.

Là, un funèbre spectacle les attendait.

Henri III avait fait enlever toutes les tentures des appartements du château, et les murs avaient été peints en noir et semés de larmes.

Catherine de Médicis, épouse de Henri II et mère de trois rois, venait de mourir.

Sa dépouille mortelle avait été transportée en grande pompe dans l'église Saint-Sauveur, en attendant que des jours plus calmes permissent de la déposer dans le mausolée de son royal époux, qu'elle-même avait fait élever à Saint-Denis.

Catherine de Médicis jouit d'une grande et triste célébrité dans l'histoire; après Frédégonde et Brunehaut, il n'est point de reine qui inspire plus d'horreur et plus de répulsion.

Le despotisme sous lequel elle tint constamment ses enfants

fut la cause de leur perte et des malheurs qui ensanglantèrent la France depuis 1559 jusqu'en 1589.

Elle avait épousé, elle fille unique de Laurent de Médicis, duc d'Urbin, le duc d'Orléans (qui fut Henri II) le 28 octobre 1533. Elle entrait alors dans sa quatorzième année ; mais en devenant Française, elle était restée Florentine.

Le 7 janvier, la mort de la reine mère s'était répandue rapidement dans Paris. Le lendemain, qui était un dimanche, tous les prédicateurs et les *zélés* de la Ligue s'étaient réunis en groupes dans les rues et dans les carrefours.

Aux environs de l'église Saint-Barthélemi, la foule était compacte et plusieurs orateurs haranguaient les assistants.

Le peuple écoutait religieusement les fougueux discours qui lui étaient adressés.

Tout à coup, un homme aux traits fatigués, aux vêtements en désordre, se précipita au milieu d'un groupe et monta sur une borne :

— « Mes amis, dit-il, je suis Pierre Jorand, orfévre sur le pont aux Changeurs ; la plupart d'entre vous me connaissent et par conséquent auront foi en mes paroles. Écoutez-moi donc. Pour le moment, le Valois n'est pas à redouter, car le Béarnais, dont j'étais le prisonnier il y a quelques jours, vient de prendre la ville de Niort. Tandis que le *vilain Hérodes* se mettra en garde des entreprises du roi de Navarre, nous pouvons assurer le triomphe de la Sainte-Union. Pour cela, il faut agir ; mais comment agir sans avoir remplacé l'illustre chef, l'illustre martyr que nous pleurons tous ?

— Et le duc d'Aumale ? dit une voix dans la foule.

— Monseigneur le duc d'Aumale, reprit l'orfévre, ne peut rien faire ; il n'est pas le successeur légitime du saint et très-regretté duc de Guise. C'est monseigneur le duc de Mayenne qu'il nous faut...

— Oui ! oui ! crièrent plusieurs seigneurs.

— Allons à l'Hôtel de Ville, mes amis.

La foule cria : *Vive le duc de Mayenne !* et se dirigea vers la maison de ville, où les Seize tenaient conseil.

Vers le milieu du pont au Change, Pierre Jorand sentit une main qui lui tombait sur l'épaule ; il se retourna et reconnut Gaston.

— Tiens, c'est vous ? lui dit-il.

— Oui, mon cher monsieur Jorand, répondit le jeune peintre.

Et ils s'embrassèrent avec effusion, comme deux amis intimes qui ne se sont pas vus depuis longtemps.

— Où alliez-vous ? demanda l'orfèvre.

— J'allais au faubourg Saint-Germain, répondit le jeune homme, chez madame la duchesse de Montpensier.

— Mais les portes sont fermées, comment sortirez-vous de la ville ?

— J'ai un laisser-passer de madame la duchesse, signé d'elle, du duc d'Aumale et du P. Bourgoing, prieur des jacobins.

— Vous avez de hautes protections, reprit Jorand en souriant ; vous êtes donc devenu un *zélé* pendant mon absence ? Autrefois vous étiez si tiède...

— En effet, j'ai bien changé depuis votre départ, répondit Gaston en cherchant à dissimuler une légère rougeur qui lui montait au visage.

— Est-ce que madame la duchesse vous attend ?

— Non du tout. Elle est en ville, elle... Je vais à son petit hôtel *extra muros*[1], pour chercher une toile commencée que j'ai laissée chez elle.

— Eh bien, alors, entrez un instant chez moi.

— Volontiers.

La boutique de Jorand était en face, de l'autre côté du pont. Ils y allèrent.

---

[1] L'habitation *extra muros* de madame de Montpensier était située dans l'angle formé aujourd'hui par la rencontre de la rue du Petit-Bourbon et de la rue de Tournon.

L'orfévre frappa d'une certaine façon aux volets qui fermaient la devanture. A ce signal, une petite porte s'ouvrit.

La personne qui venait d'ouvrir était madame veuve Guillaume Jorand, mère de Marie, cette jeune fille si chaste, si pure et si belle, que Gaston aimait à l'adoration. Madame Jorand était une femme de quarante à quarante-cinq ans, au front haut, aux regards vifs et assurés. Tout dans sa physionomie exprimait l'énergie et la volonté. Depuis que son mari, avec lequel elle avait toujours vécu très-heureuse, avait été tué aux journées des barricades, elle détestait cordialement la Ligue et les ligueurs. Du reste, elle n'avait jamais ressenti beaucoup d'entraînement pour la Sainte-Union, que, dans son jugement de femme positive et sensée, elle appréciait à sa juste valeur.

Quand nos deux ligueurs furent entrés, elle referma avec soin la petite porte.

— Voyez, Gaston, dit Pierre Jorand, voyez : ma sœur ne serait pas tranquille si, après avoir fait deux tours à la serrure, elle ne tirait les verrous. Et pourtant, Dieu sait que les Jorand sont réputés pour de bons catholiques ; pourquoi donc avoir peur ? Il n'y a que les royalistes qui pourraient piller notre maison, et ils sont loin, les royalistes... Leurs affaires ne sont pas brillantes ! Que la déchéance de l'insensé qu'ils appellent encore roi de France et de Pologne soit prononcée, et ils seront heureux de se rallier au trône de l'illustrissime duc de Mayenne.

— Et vous trouvez sans doute aussi que j'ai eu tort de mettre ma fille dans la maison religieuse des bernardines ? répondit madame Guillaume Jorand d'un ton sec et impérieux. En votre absence, est-ce qu'il ne pouvait pas nous arriver malheur ? Qu'auraient pu deux pauvres femmes, comme nous, contre vos forcenés ligueurs ?

— Elle est chez ces bonnes religieuses à l'abri de toute atteinte, reprit Pierre Jorand ; et pour comble de prudence, j'ai recommandé ma nièce à madame la duchesse de Montpensier, et elle m'a promis de veiller sur elle avec la sollicitude d'une mère.

9.

— C'est la seule action dont je vous sache gré, mon frère, depuis que vous êtes enrégimenté sous la bannière des Lorrains; aussi je vous en aurai une éternelle reconnaissance.

En achevant ces mots, madame veuve Jorand entra dans une petite chambre où elle travaillait habituellement à des travaux d'aiguille. Gaston et Pierre Jorand restèrent seuls dans une pièce du rez-de-chaussée dont les fenêtres donnaient sur la rivière.

— Enfin, vous voilà revenu sain et sauf de votre mission? dit Gaston en s'asseyant près de la cheminée où son compagnon avait déjà pris place.

— Oui, mais ce n'est pas la faute de M. de Saint-Gelais, digne lieutenant de l'excommunié Béarnais.

— Que vous est-il donc arrivé?

— Tel que vous me voyez, j'ai été fait prisonnier.

— En défendant Niort?

— Oui! Et après la prise de la ville par ces chiens d'hérétiques, j'ai été jeté dans un cachot et condamné à mort.

— A mort!

— Je devais être pendu à une potence, occupée déjà par un de mes amis; mais comme on sut que j'étais un délégué des Seize, on retarda mon exécution, pour me livrer à la torture, pensant que les souffrances m'arracheraient des révélations.

— Vous me faites frémir...

— Ah! les maudits huguenots ne savaient pas à qui ils avaient affaire, continua le ligueur avec exaltation. Je sus qu'on attendait le Béarnais pour commencer mon supplice : je ne perdis pas courage et je mis le temps à profit. Le soir du second jour de ma captivité, à l'heure où le geôlier m'apportait mon piètre souper, je me plaçai derrière la porte. Quand il entra, je lui sautai à la gorge, je l'étranglai à demi; puis je le bâillonnai avec mon mouchoir et le bâton d'une vieille chaise que j'avais brisée dans ma prison. Alors je pris ses vêtements pour remplacer les miens, je fermai la porte à double tour, et à la faveur de l'obscurité, je sortis tranquillement de Niort. En dehors des murs de la ville, je trouvai plusieurs chevaux de reîtres qui broutaient des ronces le long des broussailles du chemin. Je sautai sur l'un d'eux et je partis ventre à terre à travers champs. Je gagnai Saumur tout d'une traite, et là je trouvai de vrais catholiques qui me donnèrent une fraternelle hospitalité. Quelques jours plus tard, je partais pour la capitale avec un détachement de ligueurs... Et me voilà.

— Pierre Jorand, vous êtes un homme intrépide, s'écria Gaston en serrant convulsivement une des mains de l'orfévre. Si la Ligue n'avait que des défenseurs comme vous, elle n'aurait rien à redouter de ses ennemis.

— Vous poussez trop loin votre admiration pour moi, répondit le ligueur; notre cause a beaucoup d'hommes qui valent mieux que moi. Je suis un de ces soldats obscurs qui combattent bravement dans ses rangs. Il ne faut pas me faire un grand mérite d'une action toute simple en elle-même.

— Votre abnégation vous rend encore plus grand à mes yeux, répliqua le jeune homme avec feu.

— Allons, ne parlons plus de cela, dit alors Pierre Jorand en se levant. Je vais me diriger vers le faubourg Saint-Antoine, car je brûle d'embrasser ma nièce Marie, que je n'ai pas encore vue depuis mon retour. Voulez-vous venir avec moi?

— Avec plaisir, répondit Gaston en suivant l'orfévre qui se dirigeait vers la porte.

Depuis longtemps, Gaston ressentait une violente passion pour Marie Jorand, mais il n'avait jamais osé en parler à son oncle ou à sa mère, parce que lui-même ne se trouvait pas en position de demander sa main. Il s'était fait ligueur par amour, il espérait ainsi conquérir l'amitié de Pierre Jorand; mais, d'un autre côté, madame Guillaume Jorand avait fort peu de sympathie pour les soi-disant vrais catholiques depuis que son mari avait été tué en combattant contre Chicot et quelques Quarante-Cinq, rue des Lavandières. Sa situation était donc difficile. Et puis il était sans fortune. Quant à ses parents, il ne les avait jamais connus ; il avait été élevé par une dame qui s'était faite religieuse, lorsqu'il avait été en âge de suivre les cours de l'Université. Le peu d'argent qui l'aidait à vivre venait d'elle ; du fond de sa cellule, elle veillait sur lui comme veillerait un ange à qui Dieu aurait confié le salut d'un homme.

Gaston l'avait souvent interrogée sur sa naissance, mais elle lui avait toujours répondu que ses parents lui étaient complétement inconnus, et qu'elle l'avait recueilli, abandonné à la charité publique, près du porche de l'église Saint-Nicolas.

Le jeune homme ne voyait qu'un moyen d'épouser Marie, c'était de se faire aimer d'elle, et, fort alors de son amour, de demander sa main.

Et puis, Pierre Jorand ne l'avait-il pas déjà fiancée à quelque ligueur de ses amis ; ou la mère ne l'avait-elle pas promise à quelque fils de riche bourgeois royaliste ?

Gaston était donc dans une cruelle incertitude ; il ne pouvait en sortir qu'en avouant franchement ses sentiments à la jeune fille. C'est ce qu'il était décidé à faire, au moment où Jorand revint de Niort. Il fallait donc qu'à tout prix il pût lui avouer en secret ce qui se passait en son cœur. La voir était encore possible ; mais se trouver seul avec elle, en tête à tête, à l'abri des regards importuns, était fort difficile, sinon impossible ; car la jeune fille n'était jamais un instant seule, lorsqu'elle passait le seuil de la maison religieuse où elle vivait dans le plus grand recueillement.

Si le lecteur veut bien continuer à nous lire, il verra qu'il y a un Dieu pour les amoureux.

En attendant, occupons-nous de deux personnages que nous avons laissés à Blois, spectateurs des honneurs funèbres que Henri III rendait à la dépouille mortelle de sa mère.

Chicot et Gosi avaient quitté Niort quelques heures seulement après la disparition du vénérable curé Martinet.

Le lecteur se rappelle bien que nous avions laissé ce brave

homme dans la cave du pendu Jamart, cherchant une cassette dont son ami Pierre Jorand lui avait indiqué la cachette.

Il avait découvert le trésor, l'avait enfermé dans une vieille valise; puis, avec l'aide d'un soldat blessé à qui il avait sauvé la vie, il était parvenu à se procurer un mauvais cheval rétif. Le digne homme, après avoir changé d'habits, avait enfourché la rosse et était sorti de la ville, sous prétexte d'aller donner ses soins à un mourant du village voisin.

Le P. Martinet n'était pas bon cavalier, mais il espérait pouvoir, avec sa monture, gagner Poitiers où il avait de nombreux amis. Il fit trois lieues, tant bien que mal, mais il ne fit pas la quatrième, car la rosse qui le portait devint tout à coup rétive et désarçonna le vieillard. La chute avait été rude; le pauvre homme meurtri, brisé, avait pu à grand'peine se remettre, non pas en selle, mais sur ses jambes. Le cheval, débarrassé de son cavalier, s'était mis à manger paisiblement les grandes herbes qui bordaient la route.

Ce fut dans ce moment critique qu'il aperçut deux cavaliers qui venaient de son côté à franc étrier. Il se crut perdu. — On s'est aperçu de ma fuite, pensa-t-il, et M. de Saint-Gelais a envoyé à ma poursuite.

Le bonhomme en fut quitte pour la peur, car ces deux cavaliers étaient Chicot et Gosi, qui retournaient à Blois.

Chicot arrêta son cheval en face du vieillard et lui demanda ce qu'il faisait là, assis si piteusement sur le bord du chemin.

M. Martinet indiqua du doigt son cheval échappé, et raconta en quelques mots sa mésaventure.

— Où alliez-vous ainsi? lui demanda Chicot.

— A Poitiers.

— Voulez-vous faire route avec nous?

— Volontiers; mais je ne suis guère en état de remonter sur ma maudite bête.

— Gosi, reprit Chicot, donne ton cheval à ce vieillard et prends le sien.

Sans dire mot, le soldat sauta à terre, aida le prêtre à se mettre en selle et alla rattraper le cheval rétif.

Puis, nos trois cavaliers se mirent en route.

Gosi, qui était excellent cavalier, parvint à rendre docile sa nouvelle monture et suivit son maître à quelque distance.

Chemin faisant, Chicot questionna le vieux curé. Celui-ci, encouragé par la figure ouverte et franche du bouffon, finit par lui avouer que ce n'était pas à Poitiers qu'il voulait aller, mais à Paris, où l'appelaient des affaires de famille.

— Eh bien! dit alors Chicot, si vous voulez me suivre jusqu'à Blois, où j'ai aussi des affaires à régler, je vous emmènerai ensuite à Paris.

— Vous êtes ligueur, peut-être?

— Je ne suis rien. Je ne m'occupe jamais de nos dissensions politiques ou religieuses.

— J'ai eu tort de lui adresser cette question, pensa le P. Martinet; c'est un homme sérieux et discret.

— Et vous? demanda Chicot après un moment de silence.

— Moi, répondit le vieillard, je suis un vieux prêtre qui enseigne aux malheureux à pratiquer la vertu. Je fais le plus de bien que je peux. Je vis au milieu des hommes sans m'occuper de leurs croyances; je tâche de les rendre bons s'ils sont méchants, et je n'attends la récompense de ma mission sur terre que de la bonté de Dieu.

— Dans un monde meilleur, ajouta Chicot.

— Dans un monde meilleur, répéta le prêtre.

En arrivant à Blois, Chicot confia le vieillard aux soins de Gosi et alla trouver son ami Henriquet, qu'il surprit larmoyant auprès d'un catafalque.

CHAPITRE X

CE QUE FIT LE DUC DES MOINES DEPUIS SA FUITE DE LYON JUSQU'A SON ENTRÉE TRIOMPHALE A PARIS

Le duc de Mayenne, surnommé par les *politiques royalistes le Duc des moines*, était brave, capitaine distingué, patriote par sentiment, et catholique par conviction; mais, dans la plupart de ses actions, il manquait d'initiative; il n'avait pas cette résolution spontanée que possédait son frère *le Balafré*.

Nous avons dit, dans un de nos chapitres précédents, qu'il était dans la ville de Lyon pendant le coup d'État de Blois.

Bernard de Mendoze, ambassadeur d'Espagne, aussitôt après l'assassinat de Henri de Guise, lui avait expédié un homme très-sûr et dévoué, nommé Chazeron. — On rapporte qu'en voyant entrer ce courrier dans son appartement, il s'écria : *Mon frère est mort!*

En quittant Lyon, il se rendit maître des villes de Mâcon, de Châlons, de Beaune, et y laissa garnison, puis il se retira dans son gouvernement de Bourgogne.

Il resta là quinze jours dans l'inaction; les lettres qu'il recevait de ses amis de Paris, malgré les sollicitations pressantes qu'elles contenaient, ne purent le faire bouger. Il fallut que madame de Montpensier allât de Paris à Dijon, à grandes journées, pour faire sortir son frère de son apathie. Alors il se déclara ouvertement le chef de la Ligue et rassemblant sa petite armée, il se dirigea sur la capitale, où il entra triomphalement le 12 février.

Pendant que ces choses se passaient, Chicot et Gosi, accompagnés du P. Martinet, avaient quitté Blois. Montés sur d'excellents chevaux, ils étaient arrivés en quelques jours à Paris.

Par excès de prudence, ils avaient tourné l'enceinte de la ville et étaient entrés par la porte Saint-Antoine. A peine avaient-ils franchi le pont-levis, qu'ils furent étonnés de la foule qui stationnait autour de la Bastille.

Chicot arrêta son cheval, et après s'être assuré que la croix de Lorraine qu'il avait adaptée à sa coiffure était bien en évidence, il jeta un coup d'œil interrogateur sur cette masse d'hommes et de femmes qui poussaient des cris de mort en se resserrant de plus en plus contre la prison d'Etat.

Que se passait-il donc?

Le regard de Chicot tomba sur un jeune ligueur portant une arquebuse. C'était Michel Salvancy, un de ses amis. Il lui fit signe d'approcher.

— Toi ici, Olivier? s'écria le jeune homme.

— Moi-même, répondit le fou du roi en tendant sa large main au ligueur.

Ceux de nos lecteurs qui ont lu *le Roi de Paris* savent que Chicot, pendant les troubles de la Ligue, avait pris Olivier le Long comme nom d'emprunt. Salvancy était dans la confidence.

— Par la sainte croix de Lorraine! mon ami, dit Chicot, faisnous sortir de cette bagarre et indique-nous une hôtellerie où nous puissions nous reposer un peu, car nous sommes brisés de fatigue.

— Volontiers, mon cher Olivier.

Le jeune homme alla querir quelques soldats de Mgr le duc d'Aumale, qui étaient là en curieux parmi la foule, et avec leur concours il fit faire place au peuple pour laisser passer nos voyageurs. Ils prirent sur la droite et arrivèrent sur le rempart (aujourd'hui boulevard Beaumarchais).

Chicot remercia les soldats et leur donna un écu.

Salvancy alors conduisit nos trois cavaliers rue Sainte-Catherine, dans une auberge où il y avait une vaste écurie.

Un palefrenier se chargea des chevaux, et nos quatre personnages montèrent dans une salle du premier et unique étage de la maison.

Ils commandèrent à déjeuner et se mirent à table.

— Ah çà! mon cher Michel, dit Chicot en se tournant vers le ligueur, me diras-tu quelle nouvelle émeute remue la bonne ville de Paris? On croirait, ventre-de-biche! que les zélés veulent faire le siège du Louvre comme l'an passé.

— Ce n'est pas le Louvre qu'on a pris ce matin à dix heures, répondit le jeune homme, ce sont les membres du Parlement.

— Que leur reprochait-on?

— Les Seize leur reprochaient de n'être pas assez ligueurs, et dans le fond, je crois qu'ils ne le sont pas du tout.

— C'est possible.

— Il fallait donc les empêcher de nuire à la sainte cause en servant d'appui à nos ennemis. Alors les Seize, dans un conciliabule qui a eu lieu hier, ont décidé de dissoudre le Parlement. Le duc d'Aumale voulait qu'on se saisît seulement des principaux membres. C'était une excellente idée...

— En effet, fit Chicot.

— Mais comment la mettre à exécution? continua Salvancy. Notre ancien procureur, Bussy Le Clerc, que tu connais...

— Je le connais pour lui avoir donné un coup d'épée, rue des Lavandières, dit le fou de Henri III en riant.

— Bussy Le Clerc donc, reprit le jeune homme, qui est gouverneur de la Bastille depuis six mois, s'offrit de diriger et de faire réussir l'entreprise.

— Cela ne m'étonne pas de la part de ce cerveau brûlé, s'écria Chicot; cet ancien prévôt d'armes des recrues de Lorraine ne doute de rien.

— La compagnie de Compan avait l'habitude de se réunir dans la cour du palais, d'où elle se rendait aux postes qui lui étaient assignés. Bussy Le Clerc lui donna l'ordre de s'assembler ce matin comme à l'ordinaire, mais de ne pas sortir; si bien que les présidents et les conseillers, qui arrivèrent des derniers, furent étonnés de voir tant de gens sous les armes. Ils en demandèrent la raison, et il leur fut répondu qu'on attendait le capitaine, et sans s'inquiéter davantage, ils montèrent les degrés du palais.

— Ils se mettaient dans la gueule du loup, dit Chicot en avalant un grand verre de vin.

— Vers huit heures, continua le ligueur, le commandant de la Bastille entra dans la grand'chambre dorée, l'épée au poing, suivi de vingt-cinq ou trente des Seize les plus dévoués, armés de pistolets sous leurs manteaux : « Faites droit à cette requête, » dit-il en présentant un papier au premier président, Achille de Harlay.

— Ah! ah! fit Chicot.

— Puis il sortit avec ses hommes pour laisser délibérer la cour.

— Et que pouvait-il demander dans cette fameuse requête?

— Il demandait, au nom des bons catholiques de la ville de Paris, « qu'il plût à la cour de confirmer l'arrêt de la Sorbonne, « en déclarant le roi déchu et tous les Français déliés de leur « serment envers lui. »

— Il y a bien des Français de ma connaissance, dit Chicot, qui n'ont pas eu besoin d'un arrêt de la Sorbonne ou du Parlement pour manquer à leurs serments.

— Hélas! j'en pourrais dire autant, moi, ajouta à demi-voix M. Martinet, qui paraissait prendre grand intérêt au récit du ligueur.

Quant à Gosi, il était tout à son appétit; il mangeait comme quatre, se souciant fort peu de M. Bussy Le Clerc, de la Sorbonne et du Parlement. Depuis qu'il n'était plus aux ordres du capitaine Duguast, il obéissait à Chicot, mais ne raisonnait pas.

Michel Salvancy reprit :

— M. Bussy Le Clerc, au bout de dix minutes, rentra dans la grand'salle dorée du Parlement, toujours escorté de ses trente ligueurs. « Je vois bien, dit-il d'une voix haute et ferme, puis« qu'il vous faut si longue réflexion pour approuver des conclu« sions si justes, qu'il y en a parmi vous qui nous trahissent, « ainsi qu'on nous l'a dit. Cela étant, vous le premier, sieur « président, et vous, messieurs Pothier et de Thou, suivez-moi ; « venez en l'hôtel de ville, où le peuple vous mande. » Il tira de sa poche une longue liste de noms ; il allait en donner lecture, après avoir ordonné à ceux qu'il nommerait de le suivre aussi, quand M. de Thou prit la parole : « Il est inutile, dit-il, « de nous lire votre liste, il n'y a personne ici qui ne soit prêt « à suivre son chef. » Alors tous les conseillers se levèrent d'un mouvement unanime, et, en robe et en bonnet, se mirent à la suite de leur président. Le commandant de la Bastille, marchant en tête, les mena, comme en montre et triomphe, par le pont au Change, puis le long des quais, jusqu'en la place de Grève, où ils voulurent s'arrêter, croyant, d'après les paroles de Bussy, que le peuple les attendait à la maison de ville. Mais lui, leur ayant dit de prendre à droite et de ne pas se lasser, les conduisit jusqu'à la Bastille.

— Ventre-de-biche ! voilà de l'audace ! fit Chicot.

— Ah ! M. Bussy Le Clerc n'en a jamais manqué.

— Je le sais bien.

— Voilà pourquoi tu as vu tant de monde rassemblé devant les portes de la Bastille : c'est qu'il y a à peine une heure que tous ces messieurs de la cour de justice y sont entrés.

— Et Dieu sait quand ils en sortiront.

— On les gardera prisonniers au moins jusqu'à l'arrivée de M. de Mayenne.

— À propos, qu'est-il devenu, ce cher duc?

— Il est dans son gouvernement de Bourgogne. Les Seize lui ont déjà écrit plusieurs lettres, et ils espèrent qu'il sera bientôt au milieu d'eux...

Michel Salvancy se leva de table.

— Tu nous quittes, mon ami? lui dit Chicot.

— Oui, je vais rejoindre la compagnie de Compan. Nous avons encore quelques arrestations à faire.

Le ligueur jeta son arquebuse sur son épaule et sortit.

— Eh bien! monsieur Martinet, que pensez-vous de nos ligueurs parisiens? dit Chicot.

— A vous parler franchement, répondit le vieillard, je suis effrayé de leur effronterie et de leur audace.

— Ce n'est rien que d'entendre raconter leurs exploits, il faut les voir à l'œuvre; si vous restez longtemps à Paris, vous pourrez juger de leurs violences par vous-même.

— Aussitôt que j'aurai pu voir madame veuve Guillaume Jorand, je repartirai.

— En tous cas, reprit Chicot, vous pouvez compter sur moi, monsieur Martinet, si vous avez jamais besoin de mes services.

— Vous êtes trop bon en vérité, répondit le vieillard, et je ne sais comment je m'acquitterai envers vous du service signalé que vous m'avez déjà rendu en me conduisant de Niort à Paris.

Gosi, rassasié, car il avait englouti pour sa part les trois quarts du repas, s'occupait pendant cette conversation à enfoncer son poignard dans la table. Il prenait pour point de mire des miettes de pain grosses comme des grains de millet, qui étaient tombées autour de son assiette. Tout à coup il tendit l'oreille, et resta le bras levé et le poignard en main.

— Avez-vous entendu? dit-il à Chicot.

— Quoi?

— On vient de prononcer votre nom dans la rue.

— Mon nom?

Il se leva et alla à la fenêtre. Sur la chaussée il vit quatre ligueurs, la rapière au côté, qui examinaient la maison.

— Je t'assure, Olivier, disait un des hommes à celui qui paraissait être leur chef, qu'il y a des royalistes dans cette hôtellerie. Je les y ai vus descendre, il y a une heure.

Un bruit de pas se fit entendre dans l'escalier, et l'aubergiste entra. Il était pâle et tremblant.

— Que se passe-t-il donc? demanda Chicot.

— Parmi vous, il n'y a pas de huguenots ou de royalistes? dit le pauvre homme.

— Non, nous sommes tous ligueurs.

— Béni soit le ciel, alors!

— Pourquoi?

— Parce qu'il y a en bas M. Olivier, capitaine de dizaine de la rue du Temple, qui se dispose, je crois, à entrer ici [1].

— Dans quel but?

— Dans le but de faire sans doute une nouvelle levée de deniers pour la sainte Ligue, et il est sans miséricorde pour les gens inconnus ou soupçonnés de royalisme.

— Ah! ah! fit le fou du roi.

— Sachez, mes bons messieurs, que la semaine dernière, reprit l'hôte, il a pillé trois ou quatre maisons dans le quartier.

— Et il s'empare des écus royaux de préférence à tous autres, parce qu'ils sont royalistes?

— Justement.

— Si votre capitaine Olivier demande à monter ici, ne vous y opposez pas; nous sommes de braves gens, nous n'avons donc rien à craindre.

L'aubergiste sortit un peu rassuré par les paroles de Chicot.

Quand il eut fermé la porte, le P. Martinet s'approcha du bouffon et lui dit:

— Vous avez donc oublié que j'ai là, dans ma vieille valise de

[1] Lors de l'entrée de Henri IV à Paris, ce ligueur fut le premier sur la liste des proscrits de son quartier.

cuir, une cassette qui vaut cinquante mille francs? C'est un dépôt qu'on a confié à ma probité, à mon honneur; c'est la dot d'une orpheline, et s'il m'était volé, je n'aurais plus qu'à mourir.

Chicot ne répondit pas et se tourna vers Gosi.

— Tu as ton épée et ton poignard? lui demanda-t-il.

— Oui, maître.

— Ne me quitte pas de l'œil, et au moindre signe de ma part, n'hésite pas, et frappe d'une main sûre.

— Soyez tranquille, je ferai mon devoir.

Ce que l'hôtelier avait prévu arriva. Le capitaine Olivier entra dans la maison, et après avoir examiné le rez-de-chaussée, il monta dans la salle où nos trois voyageurs venaient de prendre leur repas.

— Salut, messieurs, dit le capitaine; nous venons au nom de M. le duc d'Aumale, gouverneur de la ville, faire une levée de deniers pour l'équipement de l'armée de la Ligue.

— Vous vous adressez mal, mon brave, répondit Chicot; nous sommes ligueurs, c'est vrai, mais nous donnons notre sang pour la sainte cause et nous gardons notre argent.

— Vous me semblez homme d'épée, en effet, reprit Olivier; mais monsieur...

Et il désigna le P. Martinet.

— Monsieur est un prédicateur de l'Église romaine qui vient prêcher l'Union à Paris.

— Tout cela n'est pas clair, murmura le capitaine.

— Il me semble que vous doutez de ma parole? reprit Chicot d'une voix brève; sachez que je n'ai jamais souffert un démenti de personne.

— Vous êtes susceptible... très-susceptible...

— Allons, faites-moi le plaisir, dit Chicot furieux, d'aller quêter autre part... Puisque nous ne voulons rien vous donner, votre présence ici est inutile.

— Est-ce pour m'intimider, monsieur, que vous me parlez

ainsi ? répliqua Olivier en se posant carrément. Sachez que nul homme sur terre, jusqu'à présent, ne m'a fait peur.

Les joues de Chicot se colorèrent subitement ; le sang lui montait à la tête.

— Faut-il vous répéter une seconde fois, en d'autres termes, s'écria-t-il, que nous ne voulons pas de mendiants ici... Sortez !

— Cet homme n'est pas un ligueur, dit tout à coup un des soldats du capitaine ; je le reconnais, je l'ai vu l'année dernière aux barricades de la rue Saint-Honoré, aux environs de la croix du Trahoir : c'est un serviteur de ce damné de Valois.

Chicot lança un coup d'œil à Gosi.

De la main gauche celui-ci tenait son épée par le fourreau, et de la droite il s'apprêtait à dégainer. Le vieux prêtre s'était retiré à l'extrémité de la salle, derrière ses défenseurs. Il avait placé sa valise sur un banc et s'était assis à côté, avec l'intention sans doute de la défendre jusqu'à son dernier soupir, dans le cas où les ligueurs voudraient s'en emparer.

— Il faut nous suivre chez l'échevin, reprit d'un ton violent et hautain le capitaine Olivier ; vous vous dites ligueurs, nous n'en croyons pas un mot. Personne ne s'offre pour répondre de vous ici. Votre hôte même décline toute responsabilité à votre égard, et n'a pu nous donner aucun renseignement sur votre identité. Allons, suivez-nous !...

— Oui, nous allons vous suivre, répondit Chicot d'une voix tonnante, car nous allons vous faire marcher devant...

Il tira son épée, et Gosi en fit autant.

Le capitaine et ses hommes firent bonne contenance. Ils mirent aussi l'épée au poing, et le combat s'engagea.

Chicot et Gosi s'étaient retranchés derrière la table. Ils faisaient des prodiges d'agilité et de valeur pour tenir tête aux quatre ou cinq hommes jeunes et forts qui se ruaient sur eux comme des furieux. Le combat devint tout à coup plus vif. Chaises, bancs et table furent renversés. Le sang commença à couler ; deux ligueurs blessés grièvement tombèrent.

Gosi avait le visage ensanglanté ; une large égratignure qu'il venait de recevoir au-dessus du sourcil droit laissait échapper une grande quantité de sang. Mais celui qui venait de le toucher ainsi de son épée ne profita pas de ce petit succès : le brave soldat du roi le renversa d'un coup de pointe dans l'épaule.

Alors le capitaine et le seul combattant ligueur qui restait encore debout, en voyant tomber ce dernier, jugèrent prudent de décamper. En habiles spadassins, ils rompirent tout en se défendant vaillamment, et gagnèrent la porte de la salle.

Là, le capitaine Olivier, par un coup vigoureux et adroitement porté, fit une large déchirure à la manche droite du pourpoint de Chicot ; et la pointe acérée de l'arme effleura le bras sans pourtant entrer dans les chairs.

En sentant le froid du fer, le fou du roi bondit comme une bête fauve ; son œil lançait des éclairs et sa lèvre écumait.

— Maudit fils de Satan, s'écria-t-il, je vais te faire rentrer dans l'enfer d'où tu n'aurais jamais dû sortir.

Il ne put mettre ses menaces à exécution.

Le ligueur Olivier, qui avait aussi le poignet solide, avait ménagé, par des parades savantes, sa retraite jusque sur le palier de l'escalier. Puis, en tirant vigoureusement la porte, il mit pour un instant une barrière entre son adversaire et lui.

Chicot et Gosi rouvrirent la porte et les poursuivirent jusque dans la cour.

Pendant ce temps, un des ligueurs blessés aperçut le P. Martinet évanoui, près de sa valise. Malgré sa blessure, il se releva et alla jusqu'au vieillard. Il saisit son poignard pour l'en frapper ; mais entendant du bruit dans l'escalier, il se contenta de s'emparer de la valise et de disparaître par une petite porte qui donnait dans une pièce voisine. De là il descendit dans la rue avec son précieux fardeau.

Chicot et Gosi remontèrent ; leur premier soin fut de rappeler le vieillard à la vie, ayant hâte de quitter une demeure où ils avaient été les acteurs de si sanglantes scènes.

CHAPITRE XI

SCÈNES INTIMES DANS LA MAISON DE L'ORFÈVRE DU PONT AU CHANGE

Depuis le départ de madame la duchesse de Montpensier pour la Bourgogne, Pierre Jorand avait retiré sa nièce Marie de la retraite religieuse des Bernardines.

La jeune fille était revenue avec sa mère dans la maison de commerce du Pont au Change. Elle semblait regretter son couvent. Un voile de tristesse recouvrait sa belle, suave et angélique figure.

Madame Guillaume Jorand avait vainement essayé de pénétrer les causes mystérieuses de l'ennui de son enfant. A toutes ses questions elle n'avait reçu que des réponses évasives, elle qui adorait la jeune fille et qui ne vivait que pour elle.

Malgré cela, l'excellente femme redoublait de soins, de prévenances pour Marie; elle s'efforçait, s'il était possible, de rendre plus palpable son dévouement et son amour maternels, mais l'enfant restait insensible aux caresses de la mère.

Un soir, Pierre Jorand rentra tout joyeux d'une assemblée des Seize. Le comité avait reçu une lettre de madame la duchesse de Montpensier.

A cette nouvelle, uné clair de joie passa sur le front de Marie.

— Est-ce que madame la duchesse va bientôt revenir? demanda-t-elle avec timidité.

— Oui, répondit l'orfévre. Par ses éloquentes prières elle est enfin parvenue à toucher le cœur de monseigneur de Mayenne. Et nous espérons que, ne perdant plus un temps précieux dans l'inaction, il arrivera à Paris dans la première quinzaine de février.

— Mais la duchesse? reprit Marie.

— Madame de Montpensier le devancera de quelques jours, car sa présence est nécessaire ici pour préparer la réception toute royale que nous voulons faire à son frère.

— Elle va donc revenir enfin?

— Il me semble que vous l'aimez bien, cette duchesse, ma fille? dit madame Jorand d'un ton sévère.

— Cette noble dame, ma mère, a toujours été si bonne pour moi, que ma joie est bien pardonnable. Je suis persuadée que si vous étiez à ma place, vous auriez la sympathie, l'attachement que j'ai pour elle.

— C'est possible, mon enfant, mais je ne retirerais pas la part d'affection que je donnais à une personne dévouée, pour la porter à une étrangère.

— Que voulez-vous dire, ma mère?

— Je veux dire, Marie, que depuis que vous êtes revenue près de moi, je me suis aperçue que vos sentiments n'étaient plus les mêmes. Vous êtes triste, indifférente pour tout ce qui vous entoure. Lorsque je vous adresse la parole, vous répondez à peine et quelquefois vous ne répondez pas; en un mot votre esprit n'est jamais à ce que vous dites. Vous êtes toujours pensive et ma présence semble vous être importune.

— Ma sœur, dit Pierre Jorand, vous faites un crime à ma nièce d'une chose toute naturelle à son âge. A ma recommandation la duchesse a bien voulu se charger de veiller sur elle; l'air simple et doux de Marie lui a plu et elle lui a fait l'honneur de la recevoir dans son intimité. Pour cela faut-il donc la gronder? — S'il y a un coupable, c'est moi ; car je suis la cause volontaire de l'affection qui existe entre madame la duchesse et ma nièce.

— Les reproches que j'adresse à ma fille, reprit madame Jorand, viennent des changements que j'ai remarqués dans sa conduite envers moi ; il est bien permis, je pense, à une mère d'être jalouse de l'amitié de sa fille.

— Croyez, ma mère, reprit Marie avec tendresse, que vous occupez toujours la première place dans mon cœur, et que j'aimerais mieux mourir plutôt que d'être cause de vos moindres chagrins. Je vous aime comme je vous ai toujours aimée, et je vous jure que mon attachement pour vous ne cessera qu'avec ma vie!...

Marie, en prononçant ces mots, était tombée aux genoux de sa mère : ses beaux grands yeux étaient voilés de larmes, et sa gorge naissante, agitée par l'émotion, palpitait sous l'humble étoffe de son corsage. Madame Jorand la releva et la pressa avec effusion sur son cœur. Les pleurs qui coulaient sur ses joues attestaient que son pardon était bien plein et entier.

Ce petit drame intime fut interrompu par deux coups frappés à la porte de la rue.

— Qui frappe ainsi? dit Pierre Jorand ; à la manière de s'annoncer, je vois que ce ne sont pas de nos voisins ou de nos amis.

Trois coups furent frappés plus forts que les deux précédents.

— Allons voir quelle visite nous arrive à dix heures du soir, dit Jorand en se levant et en se dirigeant de la pièce du fond où il était, dans la boutique.

— Viens, ma fille, viens, dit à son tour madame Guillaume Jorand, laissons ton oncle recevoir les personnes qui frappent. Ce sont des *zélés* sans doute. Viens, je ne veux pas les voir.

Et elle passa avec Marie dans une pièce voisine.

L'orfèvre poussa un petit volet qui masquait un judas découpé dans l'épaisseur de la porte. Il tâcha de découvrir la personne qui se trouvait au dehors, mais l'obscurité était tellement intense qu'il lui fut impossible de rien voir.

— Qui est là? demanda-t-il au bout d'un instant.

— Un ami de M. Jorand, répondit une voix.

— Son nom?

— Martinet.

— Sang du Christ! c'est le P. Martinet, s'écria l'orfèvre, et je ne lui ai pas encore ouvert!

La porte tourna sur ses gonds ; et Jorand tendit les bras au vieillard, qui, immobile comme une statue, restait sur le seuil de l'entrée ; voir l'orfèvre vivant l'avait atterré.

— Dieu! comme vous êtes changé, s'écria l'orfèvre en attirant le vieillard vers la clarté d'une lampe qui brûlait sur le comptoir. Avez-vous eu quelque malheur? Avez-vous été malade?

— Oui, mon pauvre monsieur Jorand, répondit M. Martinet d'une voix faible ; j'ai été bien malade... Voilà dix jours que je ne suis sorti de mon lit...

— Vous êtes donc à Paris depuis dix jours?

— Oui.

— Il fallait me faire prévenir.

— L'idée ne m'en est pas venue, car je vous croyais pendu à Niort depuis un mois,

— Ah! c'est juste, j'oubliais.

— Et puis, j'ai eu une telle fièvre, un tel délire après le malheur qui m'est arrivé...

— Quel malheur?

— Je vais vous conter cela, mais avant, je vous demanderai la permission de vous présenter deux braves soldats qui m'ont sauvé la vie...

— Pourquoi ne sont-ils pas entrés avec vous?...

— Faut-il vous répéter que je ne pensais trouver ici que madame veuve Jorand, comme vous me l'aviez annoncé...

— Où sont-ils?

— Là, de l'autre côté du pont. Ils n'ont pas voulu me laisser sortir sans m'accompagner, ces braves cœurs !

Jorand fit un pas dans la rue et se trouva face à face avec Chicot qui, suivi de Gosi, se promenait lentement le long de la maison.

— C'est vous sans doute, dit-il, qui avez eu la complaisance d'accompagner jusque chez moi M. Martinet?

Chicot salua en s'inclinant et sans dire un seul mot. Gosi imita son maître.

— Messieurs, reprit l'orfèvre, donnez-vous donc la peine d'entrer, je vous prie.

Chicot et Gosi saluèrent de nouveau en passant devant Pierre Jorand.

— Mon ami, voici mes sauveurs, s'écria le vieillard; s'ils n'avaient pas poussé le dévouement jusqu'à m'accompagner de Niort à Paris, je crois que vous n'auriez jamais entendu parler de moi.

— Ces messieurs viennent de Niort? fit Jorand avec étonnement.

— Oui répondit Chicot, nous avons quitté la ville peu de temps après l'arrivée du Béarnais.

— Puisqu'il en est ainsi, veuillez me dire si vous avez entendu parler d'un prisonnier qui s'était échappé après avoir lié et bâillonné son geôlier ?

— Certainement, reprit le bouffon ; ce fut même moi qui descendis à son cachot, et c'est mon compagnon, ici présent, qui brisa la porte et délivra le malheureux porte-clés, qui là dedans geignait comme une âme en peine.

— A-t-on su quelle route le condamné à mort avait prise dans sa fuite ?

— Non ; mais il faut que celui qui s'est échappé ainsi à la barbe des soldats de M. de Saint-Gelais soit un gaillard bien trempé ; j'ai pour lui la plus haute considération. Et si jamais je le rencontre sur ma route, je lui ferai mes compliments bien sincères.

— Ah! mon pauvre Jorand, dit le curé en serrant affectueusement la main droite de l'orfévre, depuis trois semaines j'ai bien dit des prières pour le repos de votre âme !...

— Ce prisonnier, c'était donc vous ? s'écria Chicot.

— Moi-même.

— Permettez que je vous embrasse et que je vous presse sur mon cœur. Les gens de résolution comme vous sont rares ; et quand on en rencontre un dans le chemin de la vie, il est bien juste qu'on lui rende hommage.

Après avoir reçu l'accolade fraternelle de Chicot, l'orfévre apporta quelques bouteilles et des verres sur la table qui se trouvait dans la grande pièce du fond.

— Ces messieurs ne refuseront pas, dit Jorand, de trinquer à ma résurrection.

— Ventre-de-biche ! dit Chicot, j'aime beaucoup mieux boire à la santé des gens que de pleurer à leur mort ; quand ils sont mes amis..., ne confondons pas.

Ils s'assirent, et Jorand emplit les verres.

Le pauvre vieillard, en ce moment, était dans un grand embarras. Il avait ressenti un plaisir immense en retrouvant Pierre Jorand sain et sauf ; mais il tremblait à l'idée de lui apprendre que la cassette lui avait été volée. Chicot, à qui il avait raconté l'histoire de la petite fortune qui lui avait été confiée, s'aperçut tout de suite de la pénible situation dans laquelle se trouvait M. Martinet. Il prit sur lui de l'en tirer.

— Ainsi donc, monsieur Jorand, dit-il, vous avez manqué d'être pendu haut et court dans le beau pays de Poitou?

— Oui, haut et cour, répondit l'orfévre, car ces coquins de huguenots ne pendent jamais autrement leurs ennemis.

— Eh bien ! nous, nous avons failli être assassinés bel et bien le jour de notre arrivée à Paris.

— Assassinés ?

— Oui.

— Et par qui ?

— Par une bande d'honnêtes ligueurs.

— Mais pourquoi?

— Parce que nous avions refusé de donner de l'argent pour la sainte Ligue, nous qui sommes exposés à verser tous les jours notre sang pour elle.

— Savez-vous les noms de ceux qui vous ont attaqués?

— Tout ce que je sais, c'est que leur chef est mon homonyme; il s'appelle Olivier.

— Olivier, un des capitaines du quartier du Temple?

— Justement. Comme il se présentait à nous, nous achevions de déjeuner dans une hôtellerie de la rue Sainte-Catherine; il a voulu faire le rodomont, nous avons dégainé, et nous avons forcé lui et les siens à descendre l'escalier plus vite qu'ils ne l'avaient monté...

— Deux ligueurs ont été tués, continua Jorand; je connais cette affaire: Olivier est venu faire son rapport au comité des Seize.

— Ah! fit Chicot; vous a-t-il dit, cet héroïque défenseur de la Sainte-Union, qu'un de ses spadassins avait volé à M. Martinet une valise, et que dans cette valise il y avait un petit coffret en fer qui contenait cinquante mille francs?

— Les diamants ont été volés? s'écria l'orfèvre en se tournant vers le vieillard.

— Oui, répondit M. Martinet; pendant le combat je m'étais évanoui, et quand je revins à moi, le trésor que vous m'aviez confié avait disparu.

— Et voilà dix jours de cela! reprit Jorand en levant les bras au ciel; si j'avais été prévenu de ce vol plus tôt, il eût été peut-être possible de faire rendre gorge au voleur, mais aujourd'hui...

— A la suite de mon évanouissement, continua le vieillard, je fus pris d'une fièvre ardente, qui par instants me donnait le délire, et je fus ainsi forcé de garder le lit, dans une petite chambre d'une auberge de la Cité, où mes braves compagnons m'avaient fait transporter; ah! mon ami, sans leur fraternel secours, sans leur dévouement inépuisable, vous n'auriez plus entendu parler du vieux curé.

— Messieurs, reprit Pierre Jorand en se levant et en tendant les mains à Chicot et à Gosi, qui que vous soyez, catholiques huguenots, royalistes ou juifs, je vous offre mon amitié : voulez-vous l'accepter ?

— Volontiers, répondit Chicot.

— Si jamais, en quelque circonstance que vous vous trouviez, vous avez besoin d'un ami dévoué, comptez sur moi.

— Monsieur Jorand, mon camarade et moi acceptons votre amitié, dit le fou de Henri III, comme une noble récompense des petits services que nous avons pu rendre au vénérable P. Martinet. Et, en revanche, nous vous donnons la nôtre. Nous demeurons rue de la Colombe, à l'hôtellerie qui a pour enseigne : *A l'épée de Charlemagne*; là vous nous trouverez toujours à votre disposition. Les braves gens se comptent aujourd'hui, ils font bien de se donner la main.

Pierre Jorand ne voulut pas que M. Martinet eût un autre domicile que le sien ; il lui fit préparer sur l'heure une chambre et le retint à coucher. Chicot et Gosi prirent congé de l'orfèvre et retournèrent dans la Cité.

Le lendemain matin, l'orfèvre se rendit au comité des Seize, afin de commencer les démarches nécessaires pour rentrer en possession de la cassette volée.

Quant à Chicot, en attendant l'arrivée à Paris de Mgr le duc de Mayenne, contre lequel il avait une haine profonde qu'il ne pouvait éteindre dans son cœur que par une vengeance éclatante, il passa plusieurs jours à visiter ses amis pour se mettre un peu au courant des affaires de la Ligue. Le lundi 30 janvier, il assista en curieux à un service solennel qui se fit dans l'église Notre-Dame, pour le repos des âmes du duc et du cardinal de Guise. Le peuple en masse était venu à cette cérémonie religieuse, où les princes martyrs étaient déifiés et canonisés par la Sainte-Union. L'évêque de Rennes, Mgr Aimar Hennequin, abbé d'Épernay, faisait le service; et François Pigenat, curé de Saint-Nicolas des Champs, prononça l'oraison funèbre. Le duc d'Aumale et les membres du comité des Seize étaient présents. « La ville avoit fait les frais de la cire, dit Pierre de l'Estoile, et « le chapitre de Paris le surplus des autres frais. »

Les jours suivants, toutes les autres églises, paroisses et monastères de Paris et des faubourgs firent de « solennels et dévotieux services » pour les deux illustres victimes.

C'est à la suite de ces prières que commencèrent ces fameuses processions de la Ligue dont l'histoire nous a conservé la scandaleuse mise en scène. Nous allons en faire l'objet de notre chapitre suivant, afin que le lecteur puisse se rendre compte du pouvoir que des intrigants exerçaient sur une population superstitieuse et ignorante.

CHAPITRE XII

OU L'ON VERRA COMMENT LA JALOUSIE PEUT FAIRE NAITRE LA HAINE DANS LE CŒUR D'UNE FEMME

Le 12 février, le duc de Mayenne entra dans Paris, à la tête d'un cortége imposant.

Il était précédé par le duc et le chevalier d'Aumale, ce fougueux ligueur qui avait si bien défendu la ville d'Orléans contre les tentatives du maréchal d'Aumont ; et avait à sa droite le duc de Nemours, qui, quatre jours après son arrestation, s'était sauvé du château de Blois.

Aussi le peuple était-il plein d'enthousiasme en voyant les principaux chefs de la Ligue entrer ensemble dans la ville, « *comme y accourans comme à son secours,* » dit l'auteur du *Journal d'un Curieux.*

La foule encombrait les rues et criait : « *Vive le duc de Mayenne ! Vivent les princes catholiques !* »

Les Seize avaient mis sous les armes toute la garde bourgeoise, et, par leur allure turbulente et insolente, exaltaient encore la clameur populaire.

A la fenêtre d'une maison située sur le passage du cortége, deux hommes étaient immobiles. L'un d'eux, lorsque le duc de Mayenne arriva en face de lui, se retira un peu en arrière et mit sa main sur sa figure, comme pour dissimuler ses traits aux regards du Lorrain triomphateur. Cet homme était Chicot; l'autre, qui paraissait regarder de tous ses yeux sans comprendre, était Gosi.

Quand le *Duc des Moines* eut disparu, Chicot dit à son compagnon :

— Eh bien ! mon brave, que penses-tu de Mgr de Lorraine ?

— Il est fort bien à cheval, répondit le soldat; il a bonne mine et il est gras comme un moine.

— Le fait est que c'est un grand mangeur, et si les zélés n'y prennent garde, il a un ventre capable d'engloutir toutes les finances de la Ligue. Il est mieux à table que sur un champ de bataille, va !

— Il a l'air doux et bon cependant !

— Il n'en a que l'air; je vais, pour te convaincre, te raconter quelques-uns de ses exploits.

— Maître, je vous écoute.

— Ce beau duc de Mayenne, si frais, si gras, si bien portant, a fait assassiner, il y a dix ans environ, Paul Stuart de Caussade, comte de Saint-Mégrin. Le comte sortait du château du Louvre, vers onze heures du soir ; lorsque dans la rue Saint-Honoré, il fut chargé par vingt ou trente sacripans, sous le commandement du capitaine Joannès, qui, après lui avoir fait trente-quatre ou trente-cinq blessures, le laissèrent pour mort sur le pavé. Quand il fut étendu à terre, un homme s'approcha du moribond ; c'était le duc de Mayenne qui se trouvait parmi les assassins.

— Se mettre trente pour tuer un homme ! murmura Gosi en fermant les poings.

— Le lendemain, le comte de Saint-Mégrin mourut au logis de Boisi, près la bastille Saint-Antoine, où le roi l'avait fait transporter. Il fut enterré dans l'église Saint-Paul, où Quélus et Maugiron, ses amis, avaient été inhumés quelques mois auparavant.

— Pourquoi tua-t-il aussi lâchement ce jeune seigneur.

— Il le tua parce que le bruit s'était répandu à la cour qu'il était l'amant de la duchesse de Guise, sa belle-sœur?

— Ah! mais ce n'est pas une raison pour se faire bourreau.

— Il y a deux ans, continua Chicot, le duc de Mayenne fit encore une action d'éclat : il tua à Dijon le capitaine Birague Sacremore.

— Et la cause?

— Pour s'être plaint à lui de ce qu'il ne voulait pas lui donner pour femme mademoiselle de Villars, fille aînée de madame de Mayenne, que Sacremore soutenait lui avoir été promise par le duc et sa femme.

— Il le tua de sa main?

— De sa main, parce que Birague le sommait, en termes assez vifs, de tenir la parole donnée; mais Mayenne, qui avait en vue un autre époux pour la jeune fille, se débarrassa de cet importun prétendant par un coup d'épée.

— Le traître! fit Gosi.

— Ce n'est pas tout. Un jour, pour une plaisanterie que je m'étais permise sur son compte, il me fit empoigner par ses valets et rouer de coups.

— Vous, maître?

— Oui, moi. Il me semble que je t'avais déjà parlé de cette triste aventure de ma vie...

— En effet, mais je croyais que vous aviez renoncé à votre vengeance.

— Moi, renoncer à ma vengeance? Ah! mon pauvre Gosi, tu ne me connais pas!

Chicot se pencha en dehors de la fenêtre et aperçut à l'extrémité de la rue les traînards du cortège de Son Excellence; un sourire amer fronça ses lèvres.

— Avant quelques mois, dit-il, ce peuple imbécile, qui flagorne et adule cet homme comme un Dieu, sera muselé et bâtonné par lui.

Il se mit à marcher dans l'appartement, et peu à peu sa physionomie reprit son expression de franchise et de gaieté. Il sifflotta un air de chasse, qu'affectionnait Henri III, puis, s'abandonnant à ses souvenirs, il récita avec un ton de sarcasme le pasquil suivant que les Parisiens connaissaient déjà depuis longtemps.

> Le pauvre peuple endure tout,
> Les gens d'armes ravagent tout,
> La sainte Église paye tout,
> Les favoris demandent tout,
> Le bon roi leur accorde tout,
> Le pape leur pardonne tout.
> Chicot, tout seul, se rit de tout,
> Le diable, à la fin, aura tout.

Il accompagna ce dernier vers d'un éclat de rire.

Gosi regardait Chicot sans rien dire.

— Oui, mon cher compagnon, reprit le gentilhomme gascon après un moment de silence, c'est donc le diable qui aura la meilleur part, puisqu'il aura tout.

Le soldat essaya de sourire, pour paraître répondre à l'observation de son maître, mais il ne comprenait pas, car il était fort peu au fait des événements politiques qui s'accomplissaient autour de lui.

Les jours qui suivirent le retour du duc de Mayenne à Paris furent principalement employés en dévotions. Le clergé donna un nouvel élan aux processions diurnes et nocturnes dont le but était d'entretenir le peuple dans la haine du Valois.

Le 14 février, entre autres, il y eut une procession de six cents écoliers, pris dans tous les colléges et autres établissements de l'Université. La plupart de ces enfants avaient à peine douze ans. Ils marchaient nus, en chemise, les pieds nus et portant allumés des cierges de cire blanche. Ils parcouraient ainsi les rues et allaient d'église en église en récitant ou chantant des prières. Le peuple devint si passionné pour ces sortes de cérémonies qu'il les fit même la nuit. Ayant comme meneurs quelques *zélés*, il allait chercher les curés à leurs paroisses et les forçait de se revêtir de leurs habits sacerdotaux. Dans ces mascarades religieuses, hommes, femmes, filles et garçons, vêtus seulement d'une chemise, parcouraient la ville au grand scandale des âmes honnêtes et vraiment pieuses.

Le chevalier d'Aumale assistait souvent à ces promenades scandaleuses; elles convenaient à ses instincts de débauche. Dans les rues ou dans les églises, il avait grand plaisir à jeter à l'aide d'une sarbacane des dragées musquées aux jeunes filles de sa connaissance. Quelquefois, après la soi-disant dévote cérémonie, il invitait ces demoiselles à des collations, qu'il faisait préparer tantôt sur le pont au Change, tantôt sur le pont Notre-Dame, ou dans les rues de la Verrerie et Saint-Jacques.

Les prédicateurs vomissaient en chaire des injures contre le roi. Ainsi Boucher, en pleine église, dit ceci dans un de ses sermons contre Henri III : « Ce teigneux est toujours coiffé à la turque d'un turban, lequel on ne lui a jamais vu ôter, même en communiant, pour faire honneur à Jésus-Christ; et quand ce malheureux hypocrite faisait semblant d'aller contre les reîtres, il avait un habit d'Allemand fourré et des crochets d'argent, qui signifiaient la bonne intelligence et accord qui étaient entre lui et ces diables noirs empistolés. Bref, c'est un Turc par la tête, un Allemand par le corps, une harpie par les mains, un Anglais par la jarretière, un Polonais par les pieds, et un vrai diable en l'âme. »

Lorsque les ligueurs, en procession, entraient dans l'église, ils renversaient leurs cierges et les éteignaient en frappant la mèche contre les dalles. Alors ils criaient : « *Dieu éteigne la race des Valois!* » L'impiété des prêtres allait jusqu'à avoir sur les autels des images de cire qu'ils piquaient à l'endroit du cœur, en disant certaines paroles magiques, dans le but de faire mourir le roi.

Le deuxième jour du carême, c'est-à-dire le 16 février, les capitaines des dizaines de Paris firent pour eux une procession exceptionnelle. Comme il y avait cent soixante dizaines, ils étaient donc cent soixante capitaines, autant de lieutenants et autant de porte-enseignes représentant les seize quartiers de la capitale. Devant eux marchaient les capucins, les minimes, les feuillants, les religieux de Saint-Martin des Champs, les prêtres de Saint-Nicolas et les chantres de l'église Notre-Dame et de la Sainte-Chapelle, les uns en aubes blanches, les autres en chapes, portant pieds nus des reliques et chantant des psaumes, des hymnes et des cantiques, avec accompagnement d'une musique très-harmonieuse. Le duc d'Aumale, gouverneur de Paris, et le chevalier d'Aumale marchaient les premiers avec le clergé. Cette procession partit de Saint-Martin des Champs, et traversa toute la ville pour se rendre à Sainte-Geneviève. Ceux qui y assistaient marchaient deux à deux, en habit de deuil, portant torches, flambeaux et cierges blancs, armoriés des armoiries des défunts duc et cardinal de Guise, avec chapiteaux noirs semés de larmes. — Cette procession traînait à sa suite plus de cinquante mille personnes.

Dans cette foule nous retrouverons cinq de nos personnages : Pierre Jorand et Marie, qui étaient venus par conviction ; don Alfonse ou Jovita, guidée par la jalousie ; Chicot, amené par la curiosité, et Gosi, qui, par obéissance, ne quittait pas son maître d'une semelle.

En arrivant au commencement de la montée de Sainte-Geneviève, la procession avait fait une halte, occasionnée sans doute par la difficulté qu'éprouvaient les membres du clergé à pénétrer dans l'église. Une foule entre toujours difficilement par une porte, si grande qu'elle soit. Il y eut un moment de désordre ; on se poussait des coudes et des genoux pour gagner quelques pouces de terrain.

Chicot, qui portait un cierge avec toute la dévotion d'un *zélé*, voulut profiter de la bagarre pour arriver aux premiers rangs. Il donna son cierge à Gosi, qui ainsi se trouva en avoir un dans chaque main, et commença, avec sa force herculéenne, à se creuser un sillon au milieu de la foule dévote. Cette manœuvre n'eut qu'un médiocre succès ; notre bouffon avança de quelques pas, et ses efforts devinrent impuissants contre la masse dont il était entouré.

— Ne poussez donc pas ainsi, dit une voix mâle et énergique.

Chicot allongea son long cou par-dessus l'épaule du mécontent et dit :

— Monsieur Pierre Jorand, je vous présente mes hommages les plus respectueux.

— Tiens ! c'est vous, monsieur Olivier ?

— Moi-même.

— Vous venez donc prier pour nos pauvres martyrs ? reprit l'orfévre en tendant la main à Chicot.

— Oui, répondit celui-ci, je viens toujours où tout bon ligueur doit venir.

— Vous n'avez pas de cierge ?

— Pardonnez-moi...

Et Chicot fit un demi-tour sur lui-même, pour montrer Gosi, qui derrière lui portait gravement un cierge dans chaque main.

— Maintenant je vais vous expliquer, monsieur Jorand, comment il se fait que j'ai eu besoin d'un porteur de luminaire. J'étais à cinq pas de vous et je voulais venir vous présenter mes salutations... Avec mon cierge en main, il m'était impossible de fendre la foule.

— Je comprends, fit l'orfévre.

— Votre belle-sœur et mademoiselle votre nièce ne sont donc pas venues à la cérémonie ?

— Madame veuve Guillaume Jorand, au moment de partir, s'est dite indisposée, mais je crois que son indisposition vient plutôt de son refroidissement pour la Ligue que d'un mal réel. Quant à Marie, elle était ici avec moi, il n'y a qu'un instant,

— mais M. le chevalier d'Aumale m'a fait l'honneur de me demander la permission de lui offrir la main pour pénétrer dans l'église... Regardez, ajouta Jorand en se levant sur la pointe des pieds, ils sont près du porche, ils vont entrer...

Chicot aperçut effectivement le jeune et bouillant chevalier et la jeune fille à la porte de l'église.

Quelques minutes plus tard, Jorand, Chicot et Gosi, conduits par un enseigne des soldats ligueurs que le chevalier avait envoyé, pénétraient dans le saint lieu. Une fois dans l'église, Chicot quitta Jorand et se retira avec Gosi dans un coin où, abrités par un énorme pilier, ils pouvaient suivre toutes les péripéties de la cérémonie religieuse.

Non loin de Chicot, au milieu des assistants, il y avait un jeune écolier qui, pour suppléer à l'exiguïté de sa taille, était monté sur un banc placé le long du mur. Il ne quittait pas des yeux le chevalier d'Aumale. Il paraissait non-seulement épier ses moindres gestes, mais encore chercher à lire dans les plus secrètes pensées de son âme.

Chicot ne fit d'abord pas attention à ce jeune étudiant.

L'office divin terminé, le chevalier d'Aumale offrit familièrement le bras à mademoiselle Marie Jorand, et, tout en la reconduisant vers la porte, il lui tenait à voix basse des discours qui étaient loin de lui plaire, car un vif incarnat colorait ses joues. La jeune fille prêtait peu d'attention aux paroles du ligueur et cherchait du regard son oncle dans la foule ; mais celui-ci ne se préoccupait pas de sa nièce. Placé entre Louchard et Crucé, il semblait fier de figurer parmi les Seize.

Chicot n'aurait pas remarqué la conduite légère et inconvenante du chevalier d'Aumale, si ces mots n'avaient pas été prononcés, à demi-voix, à côté de lui : Il l'aime donc?

Le fou du roi se retourna et aperçut le jeune écolier ; leurs yeux se rencontrèrent et, après un instant d'hésitation, ils échangèrent un petit signe de reconnaissance. Alors il comprit tout ; Jovita était jalouse.

12

— Gosi, dit-il, j'ai à parler à un de mes amis, tu retourneras seul à notre logis.

— Bien, maître.

Chicot se glissa entre les quelques personnes qui le séparaient de l'étudiant et dit :

— Comment se porte don Alfonse ?

Jovita fut un peu interdite ; mais, se remettant aussitôt, elle répondit :

— Très-bien, monsieur Olivier Le Long.

A son tour Chicot fut surpris. Et il se dit : Comment se fait-il qu'elle sache que je me nomme Olivier ? De même qu'elle s'était dit un instant auparavant : Comment se fait-il qu'il connaisse mon nom de don Alfonse ?

— Sortons, dit Jovita.

— Soit !

— Passez devant, vous me frayerez un passage à travers cette cohue.

— Volontiers, répondit Chicot. Accrochez-vous à mon pourpoint et tenez ferme.

— Oui, marchons.

Ils disparurent tous deux dans le tourbillon humain qui s'engouffrait dans la porte, et furent bientôt dehors.

Un quart d'heure après, Jovita, accompagnée de Chicot, entrait dans l'élégant salon de sa petite maison de la rue de Hautefeuille.

— Maintenant, señorita, dit Chicot, daignerez-vous m'apprendre pourquoi vous m'avez amené ici.

— Pour acheter votre discrétion.

— Elle n'est pas à vendre.

— Je la payerai tel prix que vous voudrez.

— Ah çà ! vous me prenez pour un autre, assurément ; depuis quand croyez-vous qu'un homme d'honneur abuse d'un secret ? Est-ce que, par hasard, j'ai la mine d'un fripon ?

— Ce n'est pas cela que j'ai voulu dire, monsieur Olivier.

— J'aime à le croire, señorita.

Et Chicot, drapé dans son orgueil d'honnête homme, salua avec la gravité d'un homme de cour.

— Monsieur Olivier, jouons cartes sur table, reprit don Alfonse après un moment de silence.

— Je ne demande pas mieux.

— Vous m'avez déjà rendu service.

— Je ne m'en souviens pas.

— Oh! vous ne l'avez pas oublié : on ne sauve pas la vie et l'honneur à une personne imprudente et compromise sans que cela ne se grave à tout jamais dans la mémoire.

— Vous voulez me parler de la petite maison des champs de M. le chevalier...

— Oui.

— Le service que je vous ai rendu là ne mérite pas qu'on s'en souvienne ; ce que j'ai fait pour vous un autre l'aurait fait.

— Un autre eût parlé.

— Peut-être. Pourquoi aussi vous avisez-vous de descendre d'une fenêtre à trois heures du matin, dans une plaine déserte... La plaine qui entoure les Cordeliers n'est pas sûre, passé neuf heures du soir.

— Je n'avais que la fenêtre comme moyen de salut ; mon oncle avait une communication à faire à d'Aumale de la part du roi d'Espagne ; il avait cherché toute la nuit le chevalier dans Paris, et enfin était venu le réclamer à sa maison *extra muros*.

— Une autre fois, señorita, reprit Chicot en souriant, quand vous serez exposée à sortir par une fenêtre, vous vous munirez d'une échelle de soie plus longue ; car si le hasard ne m'avait pas amené là pour vous recevoir dans mes bras, vous couriez grand risque de vous briser les os en tombant.

— Je tremble encore quand je pense à cette fatale nuit.

— Pas si fatale, señorita, puisque je vous fis rentrer dans

Paris sans éveiller les soupçons des gardiens de la porte Saint-Germain.

— Pourquoi ne vous ai-je pas revu depuis cette aventure ?

— Parce que j'ai fait un voyage.

— Un voyage ?

— Oui. Dans le Midi de la France.

— Depuis quand êtes-vous de retour ?

— Depuis un mois.

— Avez-vous su que j'étais retournée en Espagne ?

— Oui.

— Ah ! mais vous ignoriez mon retour.

— Non.

— Vraiment ?

— La preuve, c'est que je vous ai vue à Loches, chez le père Fridolin, hôtelier du *Rameau vert*.

— C'est vrai.

— C'était dans les derniers jours de décembre, et vous étiez accompagnée d'un Espagnol, grand, vigoureux, à barbe noire, que je soupçonne être venu à Paris pour le compte de Sa Majesté Philippe II.

— En vérité ! vous m'étonnez.

— Il n'y a rien d'étonnant dans tout cela ; rien n'est plus naturel. J'aime à voyager, je voyage ; j'ai des yeux, j'ai des oreilles ; je vois, j'écoute et j'entends.

— Alors vous avez remarqué la conduite du chevalier avec cette jeune fille à laquelle il donnait le bras tantôt.

— Parfaitement.

— Est-ce que par hasard vous la connaîtriez, cette jeune fille ?

— Très-bien.

— Son nom ?

— Marie.

— Marie qui ?

— Marie Jorand. Elle demeure sur le pont au Change.

— Croyez-vous que cette jeune fille ait de l'inclination pour le chevalier ?

— Je ne le pense pas ; car elle aime un jeune peintre qui demeure rue de l'Hirondelle.

— Le chevalier d'Aumale paraissait lui parler avec passion ; l'avez-vous aussi remarqué ?

— Señorita, vous étiez mieux placée que moi pour en juger.

— Ce n'est pas répondre, cela.

— Si ; à mon sens les yeux du cœur, en pareille circonstance, sont plus clairvoyants que ceux de la tête.

— Vous avez raison.

— Vous l'aimez toujours ?

— Oui ; et je ne serai heureuse que lorsque je serai sa femme.

— Mais vous espérez donc l'épouser ?

— Sans doute,

— Il vous l'a promis ?

— Oui.

— Et vous avez cru à sa parole ?

— Pourquoi en aurais-je douté ?

— Parce qu'il promet à toutes les femmes de les épouser.

— Alors ce n'est pas un homme d'honneur.

— Nos gentilshommes ne croient pas manquer à l'honneur en trompant une jeune fille. Ils appellent leurs conquêtes des bonnes fortunes !

— D'Aumale a pu tromper beaucoup de femmes avant que de m'aimer, mais je crois qu'il ne manquera pas au serment qu'il m'a fait.

— Je le souhaite pour vous, ma belle enfant, et pour mademoiselle Marie Jorand à qui je porte quelque intérêt.

A ce nom de Marie Jorand, la scène de l'église se retraça tout entière dans l'esprit de Jovita. Ses yeux brillèrent subitement d'un éclat extraordinaire, et ses lèvres frémirent sous une contraction nerveuse.

— *En verdad, lo afirmo por los santos de Dios*[1], dit-elle d'une voix mâle et vibrante, si le chevalier d'Aumale trompe la jeune fille qu'il avait au bras tantôt, c'est moi qui me chargerai de sa vengeance.

— Et comment vous vengerez-vous d'un membre influent de la famille des princes lorrains? demanda Chicot.

— Comme se venge une Castillane. Je le tuerai.

— Alors ce pauvre chevalier n'a pas longtemps à vivre! s'écria le bouffon en se dirigeant vers la porte.

— Pas longtemps à vivre! répéta Jovita en se jetant vivement entre Chicot et la porte; ce qui veut dire que Marie est ou sera la maîtresse du chevalier?

— Je n'ai pas dit cela.

— Non, mais c'est ce que vous avez voulu me faire entendre.

— A peu près.

— Faites-moi la grâce de m'accorder encore quelques minutes d'entretien.

Le bouffon se remit tranquillement sur la chaise qu'il venait de quitter.

— Ce n'est pas pour me désespérer, n'est-ce pas, monsieur Olivier, dit la jeune Espagnole, que vous me parlez ainsi de celui que j'aime?

— Tout à l'heure, en entrant ici, señorita, vous m'avez dit: « Jouons cartes sur table: » je joue cartes sur table; je suis fidèle à nos conventions. Je ne suis pas un homme capable d'employer la calomnie pour nuire à quelqu'un; vous avez fait appel à ma franchise, je crois remplir les conditions du programme en vous parlant à cœur ouvert.

— Vous détestez d'Aumale?

— Je ne l'aime, ni ne le hais. Personnellement je n'ai pas à me plaindre de lui; mais je dois vous avouer qu'il appartient à une famille pour laquelle j'ai peu de sympathie. La coupe de l'amour

---

[1] En vérité, je vous l'assure par les saints de Dieu

est pour lui un verre de vin délicieux qui l'enivre et qu'il jette à la rivière après y avoir trempé ses lèvres.

— C'est un infâme alors ?

— L'avenir vous répondra, señorita ; mais, quant à moi, je ne puis vous en dire davantage aujourd'hui.

— Monsieur Olivier, voulez-vous me promettre de revenir me voir dans huit jours ?

— Je vous le promets.

Chicot prit congé de la jeune Espagnole, et lorsqu'il fut dans la rue, il se dit : — Cette femme, quand elle sera convaincue que tout ce que je lui ai dit est vrai, la chatte deviendra une lionne.

CHAPITRE XIII

OU LE LECTEUR APPRENDRA CE QUE LA DUCHESSE DE MONTPENSIER
MÉDITAIT POUR SA VENGEANCE

Madame la duchesse de Montpensier habitait l'hôtel de Montmorency, où, par des conciliabules secrets avec ses familiers, elle ravivait sa haine contre Henri III. — Elle recevait dans son salon les chefs les plus turbulents ; bourgeois, soldats ou moines étaient traités par elle sur un pied d'égalité. Bussy Le Clerc la tenait au courant des faits et gestes de la soldatesque effrénée sur laquelle il avait un puissant ascendant ; Sénault, secrétaire du conseil de l'Union, l'instruisait des résolutions prises par les bourgeois dans les séances de la maison de ville ; elle recevait presque tous les jours le P. Bourgoin, prieur des Jacobins. Souvent elle restait des heures entières enfermée avec lui dans son oratoire ; c'est qu'à ce moment un projet terrible germait dans leur tête, et ils cherchaient entre eux les moyens d'en préparer l'exécution.

Quelques jours après la procession de Sainte-Geneviève, le chevalier d'Aumale vint chez sa cousine ; il trouva la duchesse occupée à écrire plusieurs lettres en chiffres.

— Chevalier, dit-elle en entendant annoncer son jeune parent par son valet de chambre, accordez-moi cinq minutes pour terminer ma correspondance.

— Volontiers, ma chère cousine, répondit le ligueur en s'asseyant nonchalamment sur un grand canapé ; vous avez donc toujours des émissaires en province ?

— Il le faut bien, sans cela comment saurais-je ce que le Béarnais fait en Poitou et le Valois en Touraine ? Il faut bien s'occuper un peu de ses bons parents...

En prononçant ces mots, elle fit un sourire significatif que d'Aumale comprit à merveille. Elle se leva de la table où elle était assise et serra plusieurs petits papiers dans son aumônière.

— Saviez-vous, cher cousin, reprit-elle en venant se placer à côté du jeune homme, que le meurtrier de mes frères est à Tours ?

— L'infâme Valois ?

— Oui, le *vilain Herodes*[1] a quitté Blois ; j'en ai reçu la dépêche il y a une heure.

— Dans quel but ?

— Dans le but de se rapprocher du Béarnais.

— Il serait assez insensé pour pactiser avec cet hérétique ?

— Un Valois est capable de tout ; le passé nous l'a assez prouvé.

— Malheureusement !

— Si mon cousin Mayenne veut me croire, il ne fera aucune concession à ses ennemis ; il forcera ainsi tôt ou tard le Valois à se jeter dans les bras du roi de Navarre.

— Dès ce jour-là il sera perdu.

— Je l'espère, d'autant plus que l'autorité de Mayenne s'accroît d'heure en heure ; dans une des dernières séances à l'Hôtel de Ville, il a annoncé aux *Seize*: « Que presque toutes les bonnes villes du royaume s'étant affranchies de l'autorité du ci-devant roi, et voulant s'unir entre elles pour accroître leur force, avaient dessein d'envoyer à Paris, comme au centre commun de toute la France, des députés qui formeraient un grand

---

[1] Anagramme de Henri de Valois.

conseil, une sorte d'assemblée des trois Etats, dans laquelle on délibérerait de concert sur les affaires de l'Union.

— Chevalier, dit la duchesse, j'assistais à cette séance.

— Et il fut arrêté, continua d'Aumale, que ce nouveau conseil serait composé de quarante membres, dont neuf pris dans les gens d'Église, neuf dans la noblesse et vingt-deux dans le tiers État.

— On fit appeler les dizainiers pour convoquer le peuple dans chaque quartier, reprit madame de Montpensier, et l'élection des quarante est terminée.

— Oui, mais le peuple a nommé pour ses représentants des gens bien turbulents[1].

— Laissez faire, laissez faire, Mayenne mettra ordre à tout cela. Vous pensez bien que mon frère ne peut pas gouverner, si la majorité dans le conseil appartenait à des orateurs de carrefours.

— Assurément. Chacun a ses ennemis ici-bas.

— Pourquoi dites-vous cela ?

— Parce que j'ai de petites contrariétés...

— Dans vos amours peut-être, chevalier...

— Oui, et j'étais venu pour vous en parler.

— Eh bien, contez-moi cela ; nous verrons à vous tirer d'embarras.

— Vous connaissez la nièce de l'ambassadeur d'Espagne ?

— Fort bien ; mais elle est retournée à Madrid.

---

[1] Voici les noms des quarante membres : *Pour le clergé :* les sieurs de Brézé, évêque de Meaux ; de Roze, évêque de Senlis, recteur de l'Université ; de Villars, évêque d'Agen ; Prévost, curé de Saint-Séverin ; Boucher, curé de Saint-Benoît ; Aubry, curé de Saint-Antoine ; Pelletier, curé de Saint-Jacques ; Pigenat, curé de Saint-Nicolas, et de Launay, chanoine de Soissons. — *Pour la noblesse :* les sieurs Maynneville, marquis de Canillac, Saint-Paul, de Rosne, de Montberault, de Hautefort, du Saulsage et de Masparaulté. — *Pour le tiers état :* les sieurs de Neuilly, Coqueley, Mydorge, de Machault, Baston, Marillac, Acarie, de Brai, Lebeauclerc, de la Bruyère, Auroux, Fontanon, Drouart, Crucé, Louchard, Sénault, de Bordeaux, Bussy Le Clerc, Alvequin, Soly, Bellanger et Charpentier.

— Pour en revenir plus amoureuse que jamais.

— Comment! elle n'est pas en Espagne?

— Elle est à Paris.

— Depuis quand?

— Depuis cinq ou six semaines. Elle est arrivée le jour de mon départ pour Orléans.

— Où demeure-t-elle?

— Rue Hautefeuille, dans une petite maison où elle vit retirée avec une vieille servante qui ne l'a pas quittée depuis son enfance. Je voudrais trouver un moyen de l'éloigner de Paris, car ses assiduités par trop castillanes me sont à charge...

Et le chevalier accompagna ses paroles d'un sourire plein de fatuité.

Il reprit :

— Croiriez-vous, charmante cousine, que depuis huit jours elle s'est présentée quatre ou cinq fois chez moi? Ce pauvre Poncet, mon secrétaire, ne sait plus quels subterfuges employer pour se débarrasser d'elle. Hier soir, ne voulait-elle pas passer la nuit dans un fauteuil pour attendre mon retour? Heureusement que mon fidèle Poncet m'a fait prévenir à temps, et je ne suis pas rentré.

— Dame! que voulez-vous, chevalier, reprit la duchesse avec un petit sourire narquois, vous avez toutes les contrariétés d'un amant heureux.

— C'est possible, mais on se fatigue aussi bien du bonheur que de l'adversité. Une jolie femme est un objet divin lorsqu'on lui fait la cour; mais quand votre cœur n'a plus de battements pour elle, cette idole que vous adoriez devient un obstacle à toutes les espérances, à tous les désirs qui peuvent encore faire le charme de la vie.

— Je vous comprends. Vous avez fait de folles promesses à la señorita Jovita; la pauvre enfant y a cru, et vous, vous ne voulez pas les tenir.

— Justement, cousine.

— Est-ce que vous comptiez sur moi pour vous venir en aide?

— Oui.

— Et par quel moyen, beau chevalier félon?

La duchesse regarda en face d'Aumale en fixant sur lui un regard interrogateur.

— Le moyen est bien simple, répondit le jeune homme; dans une des entrevues fréquentes que vous avez avec M. de Mendoze, vous lui parlerez de sa nièce, et d'après ce qu'il vous répondra, vous saurez s'il la croit réellement en Espagne auprès de sa vieille tante.

— Bien. Après?

— S'il pense que Jovita est à Madrid, vous lui direz, vous, que vous la croyez à Paris. Alors il vous demandera des explications, et vous lui conterez tout ce que je vous ai appris...

— Vous connaissez Mendoze : il est méchant, vindicatif; il ira trouver sa nièce et elle lui racontera votre conduite envers elle. Vous serez compromis...

— Ah! bah! on ne la croira pas, et puis je nierai...

— A Mendoze, oui; mais s'il vous met en face de Jovita?

— J'appellerai à mon secours tout mon sang-froid et je nierai effrontément.

— Vous êtes donc un homme fort, mon cher cousin?

— Il faut bien quelquefois dans la vie se mettre à la hauteur des circonstances...

— Il y a un petit malheur en tout ceci, reprit la duchesse, c'est que M. l'ambassadeur est intimement convaincu que vous courtisiez sa nièce, et si vous niez vos inclinations pour elle, il ne vous croira pas, parce que pour vous justifier vous mettrez sa sagacité en défaut... et un diplomate est toujours très-susceptible sur ce chapitre-là.

— Si vous croyez que cette idée ne peut pas réussir, j'en ai une autre, mais son succès est sûr à celle-là...

Le chevalier se leva du canapé et marcha avec agitation.

— Que ferez-vous, cher cousin? demanda madame de Montpensier après un moment de silence.

— Si cette maudite Espagnole persiste à me poursuivre, je la ferai enlever par quatre hommes à ma solde...

— Et puis?

— Et puis je l'enferme, sous bonne garde, dans une chaise de poste, et on la reconduit en Espagne.

— Ce moyen est violent, mais il vaut mieux que votre première idée; maintenant, si le hasard veut que vous ayez encore une ou plusieurs entrevues avec la señorita, ne lui laissez pas pénétrer votre pensée.

— Cousine, me prenez-vous pour un écolier?

— Votre situation demande de la prudence, songez-y.

— Quand je reverrai Jovita, soyez tranquille, je serai plus amoureux que je ne l'ai jamais été pour elle, car il faut, moi, que je puisse lire dans son âme...

— Mais y parviendrez-vous?

— J'essayerai du moins...

La porte du salon s'ouvrit, et un valet annonça le P. Bourgoin, prieur des Jacobins.

— Faites entrer le Père dans l'oratoire, dit la duchesse, je suis à lui dans un instant...

Puis, changeant de ton, et se tournant vers le chevalier d'Aumale:

— Mon cher cousin, avant de vous quitter, je dois vous remercier du service que vous avez rendu à un des plus fidèles agents de notre cause...

— Que voulez-vous dire?

— Il y a quelque temps, je vous ai envoyé un orfèvre nommé Jorand, pour une valise ou une cassette qui avait été enlevée à un pauvre prêtre... Vous souvenez-vous de cela?

— Parfaitement. Des soldats ivres avaient volé dans une auberge, du côté de la Bastille, une cassette appartenant à un vieux curé nommé Martinet... J'ai fait rechercher les coupables, et j'ai trouvé le voleur. Blessé grièvement, il gardait le lit...

— Et l'objet volé ?

— La cassette fut retrouvée intacte ; le soldat l'avait cachée sous son grabat, où il gisait étendu depuis sa dispute, suivie de coups d'épée, dans le cabaret en question.

— Je vous remercie bien de ce petit service ; car le ligueur Jorand est un honnête homme...

— Je n'en doute pas. Depuis que j'ai fait pendre le voleur, il a pour moi une reconnaissance exagérée ; je crois qu'il se ferait tuer pour moi si je le désirais.

— Oh ! vous pouvez compter sur son dévouement.

— Il m'a présenté sa nièce. Elle est jolie.

— Oui ; elle vient à mon hôtel presque tous les jours...

— Ah !

— En voulez-vous la preuve ?

— Elle est ici, en ce moment ?

— Est-ce que vous voudriez la voir ?

— Lui rendre mes hommages...

— C'est impossible.

— Pourquoi ?

— Parce que vous ne pouvez lui parler.

— Je croyais que vous alliez me présenter à elle.

— Je puis vous la montrer....

— De loin ?

— Oui.

— Volontiers. Où est-elle ?

— Regardez..

En disant ces mots, madame la duchesse de Montpensier écarta de la main le bord d'un épais rideau qui recouvrait une glace sans tain, et le chevalier d'Aumale aperçut dans une pièce contiguë au salon la jeune fille assise et immobile. Elle avait un costume étrange et d'une noble simplicité. A deux pas d'elle, devant un chevalet, un jeune peintre reproduisait ses traits divins sur la toile ; cet artiste était Gaston, l'ancien condisciple du frère Jacques, jeune profès jacobin.

— Avec ce costume, dit le chevalier, cette enfant ressemble à sa patronne, la Vierge Marie. Son maintien est modeste et son regard est empreint d'une angélique douceur.

— Comme les lignes de son visages sont pures ! ajouta la duchesse, et comme sa lèvre respire la chasteté et l'innocence !

— En vérité cette fille d'orfèvre est ravissante, reprit d'Aumale, en mettant malgré lui de l'animation dans ses paroles; car il ne voulait pas laisser deviner à sa cousine ses sentiments à l'endroit de cette jeune fille.

— Son portrait fera un beau tableau d'église.

— Et quel est le sanctuaire qui s'enrichira de cette divinité ?

— Le couvent des jacobins.

— Quelle idée !

— Le P. Bourgoin m'a demandé cette toile, je n'ai pas cru devoir la lui refuser... Chevalier, avec votre bavardage vous me faites oublier que ce saint homme m'attend... Adieu.

— Au revoir, belle cousine.

La duchesse entra dans son oratoire, et le chevalier d'Aumale sortit. En quittant l'hôtel Montmorency, il se dirigea vers l'Hôtel de Ville, où le conseil des Quarante devait se réunir.

Le P. Bourgoin, à genoux sur un prie-Dieu au-dessus duquel était un luxueux christ d'ivoire et d'or, semblait être absorbé par la prière. Il tourna lentement la tête, en roulant deux grands yeux blancs, lorsque madame de Montpensier ouvrit la porte.

— Je priais en vous attendant, madame la duchesse, dit-il en se levant; je demandais au ciel de nous faire la grâce de seconder nos projets.

— Ainsi soit-il, mon Père.

Et changeant de ton :

— Eh bien, vous êtes-vous occupé de ce jeune profès?

— Oui, beaucoup, madame la duchesse, et je crois que s'il

suit mes exhortations, si je parviens, comme je le pense, à le faire aspirer à la vie éternelle, en lui parlant chaque jour des douceurs ineffables dont on jouit dans un monde meilleur, je crois que nous aurons un homme obéissant, dévoué et résolu pour nous servir.

— C'est bien celui que je connais?

— Oui, le frère Jacques.

— Celui enfin que nos ligueurs de carrefours ont su nommé le capitaine Clément?

— Justement.

— J'ai entendu dire que c'était une fine lame, par M. Bussy le Clerc.

— Il manie une arquebuse aussi bien qu'une épée, daignez le croire, madame la duchesse. Quand nous exerçons nos moines au tir, le frère Jacques remporte toujours le plus de félicitations... il touche le but presque à tous coups.

— S'il n'était moine, c'eût été alors un bon soldat.

— Il sera soldat du Christ et vengeur de la religion catholique abandonnée, délaissée et opprimée par le Valois, qui, dit-on, va s'allier avec cet hérétique de Béarnais pour marcher sur Paris avec des troupes nombreuses... Mais, qu'importe? Dieu protégera la sainteté de notre cause...

— Le frère Jacques a-t-il demandé de nouveau à me voir?

— Oui, madame la duchesse. Depuis que je le détache peu à peu des choses terrestres, ses idées se portent vers vous ou plutôt sur une vision qu'il a eue dans votre oratoire... Il prétend que la Vierge lui est apparue, un soir que vous l'aviez quitté un instant... et il me supplie à mains jointes de le ramener ici...

— Plus tard. Continuez à l'entretenir dans sa béatitude, et avec le temps on ne sait pas ce qui peut arriver.

— Mes conseils sont déjà parvenus à modérer son plaisir pour les exercices militaires; il ne fait plus, au couvent, des armes qu'une fois par semaine, et ne tire à la cible que rarement.

— Lorsque vous aurez tout à fait tourné ses idées vers la vie spirituelle, nous lui indiquerons le moyen d'assurer son salut pour l'éternité.

— Je vous comprends.

— Quand j'aurai fait achever le tableau que j'ai commandé, mon Père, je vous le ferai porter au couvent et vous le placerez dans la cellule de Jacques. Les traits divins de la Vierge qu'il représente achèveront sur son esprit ce que nous avons commencé.

— J'y compte bien, madame la duchesse.

— Et moi aussi.

— Il faut que Jacques soit l'ange exterminateur de la race des Valois, de cette race maudite que l'enfer ne voudrait pas recevoir dans son sein...

— Je veux que le sang de mes frères bien-aimés soit vengé par le sang.

— Il le sera.

— Mon Père, voici l'heure où les Quarante se réunissent à la maison de ville; il faut que j'assiste à la séance, car le duc de Mayenne, mon frère, doit faire aujourd'hui un petit coup d'État.

— Mon devoir, madame la duchesse, répondit le Père prieur, m'appelle, comme vous, où se traitent les affaires de la Sainte-Union; je vais me rendre aussi à la séance du conseil.

13.

CHAPITRE XIV

OU L'ON VERRA QUE LE DUC DE MAYENNE ET LE CHEVALIER D'AUMALE,
PAR LEUR FAÇON D'AGIR, FAISAIENT DES MÉCONTENTS

Le duc de Mayenne était fort contrarié par les élections qui avaient eu lieu pour la formation du conseil de l'Union. Les candidats recommandés par la maison de Guise avaient bien été nommés par le clergé et la noblesse, mais le peuple n'avait obéi à aucune pression, il avait voté avec indépendance, selon ses sentiments et sa conscience. Par conséquent, les élus du tiers étaient pour la plupart des gens audacieux et turbulents, se croyant autorisés à parler au nom du peuple, comme citoyens d'un État essentiellement démocratique. Le prince lorrain comprit tout de suite qu'il ne pouvait plus avoir la haute main sur les délibérations, n'ayant pas la majorité du conseil. Il résolut, obéissant aux avis de sa sœur, de combattre par un acte arbitraire l'opposition qui s'était élevée contre lui par la légalité.

Lorsque madame la duchesse de Montpensier et le P. Bourgoin arrivèrent à la maison de ville, les membres de l'Union étaient assemblés. Le président, M. Louis de Brézé, évêque de Meaux, homme sans opinion bien formulée, attendait la présence du duc pour ouvrir la séance. C'était justement cette indifférence qu'il montrait pour les querelles des partis, qui avait assuré sa nomination à la présidence. Mais, en revanche, Sénault, homme dont la tête et le cœur appartenaient au peuple, avait été élu secrétaire. Une pareille élection avait ouvert les yeux au parti lorrain, qui d'avance voyait son infériorité dans les délibérations.

Quand le duc de Mayenne entra, la duchesse courut au-devant de lui.

— Eh bien! mon frère, lui dit-elle à voix basse, êtes-vous toujours décidé à agir?...

— Oui, ma sœur, répondit-il.

Le président ouvrit la séance.

Le duc de Mayenne se leva et dit : Messieurs, nous avons arrêté que le conseil serait composé de quarante membres, mais il doit être chose convenue et il va sans dire que le procureur général et les avocats généraux du nouveau parlement, le prévôt des marchands, les échevins et le procureur de la cité ont droit de séance au conseil, car ils sont députés-nés de la ville de Paris.

Quelques murmures s'élevèrent sur les bancs du tiers contre l'introduction de ces nouveaux membres, mais leur admission ne fut pas franchement combattue.

Encouragé par ce facile succès, le duc prit de nouveau la parole : Messieurs, les provinces doivent sous peu nous envoyer leurs députés, eh bien, je crois que nous pouvons dès aujourd'hui admettre parmi nous quatorze personnes, gens d'honneur et bons catholiques, dont la probité et la sagesse sont connues de tout le monde, et qui doivent *nécessairement* être choisies comme députés par quelques-unes des villes alliées...

Une légère rumeur parcourut la salle.

Mayenne s'arrêta et promena ses regards sur l'assemblée. Le calme se rétablit.

Il reprit :

— Messieurs, je vais vous donner les noms des quatorze membres surnuméraires, comme je me permets de les appeler ; ils ont été choisis par moi dans les trois états.

Quelques chuchotements se firent entendre.

— Silence, messieurs, écoutons, écoutons, dit une voix qui partit des bancs de la noblesse.

Le duc continua :

— Je vous propose donc de recevoir dans cette assemblée : MM. Aimar Hennequin, évêque de Rennes, l'abbé de Lénoncourt, le président Jeannin, Villeroy père, ancien ministre de Henri III, Villeroy fils, ancien secrétaire d'État, le président Vétus, de Sarmoises et Dampierre, maîtres des requêtes, d'Amours conseiller, le président Lemaistre, les bourgeois la Bourdaisière et du Fay, le président Lefebvre d'Ormesson et Millon de Vuideville, appartenant à la chambre des comptes.

Après cette lecture, un tumulte effroyable se fit sur les bancs du tiers. Les députés criaient et frappaient des pieds.

Quand Louis de Brézé fut parvenu à rétablir le silence, Louchard, un des membres les plus influents du tiers état, demanda la parole.

Mayenne lui lança un regard terrible, en fronçant les sourcils ; il lisait dans la pensée de cet homme les paroles qui allaient sortir de sa bouche.

— Messieurs, dit Louchard, je regarde la proposition de monseigneur le duc de Mayenne comme une violation des droits du peuple ; aucun membre ne peut entrer ici que par l'élection, et comme il est de mon devoir de ne pas trahir ceux qui m'ont honoré de leur confiance..., au nom du peuple, je proteste.

Alors tous les membres de la noblesse et une partie des membres du clergé se levèrent pour interrompre l'orateur.

— Bravo, Louchard ! s'écria Sénault, au milieu du tumulte.

— Bravo ! bravo ! répétèrent plusieurs des gens du peuple qui assistaient à l'assemblée comme simples spectateurs.

Malgré cette vive opposition, le duc de Mayenne ne se déconcerta pas. Il reprit la parole, et, dans un discours empreint d'une bonne foi feinte, il prétendit qu'il ne croyait pas sortir de la légalité en proposant au conseil d'admettre quatorze hommes dont l'honorabilité était incontestable.

La noblesse approuva fortement, les membres du clergé adhérents entraînèrent ceux des leurs qui étaient indécis, et les timides du parti populaire se joignirent à eux.

Louchard vit qu'il était vaincu; il se leva de nouveau et dit :

— Au nom du peuple qui m'a élu, je proteste une seconde fois contre cet acte arbitraire, qui ne peut être justifié que par un abus de pouvoir. Et je ferai savoir à ce peuple trop confiant comment ses mandataires usent en son nom du droit et de la justice.

Un long murmure succéda à ces paroles, et la proposition du duc de Mayenne fut néanmoins acceptée. Elle avait pour résultat de renforcer de quatorze voix dévouées le parti des Lorrains.

Le duc, malgré cela, sentit immédiatement que ce petit coup d'État pouvait nuire à sa popularité. Il voulut en atténuer l'effet.

— Messieurs, dit-il, pour prouver que je ne veux pas abuser d'un pouvoir essentiellement composé de mes amis, comme certaines gens de ce conseil veulent le faire entendre, je demande que vous rendiez un édit dans lequel il soit déclaré que les états généraux seront convoqués pour le 15 juillet prochain

— Très-bien, très-bien, firent plusieurs voix.

Mayenne continua :

— En attendant, je propose que vous adoptiez que les tailles soient réduites d'un quart, et que peu à peu tous les impôts soient rétablis sur le même pied que du temps de Louis XII.

Cette déclaration produisit l'effet que l'orateur en attendait. Elle fut accueillie avec transport par l'assemblée entière.

Quelques membres dans leur enthousiasme allèrent même jusqu'à crier : Vive le duc de Mayenne !

Au milieu du bruit, Louchard s'approcha de Sénault et lui dit :

— Nous devions nous y attendre, le duc vient de jeter un os à ronger au peuple.

— Oui, mais patience ! répondit Sénault.

— Oh ! les *confrères du Chapelet* ne lui pardonneront pas cette usurpation.

— Non, mort-Dieu ! répondit le secrétaire du conseil, ce soir nous nous rendrons à la confrérie du *Cordon de Jésus*.

— Oui, ce n'est plus que là que l'on rencontre les vrais défenseurs du peuple.

La confrérie dont parle ici Sénault était une de ces réunions où les zélés catholiques, porteurs de chapelets, se donnaient rendez-vous à certaines heures de la nuit ou du jour. Elles avaient été fondées dans un but de dévotion ; mais depuis l'assassinat des Guises à Blois, elles s'étaient transformées en assemblées politiques. Les papes Sixte IV et Innocent VIII avaient même rendu des bulles pour donner aux confrères du Chapelet « neuf vingt mille ans et neuf vingt mille quarantaines d'indulgences, en disant le psautier de Notre-Dame ; *item*, plénière rémission de tous péchés une fois en la vie et à la fin d'icelle en sortant du monde. »

La *confrérie du Cordon* se réunissait dans l'église Saint-Gervais. Elle était la plus considérable de toutes. Les mécontents du conseil l'avaient choisie de préférence à toute autre ; c'était là qu'ils venaient exhaler leur colère en critiquant les actes de leurs collègues. Ils s'efforçaient ainsi de faire passer dans l'esprit du peuple leur animosité, afin de l'exciter et de le pousser, à un moment donné, à la vengeance.

Quand la séance du conseil fut levée, le duc de Mayenne fut entouré par les membres les plus influents du clergé et de la noblesse, qui lui prodiguèrent leurs éloges et leurs félicitations.

Madame la duchesse de Montpensier, qui avait toujours eu au fond de l'âme du dégoût et de l'aversion pour tout ce qui touchait à la populace, serrait avec effusion les mains de son frère et pleurait de joie de la petite victoire parlementaire qu'il venait de remporter. En public, l'acerbe duchesse affichait son amour pour le peuple ; mais elle ne l'aimait que comme Catherine de

Médicis, c'est-à-dire pour s'en servir, en lui faisant épouser ses ressentiments et sa haine.

Maintenant laissons les partisans lorrains à leur allégresse, et revenons à l'hôtel de la duchesse de Montpensier, où Gaston est resté occupé à reproduire sur la toile les traits divins de Marie.

Quelques instants après le départ de la duchesse, Gaston avait interrompu son travail; il ne sentait plus derrière lui un œil qui pouvait l'épier ou une oreille qui pouvait l'entendre. Il resta un moment en contemplation devant la peinture, puis déposa sur un siége, qui était à côté de lui, sa palette et ses pinceaux.

— Eh bien, monsieur Gaston, vous ne travaillez plus? dit Marie Jorand, d'une voix suave et enfantine.

— Non, mademoiselle, répondit timidement le jeune homme; je suis si heureux que je n'ose croire à mon bonheur.

— Comme vous me regardez!

— C'est que plus je vous vois, plus je désespère de pouvoir reproduire toutes les beautés de votre visage...

Marie baissa ses beaux yeux, et une légère rougeur colora ses joues.

— Si vous saviez, mademoiselle, reprit Gaston, ce que j'éprouve toutes les fois que je viens ici, où je dois vous voir... Si j'osais vous dire tout ce qui se passe en moi lorsque votre beau regard rencontre le mien, vous ne me demanderiez pas pourquoi j'abandonne mes pinceaux lorsque je suis seul avec vous...

— Mais je vous avouerai que je ne comprends pas...

— Vous ne comprenez pas qu'il y ait par le monde un jeune homme inconnu, sans fortune, qui vous ait vue et qui ait su apprécier tout ce que vous possédez de charmes et de vertus?...

— Monsieur..., fit la jeune fille en rougissant davantage.

— Oh! mademoiselle, ne me faites pas un crime de mes paroles; laissez-moi vous dire que je donnerais jusqu'à la dernière goutte de mon sang, plutôt que de vous déplaire ou de vous offenser. Vingt fois j'ai ouvert la bouche pour vous faire l'aveu de mon amour, mais ma pensée expirait toujours sur mes lèvres...

— Vous m'aimez, monsieur Gaston?

— Oui, mademoiselle Marie, je vous aime, reprit avec passion le jeune homme, je vous aime à en devenir fou!... Depuis un an, je ne pense qu'à vous; je vais dans tous les endroits où je pense vous rencontrer, je vous cherche des yeux, et mon cœur bat à me rompre la poitrine... Et, quand j'ai le bonheur de vous apercevoir au bras de votre oncle dans la rue, ou à l'église près de votre bonne et excellente mère priant avec ferveur, je vous admire et je vous contemple. Mille idées heureuses peuplent ma tête, je ne vois que vous; un rayon de soleil passe dans mon existence, je me crois digne de votre amitié... de votre amour, et un espoir de bonheur s'empare de mon imagination et de mon cœur.

— Oh! monsieur, taisez-vous; si l'on vous entendait! dit Marie en jetant avec inquiétude les yeux autour d'elle.

— Ne craignez rien, mademoiselle, si j'avais peur de vous compromettre, je ne vous aurais pas ouvert le secret de mon âme; mais nous sommes seuls ici..., ne craignez rien.

— Voyez, je suis toute tremblante...

— Oh! si je vous disais, Marie, combien j'ai souffert lorsque vous fûtes au couvent des Bernardines, vous auriez pitié de moi. Chaque jour, guidé par une consolante espérance, par une pensée rêveuse, j'errais autour des murs du couvent qui vous retenait prisonnière..., et jamais je ne fus assez heureux pour vous voir, de loin, à travers les grilles de cette retraite religieuse... Alors, triste et abattu, je revenais dans la cité, où je demeure, et là, pensif, je demandais au souvenir ce que m'avait refusé la réalité!...

Gaston, en achevant ces mots, ne put cacher deux larmes qui coulaient le long de ses joues; l'émotion qu'il éprouvait de ses souffrances passées était pour lui vive et amère.

— Comme il m'aime! pensa la jeune fille.

Du bruit se fit entendre dans une pièce voisine, et Gaston se remit promptement au travail. La porte s'ouvrit et un valet dit :
— Mademoiselle Marie, votre mère vous envoie chercher.

La jeune fille se leva, elle échangea un dernier regard avec Gaston et partit avec une vieille femme qui lui tenait lieu de gouvernante.

Gaston, resté seul, fixa longtemps des yeux la porte qui s'était refermée derrière celle qu'il aimait; il était sous le coup d'une sensation violente; il lui semblait que la scène qui venait d'avoir lieu, et dans laquelle il avait joué le principal rôle, était un rêve. Il n'osait croire, il n'osait se rappeler ce qu'il avait dit avec tant de passion à cette aimable enfant que nos lecteurs connaissent sous le nom de Marie Jorand. Il s'accusait d'avoir si brusquement avoué son amour, sans avoir essayé de découvrir si, de son côté, la jeune fille n'avait pas quelque secrète inclination. Cela pouvait exister : Marie allait souvent à l'hôtel de Guise avec la duchesse, et là il y avait toujours nombreuse compagnie de galants gentilshommes. N'avait-elle pas pu accepter les hommages respectueux mais tendres de quelque élégant cavalier? Le chevalier d'Aumale, par exemple, qui était passé maître en séduction, ne lui déplaisait peut-être pas. Un cœur jeune qui s'éveille à l'amour raisonne si peu son premier élan !

Le jeune peintre, tout pensif, quitta l'hôtel Montmorency et se dirigea tristement vers son obscure demeure de la rue de l'Hirondelle, qui lui servait à la fois de logement et d'atelier. En proie à ses idées, il arriva devant sa porte; il poussa, entra, sans s'apercevoir qu'elle avait été ouverte en son absence. Il parcourut l'allée étroite et sombre qui menait de la rue à la cour, et faillit tomber en se heurtant contre deux longues jambes qui barraient le chemin. C'était les jambes de Chicot.

Cette quasi-chute le rappela à lui. Il regarda à ses pieds et aperçut à sa droite un grand gaillard assis sur une pierre et dont les jambes s'allongeaient presque parallèlement au sol en travers de l'allée.

— Que faites-vous donc là, vous? dit Gaston d'un ton un peu rude.

— Je vous attendais, monsieur Gaston, répondit Chicot en se relevant d'un seul bond.

Une fois debout, le bouffon se trouva avoir toute la tête de plus que le jeune artiste.

Nos lecteurs savent depuis longtemps que Chicot était un homme de près de six pieds.

Gaston parut surpris de voir ce grand corps se dresser devant lui comme par enchantement.

— Pourquoi donc, monsieur, m'attendiez-vous ainsi assis sur une pierre dans ma cour, à l'entrée de l'allée?

— Afin que vous vous jetiez dans mes jambes en entrant.

— Ah!

— Oui. Je me suis fait ce raisonnement, je me suis dit : M. Gaston est un artiste, et comme les artistes ont toujours quelque pensée en tête qui les fait plutôt regarder au ciel qu'à terre, il ne verra pas mes jambes et il trébuchera.

— Et pourquoi vouliez-vous me faire trébucher!

— Mais pour me réveiller, ventre-de-biche!

— Vous dormiez donc?

— A peu près ; je n'ai pas fermé l'œil depuis trois nuits.

— Alors je comprends votre stratagème.

— Il est simple.

— Et ingénieux, ajouta Gaston en ouvrant la porte de son atelier à Chicot.

— Vous ne devez pas voir clair pour travailler au portrait de mademoiselle Marie dans un endroit aussi bas et situé au fond d'une cour, dit le bouffon en donnant à sa voix une inflexion toute particulière.

Gaston eut un mouvement nerveux qu'il ne put réprimer, et changea de visage. Le secret de son cœur n'était donc pas connu que de lui seul?

— Asseyez-vous, monsieur.

— Volontiers, car mes pauvres jambes refusent de me soutenir.

Chicot se laissa tomber plutôt qu'il ne s'assit sur un vieil escabeau de chêne.

— Maintenant, me direz-vous à qui j'ai l'honneur de parler? reprit le jeune homme après s'être placé en face de son visiteur.

— Monsieur, je me nomme le Long.

— Le Long? répéta Gaston.

— Vous n'avez pas ce nom parmi ceux de vos amis, peut-être?

— Je ne vous avais jamais rencontré.

— Eh bien, moi, je vous ai rencontré plus d'une fois sur le Pont au Change.

— C'est possible.

— Aux environs de la boutique d'un orfévre...

— M. Jorand.

— Oui, un de mes amis.

— Ah! vous connaissez M. Jorand?

— Parfaitement. C'est un ligueur dévoué à M. de Mayenne.

— En effet, il va souvent à l'hôtel de Guise.

— Et aux processions de Sainte-Geneviève.

— Oui, je le sais.

— Vous n'y étiez pas, vous, à cette fameuse cérémonie.

— Non, ce jour-là je terminais un tableau pour une des chapelles du couvent des Cordeliers.

— Eh bien, j'étais à la procession, moi.

— Vous?

— Et avec un cierge de cire blanche encore!

— C'est le devoir de tout bon ligueur.

— Je marchais derrière les échevins avec Jorand.

— Et mademoiselle Marie.

— Non.

— Je croyais qu'elle assistait à cette fête religieuse.

— Oui, elle y assistait.

— Eh bien?

— Eh bien, elle n'était pas avec nous dans l'église.

— Où était-elle donc?.

— M. le chevalier d'Aumale lui avait fait l'honneur de lui offrir sa main pour la conduire à une des places réservées près du chœur.

— C'est flatteur pour elle.

— Ah! vous trouvez?

— Assurément.

— Vous ne connaissez donc pas le chevalier?

— De vue seulement.

— Sa réputation alors n'est pas encore arrivée jusqu'à vous?

— Si; on le regarde dans le peuple comme un brave soldat, mais un peu téméraire au combat.

— Si vous ne le connaissez que comme soldat, j'ai bien peur que vous ne le connaissiez bientôt comme séducteur.

— Comme séducteur?

— Ou, si vous l'aimez mieux, comme suborneur.

— Je tremble; que voulez-vous dire?

— Je veux dire, monsieur Gaston, que ce fringant ligueur marche sur vos brisées.

— Aimerait-il mademoiselle Marie Jorand?

— Je le crains, mais n'ose le croire.

— O mon Dieu!

— Cela vous contrarie, à ce que je vois.

— Avez-vous des preuves de ce que vous me dites?

— Si j'avais des preuves palpables je vous les aurais déjà remises.

— Sur quoi alors basez-vous vos suppositions de l'amour du chevalier d'Aumale pour Marie?

— Sur ce que j'ai vu, de mes yeux vu, ventre-de-biche!

— Et qu'avez-vous vu?

— J'ai vu notre beau chevalier donner très-familièrement le bras à mademoiselle Jorand en sortant de l'église, et causer très-vivement avec elle. J'ai cru que tout ce qu'il lui disait était t nouveau pour elle; car elle paraissait confuse et intimidée.

— M. Pierre Jorand l'avait donc abandonnée à la discrétion du chevalier?

— En ce moment, l'orfévre était trop occupé pour penser à sa nièce; il écoutait un discours que lui faisait à demi-voix le député Louchard sur les avantages des processions de la Ligue. A sa figure épanouie et rayonnante, on voyait qu'il était on ne peut plus flatté d'un tel honneur.

— Ah! si j'avais été là! s'écria le jeune homme.

— Qu'auriez-vous fait?

— J'aurais provoqué le chevalier.

— En duel?

— Certes.

— Pour une chose qui, à ses yeux, n'est qu'une amourette?

— Cet homme fait donc bien peu de cas de l'honneur d'une femme?

— Il s'en moque comme de l'an quarante! Il est de ces gens qui prétendent que les femmes n'ont été créées que pour les plaisirs des hommes.

— Oh! je l'aurais si bien insulté, qu'il aurait bien fallu qu'il se battît avec moi.

Chicot n'y put tenir plus longtemps; il partit d'un long et bruyant éclat de rire.

Gaston restait stupéfait; il ne comprenait rien à l'hilarité subite de M. le Long.

Quand notre bouffon eut fini de rire, il dit au jeune homme:

— Il faut avouer, mon cher monsieur Gaston, que pour votre âge vous êtes d'une grande naïveté.

— Comment! vous me trouvez naïf parce que j'aime mademoiselle Marie et que je veux la sauver du déshonneur?

— Non, ce n'est pas cela que je veux dire; je trouve étrange que vous ayez la pensée de vous battre avec le chevalier d'Aumale. Savez-vous ce qui vous serait arrivé si vous l'aviez insulté? Il vous aurait fait arrêter par trois ou quatre chenapans qui le

14.

suivent partout, et l'on vous aurait mis au Châtelet ou à la Bastille, comme espion royaliste. On aurait fait votre procès devant des juges archiligueurs, et l'on vous aurait pendu haut et court en place de Grève.

— Mais je suis connu pour un franc ligueur.

— A l'aide de quelques faux témoins, malgré toute votre franchise et votre loyauté, vous eussiez passé pour criminel.

— C'est odieux, c'est infâme! s'écria Gaston.

— Ah! mon ami, reprit Chicot avec un petit sourire qui lui était habituel, ah! mon ami, que vous connaissez peu les hommes en général et les chefs ligueurs en particulier!

— Monsieur le Long, si vous étiez à ma place, que feriez-vous?

— Si j'étais amoureux comme vous, ce que je ferais?

— Oui, répondez-moi franchement.

— Avant de me mettre martel en tête, je m'assurerais des intentions du chevalier, et lorsque je serais sûr qu'il veut déshonorer la jeune fille, je l'attendrais dans quelque coin de rue bien sombre, à l'heure où il sort de l'orgie, et je lui planterais mon poignard dans le cœur!

— C'est bien, merci!

Chicot se leva pour sortir.

— Avant de me quitter, reprit le jeune peintre, voudriez-vous me dire, monsieur, quel intérêt vous avez à m'apprendre que d'Aumale est mon rival?

— Rien n'est plus simple, répondit Chicot; je suis envoyé vers vous par une grande dame qui est fiancée au chevalier; elle a cru devoir vous faire prévenir de la conduite un peu légère du susdit chevalier, afin qu'il n'arrive point malheur à celle que vous aimez.

— Comment avez-vous su que j'aimais la fille de l'orfévre?

— Je vous ai suivi, je vous ai épié... et je crois ne pas m'être trompé, hein?

— Non, morbleu.

— Voici le jour qui baisse, monsieur Gaston, il faut que je vous quitte.

— Vous partez?

— Oui, j'ai un rendez-vous d'affaires. Surveillez le chevalier, et si de mon côté j'apprends quelque chose... je reviendrai vous voir. Adieu.

— Au revoir, monsieur le Long.

En trois enjambées Chicot eut traversé la cour, et il disparut dans l'allée qui conduisait à la rue. Il tourna à droite, et quand il fut au bout de la rue de l'Hirondelle, il se dirigea vers la rue de Hautefeuille.

Pendant ce temps-là, Gaston sortait de son atelier, après avoir jeté sur ses épaules un manteau de couleur fauve et avoir passé dans sa ceinture, à côté de son chapelet de ligueur, un poignard long, tranchant et effilé.

CHAPITRE XV

CHICOT ET GASTON CHERCHENT A SE TROUVER FACE A FACE AVEC LEURS ENNEMIS PERSONNELS

Il y avait nombreuse réunion à l'église Saint-Gervais : la confrérie du *Cordon de Jésus* était en séance. Bourgeois, moines, gens du peuple étaient entassés pêle-mêle pour écouter les discours incendiaires des orateurs du tiers état, qui montaient successivement en chaire.

Sénault, dans une harangue virulente, avait signalé aux assistants l'usurpation flagrante du duc de Mayenne.

— Mes amis, disait-il, nous sentons aujourd'hui combien est grande la perte que nous avons faite dans la personne de Henri de Guise, le bien-aimé *Roi de Paris*; lui, au moins, aimait franchement le peuple, il respectait sa volonté et obéissait toujours à ses inspirations. Il s'en était fait le plus ardent défenseur, et c'est pour lui qu'il a versé son sang. Maintenant on veut escamoter au peuple la plus sacrée de ses prérogatives, le plus sacré de ses droits : on veut lui imposer des députés qui n'ont point été élus par lui. Le duc de Mayenne, en héritant d'un pouvoir qui n'était pas son œuvre, s'arroge une puissance qui ne lui appartient pas; il devrait pourtant bien savoir que la voix du peuple est la voix de Dieu : *Vox populi, vox Dei.*

Des cris de joie et des trépignements furent les marques d'approbation que les assistants donnèrent à l'orateur.

Sénault reprit :

— Un reproche que je ferai encore au prince lorrain, c'est de trop s'acoquiner aux moines. Chaque jour, prieurs et sous-prieurs de tous les couvents de Paris encombrent les appartements de son hôtel. Dans ses actions il n'a plus sa propre initiative; il semble obéir à des conseils intéressés et pernicieux qui ne peuvent sortir que de la bouche des diseurs de patenôtres. En politique il faut de la religion, mais pas trop n'en faut. Si le peuple laisse échapper le pouvoir de ses mains, jamais il ne pourra le reconquérir, car nous avons affaire à des antagonistes qui sous la robe de bure cachent une ambition mondaine qui peut détruire tout ce que nous avons déjà fait pour le salut de la religion catholique, apostolique et romaine.

Tous les moines présents protestèrent énergiquement contre ces paroles osées.

Les boutiquiers, les ouvriers du pont au Foin et du pont Saint-Landry s'élevèrent à leur tour contre les interrupteurs; il en résulta un tumulte qui fut difficile et long à s'apaiser.

Quand le silence fut rétabli, l'orateur continua :

— Mes amis, je maintiens ce que je viens de dire; les actes des Lorrains en sont tous les jours de nouvelles preuves. Pour moi, le duc de Mayenne n'est plus le protecteur de la religion catholique, c'est le *Duc des Moines.*

Un hourra formidable accueillit aussitôt ces derniers mots; et le P. Bourgoin, prieur des Jacobins, parut dans la chaire à la place de Sénault qui venait d'en descendre.

Le Révérend allait parler quand Bussy le Clerc, gouverneur de la Bastille, entra dans l'église. Il était précédé du petit avocat Crucé, qui criait de toutes ses forces : « Place, place, mes amis, nous avons une grande nouvelle à vous apprendre. »

Et des coudes et des mains il écartait la foule en se dirigeant vers la chaire.

Bussy le Clerc d'un ton impérieux pria le P. Bourgoin de lui céder la parole pour une communication importante qu'il avait à faire sans retard à l'assemblée.

Comme un moine n'eut jamais pour habitude de braver en face un soldat, le prieur quitta la chaire en faisant un sourire hypocrite et bénin au gouverneur de la Bastille.

Depuis que l'ancien procureur Bussy le Clerc avait mené perfidement à la Bastille les membres du parlement, comme nous l'avons raconté dans un de nos précédents chapitres, il jouissait d'une immense popularité, quoiqu'il eût des relations très-suivies avec les intimes de l'hôtel de Guise.

Sa présence dans la chaire fut saluée par le peuple d'une longue et vive acclamation.

— Mes amis, dit-il, il y a quelques jours, c'est-à-dire le 24 février dernier, la ville de Lyon tout entière s'est révoltée contre l'autorité du Valois pour faire cause commune avec la sainte Ligue. Nous devons savoir gré aux braves Lyonnais d'avoir secoué le joug du tyran, car ils ont agi en hommes de cœur. Malgré le voisinage des régiments royaux que le colonel Alphonse d'Ornano commande en Dauphiné, ils ont chassé de leurs murs les principaux officiers et serviteurs du Valois, et ont fait serment de se maintenir en bonne intelligence avec les princes, seigneurs et habitants de Paris, capitale du royaume. Ils ont juré d'obéir au duc de Nemours qu'ils ont nommé pour leur gouverneur. Ce prince vient de partir pour se rendre aux vœux de la population lyonnaise.

Nous n'essayerons pas de décrire les transports de joie qui éclatèrent parmi les membres de la confrérie du *Cordon de Jésus*, en apprenant cette nouvelle ; l'enthousiasme était à son comble ; mais nous dirons que dans cette assemblée il y avait un homme, un seul, qui restait complètement étranger à l'allégresse populaire : c'était Gaston. Le jeune peintre était parti, comme nous l'avons dit, de la rue de l'Hirondelle, avec un poignard à la ceinture et une idée fixe en tête.

L'idée était hardie. Il voulait se rendre près du chevalier d'Aumale, l'interroger sur ses intentions à l'endroit de mademoiselle Jorand, et le poignarder sans hésitation ni merci, si le chevalier ne lui faisait pas une réponse qui levât tous ses doutes.

Gaston avait été à la demeure de d'Aumale, mais il ne l'y trouva pas. De là, il était venu à la réunion des *confrères du Chapelet*, où le chevalier assistait quelquefois, mais il avait eu beau interroger ses voisins et dévisager tous les assistants que pouvait embrasser son rayon visuel, il n'avait pas été assez heureux pour le reconnaître.

Vers minuit, triste et abattu, mais plus jaloux que jamais, il rentrait dans son humble logis d'artiste.

Nous avons dit que Chicot, après son entrevue avec Gaston, s'était dirigé vers la rue Hautefeuille ; il se rendait chez la jeune Espagnole avec laquelle il avait déjà eu une longue conversation dans la matinée.

En arrivant devant la porte, il n'eut pas la peine de frapper : la suivante épiait son arrivée à travers un petit guichet garni d'un épais grillage. La porte s'ouvrit devant lui, et il entra.

Notre fou trouva la señorita dans son élégant boudoir. Elle était revêtue d'un charmant costume d'intérieur, comme en portaient les femmes espagnoles à cette époque.

A l'entrée de Chicot, elle se leva du petit canapé où elle était mollement étendue, et vint vivement à sa rencontre.

— Enfin, c'est donc vous, monsieur Olivier, dit-elle ; je vous attendais avec impatience.

— Je vous assure, señorita, répondit Chicot, que j'ai fait tout ce qu'il était humainement possible de faire pour voir le jeune homme.

— Et l'avez-vous vu ?

— Oui, grâce à ma persévérance ; je l'ai attendu deux heures couché en travers de l'allée de sa maison.

— Quel dévouement !

— Aussi, lorsqu'il est rentré, il s'est jeté dans mes jambes et il m'a réveillé.

— Vous dormiez donc?

— Vous savez bien que depuis trois jours je n'ai pas fermé l'œil; et j'étais bien aise de rattraper le temps perdu.

— C'est juste, j'oubliais que Mgr le duc de Mayenne avait déjoué toutes vos combinaisons nocturnes.

— J'ai tout dit à Gaston, et maintenant nous sommes sûrs qu'il aime Marie Jorand...

— Et nous pouvons croire, continua Jovita, qu'à compter de ce jour, il prendra place parmi les ennemis acharnés du chevalier...

— Certes, si j'ai bien deviné sa pensée, je crois qu'à partir de ce soir il se mettra à sa recherche.

— Il ne le rencontrera pas.

— Pourquoi, señorita?

— A Paris, du moins, parce que le chevalier a quitté la capitale dans l'après-midi.

— Où est-il allé?

— Faire une expédition dans les environs contre les royalistes.

— Comment savez-vous cela?

— C'est un de ses valets, dont j'ai acheté la fidélité pour quelques doublons, qui me l'a dit tantôt.

— C'est vrai, vous êtes allée pour le voir.

— Mais vainement, toujours vainement, continua Jovita en traînant ses mots avec un ton de découragement.

— S'il est parti si brusquement, c'est qu'il se doute de quelque chose.

— Oh! qu'importe! il n'échappera pas à ma vengeance, s'il trahit la foi jurée; mais avant de rien entreprendre contre lui je voudrais lui parler.

— Vous y parviendrez tôt ou tard.

— Le monstre! l'infâme! murmura l'Espagnole en déchirant

en vingt morceaux un ravissant mouchoir brodé qu'elle avait dans ses mains.

Aussitôt que Chicot vit qu'un orage nouveau grondait dans le cœur de la belle Jovita, il changea la conversation.

— Señorita, je crois devoir vous prévenir, dit-il, que j'ai enfin trouvé un domicile; si vous aviez besoin de me parler...

— Où habitez-vous?

— J'ai loué un petit appartement dans la quatrième maison à droite en allant de la croix du Trahoir au Louvre, dans la rue Saint-Honoré.

— Merci de ce renseignement, monsieur Olivier, car je n'osais vous demander où vous demeuriez; je craignais d'être indiscrète en vous adressant une pareille question.

— Maintenant, si vous avez besoin de mes services, señorita, vous saurez où me trouver...

— J'userai de la permission, répondit-elle avec un gracieux sourire; car, à compter de ce jour, je m'estime heureuse de vous croire au nombre de mes meilleurs amis.

— N'en doutez pas, señorita.

Il était nuit close lorsque Chicot passa de la rive gauche à la rive droite de la Seine. Le logement qu'il occupait rue Saint-Honoré était le plus élevé de la maison qu'il avait indiquée. Deux fenêtres garnies de vitraux et s'ouvrant de bas en haut par un châssis à coulisses, lui permettaient de plonger ses regards dans une maison en face, où venait presque tous les soirs l'homme à qui il en voulait à la mort, Mgr le duc de Mayenne.

Gosi, depuis vingt-quatre heures, avait été placé en observation, afin d'épier les allées et venues des habitants de la maison voisine.

De son côté, Chicot n'était pas resté inactif. Il avait passé ses trois dernières nuits à roder dans l'ombre, comme une bête fauve, aux environs de l'hôtel de Guise. Il avait appris que le duc se rendait souvent incognito chez une de ses maîtresses, mademoiselle Agnès de Novielle, et il espérait le surprendre attardé

15

rentrant à son hôtel. Mais jusqu'à ce jour, il en avait été pour ses nuits passées à la belle étoile ; M. de Mayenne, préoccupé de la tournure inquiétante que prenaient les affaires de la Ligue, travaillait fort tard avec ses affidés, et négligeait beaucoup ses amours.

En entrant, Chicot trouva son fidèle Gosi l'œil collé aux vitraux de la fenêtre. Au bruit qu'il fit en ouvrant la porte, le soldat tourna la tête.

— Eh bien, mon brave, dit le bouffon, as-tu quelque bonne nouvelle à me donner ?

— Oui, maître.

— Lesquelles ?

— Vous m'avez commandé de découvrir quelles étaient les personnes qui logeaient dans la maison en face ; je crois pouvoir vous satisfaire.

— Voyons.

— Le rez-de-chaussée est habité par un apothicaire...

— Passons.

— Le premier, par un vieux bourgeois qui a la goutte...

— Ensuite.

— Et le second, par une jeune dame de vingt-cinq ans environ, qui passe la plus grande partie de la journée devant son miroir.

— Ah ! ah ! fit le fou du roi.

— Elle s'occupe sans cesse de sa chevelure et de son visage.

— C'est une coquette.

— Je le crois.

— Après ?

— Après, elle passe son temps autour de sa toilette ; elle va et vient dans son appartement, comme pour faire admirer sa tournure à sa femme de chambre.

— Hier, est-elle sortie ?

— Non.

— Et aujourd'hui ?

— Non plus.
— Est-il venu quelqu'un chez elle?
— Oui.
— Un gentilhomme ou un bourgeois?
— Ni l'un ni l'autre.
— Qui donc?
— Un valet.
— Ensuite?
— Il a remis une lettre à la dame.
— Ah!
— Puis, quand le valet fut sorti, elle ouvrit la lettre, et au bout d'un instant, elle la froissa dans ses mains et la jeta avec humeur sur le parquet.

— Le duc lui écrivait qu'il ne pourrait venir, pensa Chicot. Patience! il viendra!

— Maître, dit Gosi, nous ne découvrirons plus rien ce soir.

— Pourquoi?

— La femme de chambre vient d'allumer la lampe et de tirer les rideaux.

Chicot s'approcha de la croisée et se convainquit qu'il était désormais impossible de rien distinguer dans l'appartement de la belle Agnès de Novielle, car les rideaux étaient d'une étoffe tellement épaisse, qu'elle interceptait tout rayon lumineux. Notre bouffon releva donc Gosi de sa faction et descendit avec lui pour souper dans un cabaret voisin.

Pendant qu'ils étaient à table, un gros homme à la démarche lourde, enveloppé dans un ample manteau, pénétrait dans la maison de la dame en question.

CHAPITRE XVI

OU IL EST DÉMONTRÉ QUE SI LE BON VIN FAIT PERDRE LA TÊTE,
IL PEUT AUSSI SAUVER LA VIE

L'homme au manteau monta au second étage, tira de sa poche une clef longue comme le petit doigt et ouvrit une porte sans bruit. Il se trouvait dans une complète obscurité. Il étendit les bras et s'avança lentement à tâtons. Après avoir traversé une vaste antichambre, où un moelleux tapis amortissait le bruit de ses pas, il promena sa main sur les panneaux d'une porte qu'il savait être en face de lui. Il tourna un bouton de cuivre, et la vive clarté d'une lampe l'enveloppa de ses rayons lumineux. Il était dans le boudoir de la belle Agnès de Novielle, dont l'amabilité et la galanterie étaient en renom parmi les riches gentilshommes du temps.

— Dieu soit loué! vous voilà donc, s'écria Agnès en courant au-devant de l'homme qui entrait ; que je suis heureuse ! Je désespérais de vous voir ce soir, mon bon Charles.

Charles était le prénom du duc de Mayenne.

— Je vous avais écrit que je ne pourrais peut-être pas avoir le bonheur de vous voir ce soir, répondit le duc; mais, pour un instant, j'ai mis de côté les affaires sérieuses...

— Les protestations d'amour que vous m'avez faites si souvent, reprit la jeune femme avec un malin sourire, ne sont donc pas sérieuses?

— Vous savez bien le contraire, répondit le duc des moines en s'étalant dans un large fauteuil ; je n'aime que vous ; mais, vous savez, il y a affaires et affaires...

— Que voulez-vous dire?

— Je veux dire que ces maudits ligueurs me donnent beaucoup de mal ; ils me font une opposition acharnée ; mais, avec l'aide de Dieu et de mes amis, j'espère les dompter tôt ou tard... et alors!...

— Est-ce que c'est pour m'entretenir de vos projets politiques que vous êtes venu, cher duc ? dit Agnès en se penchant amoureusement vers le gros homme. Vous savez que je suis assez indifférente pour les affaires de l'État...

— Je vous demande pardon, belle Agnès... Je ne devrais parler que de vos charmes et de la tendresse de votre amour pour moi lorsque je suis ici... mais ces diables de ligueurs !

— A propos de ligueurs, vous ne me parlez pas de M. Jorand... orfèvre sur le pont au Change?..

— Il était à mon hôtel, il y a une heure.

— Et me l'enverrez-vous?

— Non ; car il m'a apporté ce que je lui avais commandé pour vous.

Le duc de Mayenne tira de son pourpoint un écrin, l'ouvrit, et le présenta à sa maîtresse. La parure en diamants qu'il renfermait lança mille feux étincelants ; les pierres précieuses reflétaient en jets lumineux les rayons de la lampe. Agnès en fut presque éblouie ; elle poussa un petit cri de plaisir et vint s'asseoir près de la table afin de mieux admirer le riche présent qu'elle venait de recevoir.

— O mon Charles ! vous êtes d'une munificence royale, dit alors Agnès en regardant son amant avec amour.

— C'est un compliment que vous croyez me faire, ma charmante, reprit le duc d'un ton tout particulier.

— Le roi de France ne serait pas plus généreux !

— Cela lui serait difficile, quand même il le voudrait.

— Pourquoi donc?

— Parce que Henri de Valois a bien une couronne, mais elle est sans prestige; il a bien en sa possession les caisses de l'État, mais elles sont vides, donc c'est un pauvre sire.

Et le duc s'abandonna à un bruyant éclat de rire.

— Charles, voici l'heure du souper, restez-vous ?

— Non, chère Agnès,

— La raison?

— La raison est bien simple : c'est que j'étais venu pour vous faire mes adieux.

— Où allez-vous donc ?

— A Rouen, où m'appellent les intérêts de la Sainte-Union.

— Et resterez-vous longtemps absent?

— Le moins de temps possible, huit ou dix jours tout au plus.

— Puisque vous partez, vous ne pouvez pas me refuser de prendre votre part d'un souper que j'avais fait préparer pour vous. Vous savez que je n'ai reçu votre lettre que dans l'après-midi, et depuis ce matin j'avais commandé notre repas du soir.

— Toujours bonne, aimable et prévenante, dit M. de Mayenne en déposant un gros baiser sur la main blanche et effilée d'Agnès de Novielle.

— Vous acceptez ?

— Il le faut bien, puisque je ne me sens pas la force de vous refuser quelque chose.

Nos lecteurs savent, s'ils nous ont lu avec attention, que Charles de Lorraine était un grand mangeur ; il aimait la table par-dessus tout, les longs repas faisaient ses délices; aussi, quoique n'ayant pas encore la quarantaine, il était d'une grosse corpulence. Le sommeil avait aussi beaucoup d'attraits pour lui; dormir longtemps dans un bon lit, sous d'épais rideaux, était une de ses jouissances favorites. Malgré cela, il aimait la guerre; on lui accordait quelque talent comme capitaine, et il savait manier son épée avec une certaine supériorité. Sa naissance l'avait jeté dans la vie active des camps, tandis que sa nature le portait à la paresse et à la bonne chère. Il eût été un excellent prieur dans un beau et grand couvent, tandis qu'il n'était qu'un chef de parti secondaire. Les événements l'ayant mis à la tête de la Ligue, il était forcé de tenir dans sa main impuissante le drapeau de la rébellion et de subir les conséquences de sa position.

Connaissant les faiblesses de notre héros, on ne sera pas étonné de l'avoir vu accepter le souper de la divine Agnès de Novielle qui, pour le moment, exerçait un grand empire sur lui. Sans contredit, le duc préférait un galant souper à une assemblée de ligueurs à l'Hôtel de Ville, et les suaves parfums de René, parfumeur de la reine, aux miasmes méphitiques d'une réunion populaire. Mais pourtant, s'il se laissait fasciner par les regards brûlants et le sourire gracieux d'une jolie femme, il savait, quand les circonstances l'exigeaient, répondre aux harangues fougueuses des ligueurs qui lui étaient opposés dans le conseil de l'Union. Un homme élevé sur le pavois populaire ne peut avoir des défauts et des vices qu'à la condition de les racheter par des qualités hors ligne qui lui donnent la force et le génie ; sinon il reste au-dessous de sa mission.

Laissons le duc souper en tête-à-tête avec sa maîtresse, et rejoignons par la pensée Chicot et Gosi qui s'étaient attablés dans un cabaret de la rue de Grenelle-Saint-Honoré.

Chicot mangeait peu et buvait bien.

Gosi mangeait beaucoup et buvait de même. Il était peu scrupuleux sur la qualité des mets, pourvu que les plats fussent copieux.

Ils avaient à peine avalé leur potage que Michel Salvancy entra dans la salle du cabaret où ils étaient.

Chicot le regarda et cligna l'œil gauche en faisant un petit signe de tête.

Le ligueur vint vers lui.

— Bonjour, Michel, dit le bouffon en tendant sa main osseuse à son ami.

— Bonjour, Olivier, répondit le jeune homme en serrant cordialement la main qu'on lui présentait.

— Veux-tu partager notre souper?

— Non, merci; j'étais venu ici croyant y rencontrer un de mes amis.

— Eh bien! tu as rencontré un de tes amis en me rencontrant. Allons, assieds-toi, et accepte un verre de vin. Nous ne nous voyons pas si souvent; nous pouvons bien trinquer ensemble quand le hasard nous réunit.

— Est-ce que tu es resté à Paris depuis que nous nous sommes vus à la porte Saint-Antoine? dit Michel Salvancy en s'asseyant sur le bout du banc près de Chicot.

— Oui.

— Et pourquoi n'es-tu pas venu jusque chez moi?

— Parce que je suis très-affairé... Mais tu n'as pas supposé un instant, n'est-ce pas, que moi, ton vieux camarade, je pusse quitter la capitale sans aller te faire mes adieux?

Et Chicot prit un broc plein de vin et emplit les trois gobelets qui étaient sur la table.

— Étais-tu à la séance de la confrérie du *Cordon de Jésus*?

— Non; à ta santé!

— J'y étais, moi, continua Michel après avoir vidé son verre.

— Ah! Est-ce qu'il y a eu quelque chose d'extraordinaire?

— Non; mais Sénault est un vrai tribun. Il a bien défendu les droits du peuple et a dit son fait à Mayenne.

— Oui-da, ventre-de-biche!

— Mais, à propos de Mayenne, il me semble l'avoir rencontré tout à l'heure dans la rue Saint-Honoré.

— Dans la rue Saint-Honoré?

— Oui, à deux pas d'ici; je n'ai pu le reconnaître parce qu'il était drapé dans un long manteau; mais à sa démarche lourde et cadencée, je parierais bien que c'est lui.

— Je croyais qu'il ne sortait jamais à pied le soir, dit Chicot d'un ton plein d'indifférence.

— Tu sais que sa qualité de prince le gêne quelquefois, et qu'il aime à se transformer en bourgeois pour juger *incognito*, par lui-même, des idées populaires qui courent les rues.

— Il allait sans doute au Louvre.

— Non ; il est entré dans une belle maison neuve à gauche en venant de la *Croix du Trahoir*. Après cela, j'ai pu me tromper... ce n'est peut-être qu'un Sosie et pas autre chose.

— C'est bien possible, répondit Chicot en dissimulant, avec son sang-froid ordinaire, l'émotion que ces dernières paroles avaient produite en lui.

— On dit qu'il part demain ou après-demain pour la Normandie.

— Qui ça ? le duc !

— Oui.

— Dans quel but ?

— Il voudrait aller à Rouen pour affermir le parti de la Ligue dans cette ville, car il paraît qu'on est un peu tiède pour l'Union là-bas.

— De qui tiens-tu ces nouvelles ?

— De Flavacourt.

— Celui que le capitaine Loignac a blessé si grièvement, l'année dernière, sur la route de Chartres ?

— Lui-même.

— Ceux qui ont affaire au duc avant son départ, reprit Chicot, n'ont pas de temps à perdre.

En disant cela, le bouffon lança un regard significatif à Gosi, mais celui-ci ne le vit pas : il était tout au ragoût qui emplissait encore à demi son assiette.

— Tu n'as pas oublié mon adresse ? dit Salvancy en se levant.

— Non, du tout, mon ami, répondit Chicot.

— Adieu.

— Au revoir.

Et ils échangèrent une nouvelle poignée de main.

Le jeune ligueur avait à peine gagné la rue, que Chicot dit à son compagnon :

— Allons, mon brave, en route !

— Nous partons ? demanda Gosi en fourrant une dernière bouchée, mais énorme, dans sa bouche.

— Oui ; je tombe de fatigue.

Le bouffon appela le cabaretier, solda la dépense et sortit suivi de Gosi. Ils remontèrent la rue Saint-Honoré, sans prononcer un mot, jusqu'à la porte de leur demeure. Là, Chicot s'arrêta et jeta les yeux sur les fenêtres de mademoiselle Agnès de Novielle. Elles étaient dans une obscurité complète ; les volets en étaient hermétiquement fermés. Du reste, toute la maison semblait plongée dans un morne et froid silence ; à son aspect, on aurait pu supposer que ses habitants dormaient, depuis plusieurs heures, d'un profond sommeil.

Malgré cela, Chicot fit mentalement cette réflexion : « Le duc doit être encore chez sa maîtresse ; s'il faut qu'il parte demain pour la Normandie, il n'y passera pas la nuit entière ; donc, je vais l'attendre. S'il n'y est plus, j'en serai quitte pour une nuit blanche à ajouter aux autres ! Le temps est un peu humide, mais j'ai un bon manteau. »

Et se tournant vers Gosi :

— Mon brave, tu vas remonter à ton observatoire, et si tu vois sortir quelqu'un de cette maison, tu ouvriras doucement la fenêtre et tu siffleras comme si tu appelais un chien.

— Bien, maître.

— Tu comprends bien que je ne veux pas que tu fasses entendre un coup de sifflet sec et bruyant, ça aurait l'air d'un signal, et quelque patrouille bourgeoise pourrait accourir.

— Je saisis à merveille.

— Monte, et moi je vais me cacher sous quelque auvent, mais à portée de t'entendre.

Gosi disparut dans l'escalier qui conduisait au petit appartement dont nous avons parlé plus haut, et Chicot, en rampant le long du mur, alla s'embusquer au coin de la rue des Poulies.

« Il faut, se dit-il, que le duc passe devant moi pour retourner à son hôtel; dans le cas où il prendrait un autre chemin, je ne serai pas assez loin de lui pour ne point me mettre immédiatement sur ses traces. Ah ! monsieur de Mayenne, tout bouffon que je suis, vous verrez que dans ma poitrine il y a un cœur gonflé encore de l'affront que vous m'avez fait; si le bouffon a été méprisé et avili par vous, c'est l'homme qui le vengera; et, ventre-de-biche ! j'ai la prétention, moi, d'être un homme qui en vaut bien un autre. »

Chicot attendait depuis longtemps, muet et immobile, adossé contre la muraille de l'angle de la rue, lorsque une heure sonna à l'église Saint-Germain l'Auxerrois. Les ondes sonores de l'horloge ne s'étaient pas encore éteintes dans l'espace, quand un coup de sifflet timide et cadencé arriva à l'oreille du fou du roi. Il fit jouer son épée dans le fourreau pour s'assurer qu'il pourrait l'en tirer facilement, et se baissa en avançant la tête dans la rue Saint-Honoré.

Un bruit de pas assez distinct se faisait entendre sur le pavé boueux. Au bout d'un instant, Chicot, de son œil de lynx, perça l'obscurité et aperçut un homme drapé dans un manteau, qui s'avançait sur le milieu de la rue. On aurait dit que ses jambes avinées rendaient sa marche inégale.

— Il a donc soupé bien copieusement, ce soir? pensa Chicot ; si mademoiselle Agnès de Novielle le prend par son faible, je ne m'étonne plus qu'il en soit si amoureux.

Au moment où l'homme arrivait par la rue Saint-Honoré à la hauteur de la rue des Poulies, Chicot s'élança et tomba droit et ferme en face de lui. L'homme au manteau eut un mouvement de frayeur et fit un pas en arrière.

— Halte-là ! Mayenne, dit le fou.

— Qui êtes-vous? demanda l'inconnu.

— Je ne m'étais pas trompé, c'est bien lui, reprit le bouffon en reconnaissant la voix du duc.

— Que voulez-vous ? qui êtes-vous ? répéta Mayenne.

— Qui je suis ? tu le demandes ! répondit notre fou en laissant échapper de sa bouche railleuse un rire satanique et strident. Ne me reconnais-tu pas ?

— Non, fit le duc d'une voix sourde.

— Eh bien, je suis un pauvre diable, que tu fis bâtonner un jour par tes valets, parce que je t'avais dit la vérité en riant.

— Chicot ! s'écria Mayenne.

— Oui, Chicot, le fou de ton beau cousin Henri de Valois. Il faut donc te rafraîchir la mémoire pour que tu te souviennes de moi ? Ah ! tu as toujours oublié facilement les petites infamies que tu as commises... toi...

Mayenne ne laissa pas achever la pensée du bouffon, il jeta son manteau en arrière et porta la main à la poignée de son épée. Mais Chicot avait deviné ce mouvement, et, prompt comme l'éclair, il s'était emparé du bras droit de Mayenne, qu'il serrait à le broyer, dans sa main de fer.

— A moi, à l'assassin ! cria le duc.

— Tu cries pour rien, je vais te faire crier pour quelque chose alors, dit Chicot en lâchant le bras de Mayenne.

Et il tira son épée.

Le duc en fit autant.

Aussitôt que Chicot eut touché le fer du duc, il lui dit :

— Tu n'as pas la main solide aujourd'hui, tu as eu tort de boire trop de bourgogne, ton vin favori.

Et d'un vigoureux coup de poignet, il envoya à dix pas l'arme de son adversaire.

— A moi ! au secours ! cria de nouveau Mayenne.

— Tais-toi donc, lui dit Chicot, ou je te balafre comme feu ton frère ; les balafres sont bien portées dans ta famille, dis un mot de plus et je t'en honore...

— Je suis désarmé ; ce que vous faites là est lâche, reprit Mayenne d'une voix tremblante et pleine de colère.

— Tu regardes donc comme un acte de bravoure de ta part, répondit le bouffon, de m'avoir autrefois fait rosser par tes valets? Je pourrais te tuer comme un chien au milieu de ce ruisseau boueux, j'étais même venu t'attendre ici pour cela, mais j'aime mieux t'humilier que de priver la Sainte-Union de son illustre chef... Je veux avoir pitié de toi, Duc des Moines !

Et Chicot, se servant de son arme comme d'un bâton, appliqua quelques coups vigoureux sur les épaules du Lorrain.

— Misérable ! s'écria Mayenne avec rage.

En disant ce mot, le duc s'élança sur le bouffon, et de son poignard le frappa en pleine poitrine.

Chicot fit un bond en arrière ; et avant qu'il se fût remis en garde, le duc avait disparu, en abandonnant son manteau sur le lieu de la lutte. Il s'était enfui par la rue d'Orléans où le fou dédaigna de le poursuivre.

Plusieurs voix se firent entendre du côté du Louvre, à l'entrée de la rue de l'Astruce, et la lueur d'une torche apparut dans la rue Saint-Honoré. C'était une patrouille de ligueurs qui venait de quitter son poste placé à la porte de l'hôtel d'Alençon. Les huit hommes qui la composaient entourèrent bientôt Chicot, auquel l'idée de fuir n'était pas même venue.

— On a crié : Au secours ! à l'assassin ! tout à l'heure, lui dit le chef. Avez-vous entendu ces cris?

— Parfaitement, répondit-il.

— Savez-vous qui a crié?

— C'est moi qui ai crié. Je me suis trouvé tout à coup assailli par une bande de batteurs de pavés, et j'ai été obligé de mettre flamberge au vent.

— Où sont-ils?

— Celui qui paraissait les commander, après m'avoir troué mon pourpoint d'un coup de poignard, s'est enfui par la rue d'Orléans ; mais grâce à ma jaque de mailles je ne suis pas blessé.

— Vite, courons après l'assassin !...

Et six bourgeois ligueurs de la patrouille partirent au pas de course, dans la direction que leur indiquait Chicot, à la poursuite de Mgr le duc de Mayenne.

— Tiens ! un manteau, dit un des deux hommes qui étaient restés, en ramassant ce vêtement que le duc avait jeté à terre pour mieux courir.

— Il est tout neuf, dit l'autre.

— Mes assaillants venaient sans doute de détrousser quelque riche boutiquier attardé, quand ils m'ont rencontré, dit Chicot en examinant l'étoffe du manteau à la lueur de la torche.

— Sans doute, répéta le ligueur.

— Il faut nous laisser votre adresse, dit l'autre, car si on arrêtait les maraudeurs...

— C'est juste, répondit Chicot ; si on arrêtait les maraudeurs... Je demeure rue de Champfleuri... la seconde maison à gauche en entrant par la rue de Beauvais.

— C'est bien, dit le ligueur ; en retournant au poste je vais en prendre note...

— Mais, dit l'autre, votre adresse ne nous suffit pas, il nous faut votre nom.

— Comment ! je ne vous l'ai pas dit ?

— Non.

— Je me nomme Boudinot ; je suis capitaine aux volontaires que Mgr le duc de Mayenne a ramenés avec lui de son gouvernement de Bourgogne.

— Vous êtes donc un des braves qui ont délivré Orléans ? s'écria un des bourgeois avec enthousiasme.

— Nous avons déjà entendu parler plusieurs fois des exploits du capitaine Boudinot, reprit l'autre ; c'est lui qui a... tu sais bien, qui a... Qu'a-t-il donc fait ?

— Ah ! oui, oui... continua le premier, qui a tué le cheval du maréchal d'Aumont.

—C'est bien vous, n'est-ce pas, qui avez tué le cheval du maréchal d'Aumont ?

—Moi-même, d'un coup d'arquebuse, répondit Chicot en saluant gravement.

Les deux ligueurs, heureux d'avoir fait la connaissance d'un pareil homme, lui donnèrent rendez-vous pour le lendemain.

Chicot, qui en causant ainsi était arrivé à deux pas de son domicile, laissa les bourgeois regagner leur poste de la rue de l'Astruce et rentra chez lui, où Gosi l'attendait dans la plus vive anxiété.

En montant l'escalier il dit : Ces bourgeois, qui se croient des héros parce qu'ils jouent aux soldats, sont plus bêtes que méchants ; et voilà les hommes qui veulent faire tonsurer mon pauvre Henriquet ! Oh ! les imbéciles !

Puis, revenant à une idée plus sérieuse : — C'est égal, j'ai commis une faute en laissant la vie au gros Mayenne ; après tout, je ne dois pas m'en faire un crime, car je n'aurais pas eu grand mérite, à mes yeux, à tuer un homme ivre qui vient de recevoir les caresses d'une jolie femme. Allons, allons, j'ai bien fait. Si le capitaine Boudinot tue des chevaux, ce n'est pas une raison pour que le Gascon Chicot tue des hommes qui n'ont plus le sang-froid de se défendre.

CHAPITRE XVII

POURQUOI LE CHEVALIER D'AUMALE AVAIT FAIT VENIR CHEZ LUI DON GASPAR D'ALCÉGAS

Le duc de Mayenne partit en effet pour Rouen, le lendemain de son aventure avec Chicot. Ce dernier, en homme prudent, se garda bien de sortir de sa demeure pendant cinq ou six jours.

Gosi fit les courses et alla aux informations. Comme il n'était connu de personne à Paris, il pouvait donc, en causant avec l'un et l'autre, apprendre bien des choses que Chicot lui-même n'aurait pu chercher à savoir sans danger.

Un beau matin, c'était le 4 mars, Gosi rentra tout essoufflé. Son maître l'avait envoyé rue du Chantre, chez Michel Salvancy.

— Que t'est-il donc arrivé? lui demanda le bouffon.
— Rien, maître, répondit Gosi.
— Pourquoi cours-tu ainsi en montant l'escalier?
— J'ai une nouvelle à vous apprendre.
— Ah !
— On pille les maisons.
— On pille les maisons ? répéta Chicot.
— Oui, maître.

—Tu auras mal compris; explique-moi ce que l'on t'a dit.
— On ne m'a rien dit, j'ai vu.
— Qu'as-tu vu?
— J'ai vu des soldats de la Ligue qui enlevaient les meubles d'une maison et qui trouvaient dans ces meubles et dans des cachettes beaucoup d'or et beaucoup d'argent.
— Qu'est-ce que cela signifie?
— C'est la question que j'ai faite à un des nombreux curieux qui assistent à ce pillage, rue Saint-Thomas-du-Louvre, et il m'a répondu : « On dévalise un voleur. »
— Et tu ne peux pas me donner d'autres renseignements?
— Non, maître.
— Mon ami est-il chez lui?
— Il y est, et il vous attend.

Chicot, qui voulait avoir le cœur net de ce que son valet lui expliquait si mal, à son sens, jeta un petit manteau sur ses épaules et sortit pour aller rue du Chantre. Michel Salvancy devait sans doute en savoir plus long que Gosi sur cette affaire.

Chicot trouva son ami occupé à fourbir une magnifique épée.

— Est-ce qu'il se prépare un massacre de royalistes, demanda le bouffon, que tu mets tes armes en état?

— Non, mon ami, répondit le ligueur, mais le duc d'Aumale vient d'être nommé premier connétable de la Ligue, et son frère, le chevalier d'Aumale, est élevé au grade de colonel-général de l'infanterie française.

— Qu'est-ce que cela peut te faire?

— Cela fait que le chevalier va organiser un petit corps d'armée, et qu'il m'a promis de me prendre pour un de ses aides de camp.

— Tu as de la chance, toi ! dit Chicot d'un ton railleur.

— Que veux-tu! je fais ce que je peux... Un pauvre hère comme moi, sans sou ni maille, ne peut être de la Ligue qu'à la condition d'en vivre!

— Tu n'es pas le seul ! Et voilà pourquoi les Seize rançonnaient, il y a quelque temps, les riches bourgeois.

— Ils ont raison ! Et la preuve, c'est que depuis hier le conseil de l'Union fait rendre gorge au royaliste Molan...

— Pierre Molan, trésorier de l'Épargne ?

— Oui ; on pille sa maison.

— Pourquoi le conseil a-t-il décrété le pillage de sa maison ?

— Par le plus grand des hasards.

— Comment ?

— Ces messieurs de l'Union, à la fin d'une de leurs dernières séances, se préoccupaient fort des finances... qu'ils n'ont pas, quand une voix sortit des rangs du peuple :

« — Si vous voulez de l'argent, dit un inconnu, je sais où il y en a, moi. Vous n'aurez que la peine d'aller le chercher. Je suis maçon de mon état, et, à l'époque de la fuite du Valois, j'ai été chargé avec un de mes camarades de faire des cachettes sous les parquets et dans les murailles d'une certaine maison, pour y cacher des trésors. »

A ces paroles les Seize ouvrirent les oreilles et promirent une récompense au dénonciateur, si toutefois la somme que l'on découvrirait en valait la peine.

— Sans contredit, dit Chicot, car les ligueurs de l'Hôtel de Ville ne donnent jamais qu'un pois pour avoir une fève.

— Le maçon, continua Michel, indiqua la maison du trésorier de l'Épargne et s'offrit de montrer lui-même les cachettes. Et voilà comme quoi le Conseil, qui était à bout de ressources, doit son salut à la Providence !...

— A un maçon, tu veux dire, objecta Chicot.

— Oui, mais envoyé par la Providence, reprit le ligueur.

— Je vois qu'avec la Ligue, ceux qui ont de la fortune ont toujours tort.

Et Chicot resta pensif, pendant que Michel Salvancy se disposait à sortir.

Ces vols à main armée furent très-nombreux sous la Ligue et commis avec une audace sans pareille.

— Mon ami, reprit le bouffon après un assez long silence, je venais t'annoncer mon départ.

— Où vas-tu?

— Je vais en Gascogne revoir un peu ma ville natale; moi qui ne suis pas un homme politique, je m'ennuie à Paris.

— La Ligue est pourtant une grande distraction, reprit Michel en souriant.

— Oui, pour ceux qui aiment le bruit, le vacarme, les émeutes, et, comme, vu mon état maladif, je n'aspire plus qu'au repos et à la tranquillité, je m'exile.

Chicot et Salvancy sortirent ensemble.

Le premier prit les bords de la Seine et gagna le pont aux Meuniers. Il allait chez la señorita Jovita.

Le second se dirigea vers la rue Saint-Thomas-du-Louvre, et se mêla à la foule qui encombrait les abords de la maison de Pierre Molan.

Le chevalier d'Aumale était de retour de son expédition. Il avait passé une semaine à piller, avec ses hommes, un ou deux couvents et trois ou quatre propriétés particulières; puis, chargé de butin, il était rentré en ville.

Toujours préoccupé de l'amour incommode et menaçant de la jeune Espagnole qu'il avait trompée, il avait fait venir chez lui l'envoyé secret de Philippe II qui l'avait ramenée avec lui de Madrid. En agissant ainsi, il savait de bonne source que don Gaspar d'Alcégas était un homme à tout faire ou du moins à tout entreprendre pour de l'argent.

Usons donc des prérogatives qui sont attachées à nos fonctions d'historien, et conduisons nos lecteurs dans le cabinet du chevalier, où don Gaspar vient d'entrer.

Après avoir reçu, avec une certaine cérémonie, le courrier espagnol, d'Aumale lui dit :

— Ainsi donc, señor d'Alcégas, en partant de Madrid avec

cette jeune fille, vous ne saviez pas qu'elle était la nièce de M. Bernardin de Mendoze?

— Daignez croire, monsieur le chevalier, répondit l'Espagnol, que si j'avais su que la señorita Jovita fût parente de Mgr l'ambassadeur, je n'aurais pas commis la faute de l'accompagner en France.

— Elle est orpheline?

— Oui; sa mère mourut en lui donnant le jour, et son père, don Diego Rodrigo Gomez de Comacho, qui commandait un galion de la flotte de Castille faisant partie de l'*invincible Armada*, envoyée contre l'hérétique Élisabeth, reine d'Angleterre, périt dans l'Océan.

— C'était un brave?

— Si, señor; je l'ai bien connu, moi, ce noble capitaine; car il était l'ami intime d'un de mes cousins, Francisque Mendoze d'Oquendo, qui était lieutenant sur la flotte de Guipuscoa.

— Alors la señorita est noble? demanda le chevalier.

— Elle est castillane, c'est tout dire!

— Et riche?

— Très-riche.

— Croyez-vous que M. l'ambassadeur se doute que sa nièce soit à Paris?

— Non, señor.

— Et la señora Comacho, sa tante?

— Sa tante est à Madrid, et croit que la señorita vit bien tranquillement en France sous la tutelle de son oncle.

— Savez-vous pourquoi Jovita n'est pas restée en Espagne?

— Oui, parce qu'elle aimait quelqu'un en France et qu'elle ne pouvait pas être heureuse loin de lui.

— Pourquoi avez-vous consenti à l'emmener avec vous?

— Nous autres Espagnols, señor, nous sommes des gens à part; quand nous avons une passion au cœur, il faut en vivre ou en mourir. Pour en vivre, il faut que le cœur puisse se satisfaire; sinon, le chagrin nous consume, et nous mourons lentement, tous les jours, à petit feu, mais nous mourons.

— Allons donc! fit le chevalier.

— Oh! señor peut me croire, reprit avec vivacité don Gaspar; une Castillane trahie ne se résigne jamais, elle meurt ou de chagrin ou en se vengeant. Sa nature noble et fière ne peut se courber sous le dédain d'un amant! car, si elle a été sincère dans ses affections, elle sera courageuse dans sa vengeance.

— Diable! diable!

— Que redoutez-vous?

— Tout, parbleu! de cette lionne de Castille, car c'est moi qu'elle aime!...

— Vous, señor? s'écria l'Espagnol, en feignant le plus grand étonnement.

— Et c'est ce qui me désespère.

— Pourquoi?

— Parce que je ne puis l'épouser; mes parents de la maison de Lorraine ne donneraient jamais leur consentement à une pareille alliance.

— Si vous avez fait des promesses à la señorita Jovita, et que vous ne les teniez pas, je vous plains.

— Pour me débarrasser d'elle j'ai besoin d'un homme brave, fort et résolu; j'ai pensé à vous

— Je suis sensible à tant d'honneur, répondit don Gaspar, en s'inclinant.

— Vous avez été soldat?

— *Yo soy capitan* [1].

— M. l'ambassadeur m'a cité de vous plusieurs actions d'éclat.

Don Gaspar d'Alcégas se redressa fièrement, fit un pas en arrière, tira à demi son épée du fourreau et dit :

— *O espada, si sapieses hablar, dixeres quantas hombres matasteis* [2] *!*

---

[1] Je suis capitaine.
[2] O épée! si tu savais parler, tu dirais combien tu as tué d'hommes.

— J'ai donc compté sur vous pour me rendre un signalé service.

— Parlez, señor.

— Vous êtes discret ?

— Comme un sépulcre.

— Songez-y bien, señor d'Alcégas, reprit le chevalier en appuyant sur ces mots, songez-y bien : à partir d'aujourd'hui il va exister un secret entre nous. Nul que nous deux ne le connaîtra ; il ne pourra donc être dévoilé que par vous ou par moi. Mais comme j'ai tout intérêt à le tenir caché, et comme je vous crois un homme plein d'honneur, je ne doute pas qu'il ne reste enseveli à jamais au fond de nos consciences.

Don Gaspar d'Alcégas posa la main sur sa poitrine et dit :

— M. le chevalier peut être tranquille, Sa Majesté Philippe II m'a confié plus d'un secret d'État, et jamais le moindre mot imprudent n'est sorti de ma bouche.

— Je vous disais donc tout à l'heure que j'étais obsédé par les assiduités de la señorita Jovita. En mon absence elle est venue ici dix fois pour avoir une entrevue avec moi ; elle m'a écrit sept ou huit lettres que j'ai laissées sans réponse ; vous pensez bien qu'elle doit être furieuse...

— Assurément.

— Comme je ne veux pas passer ma vie à éviter ses visites ou à braver sa colère, je veux l'éloigner de Paris et la mettre dans l'impossibilité de revenir tôt ou tard me fatiguer de ses soupirs larmoyants ou de ses protestations d'amour. Pour cela, j'ai deux moyens en tête.

— Ah ! fit don Gaspar en se rapprochant du chevalier.

— Le premier serait de faire savoir à M. Bernardin de Mendoze la présence de sa nièce à Paris.

— Bien ; mais comment ?

— Vous prendriez avec vous un de vos amis, don Diego de Yberra, par exemple, et sans le mettre dans la confidence, vous vous arrangeriez à le faire trouver face à face avec la jeune fille ;

vous la lui feriez reconnaître, s'il ne la reconnaissait pas sous le costume masculin qu'elle porte presque toujours depuis son retour, et nous pourrions être sûrs que de lui-même il irait tout dire à l'ambassadeur; car vous savez que c'était don Diego de Yberra qui devait primitivement l'emmener en Espagne.

— C'est vrai.

— Cet agent de Philippe II travaille souvent avec M. l'ambassadeur, reprit le chevalier, et nous atteindrions ainsi notre but sans nous exposer personnellement.

— Car vous supposez, monsieur le chevalier, que Mgr de Mendoze renverrait immédiatement sa nièce à Madrid?

— Oui.

— Mais si la señorita en pleurs venait se jeter aux pieds de son oncle, qui vous dit qu'il ne se laisserait pas toucher par ses prières et son repentir?

— Ce n'est pas supposable.

— Une jeune fille comme elle, en pareille circonstance, peut être éloquente et persuasive.

— Vous m'effrayez.

— Je vous dis ce que je suppose pouvoir arriver.

— Que faire alors?

— Vous m'avez dit que vous aviez deux moyens en tête; voyons le second.

— L'idée m'était venue de faire enlever de force, la nuit, Jovita, de la bâillonner au besoin et de la jeter dans une chaise de poste. Si elle résistait par trop, on lui dirait que son oncle, ayant appris son arrivée à Paris, la fait reconduire en Espagne et qu'il faut, bon gré mal gré, qu'elle se résigne.

— On accomplirait ce rapt au nom de Mgr l'ambassadeur?

— Oui; puisqu'il ne croit plus sa nièce en France, nous ne risquons rien en agissant ainsi.

— Ce serait adroit et prudent, dit don Gaspar en faisant un signe d'approbation.

— Señor d'Alcégas, reprit d'Aumale en se dirigeant vers une armoire, êtes-vous homme à remplir avec succès la mission confidentielle dont je veux vous charger?

— Je ne vous cacherai pas que je la trouve difficile et hasardée.

— Bah! avec de l'audace et de l'argent on fait tout en ce monde.

— Certes, señor.

— Et comme, continua le ligueur, je vous suppose plus d'audace que d'argent, et que cela ne vous suffit pas, voici un sac qui renferme cinq cents écus.

— Cinq cents écus! répéta don Gaspar en recevant dans ses mains le sac que lui présentait le gentilhomme.

— Cette somme vous suffit pour les premières dispositions que vous avez à prendre.

— Si, monsieur le chevalier. Lorsque j'aurai acheté une chaise de poste avec deux bons chevaux et embauché deux ou trois solides gaillards, je pourrai vous dire ce que me coûtera au juste un voyage comme celui que je vais entreprendre. Avant que de rien faire, je veux revoir la señorita, et comme je puis, sans paraître indiscret, lui parler de ses amours, je vous dirai quels sont ses projets envers vous.

— Jovita, en voyageant avec vous, vous avait donc déjà entretenu de mes liaisons avec elle?

— Elle m'en avait dit quelques mots seulement.

— Ah! ah!

— Mais, señor, ne vous l'ai-je pas dit quand vous m'avez questionné?

— Oui, en effet, vous saviez qu'elle revenait en France parce qu'elle aimait...

— Voyez-vous, chevalier, je tiens à avoir une position bien nette dans votre esprit; vous me chargez d'une entreprise, eh bien! je veux vous servir en conscience.

— C'est comme cela que je l'entends.

— Et puis, d'un autre côté, je crois que nous serons agréables à Mgr de Mendoze en éloignant la señorita...

— Sans contredit.

— Dans quelques jours je vous rendrai compte de mes démarches auprès d'elle, et nous verrons comment nous devons agir.

— Je suis d'avis de brusquer les événements, répondit le chevalier; dans les affaires de cœur, je suis ennemi de la temporisation.

— Vous autres Français, vous n'êtes pas comme les Espagnols, vous ne remettez jamais une chose au lendemain, reprit don Gaspar d'Alcégas en se dirigeant vers la porte. Dans mon pays on aime assez à remplacer *aujourd'hui* par *demain*, afin de se donner le temps de la réflexion...

La portière se souleva, et Poncet, le secrétaire du chevalier parut.

— Qu'y a-t-il? demanda d'Aumale.

— La señorita Jovita désirerait vous voir.

— Elle!

— *Caramba!* articula vigoureusement don Gaspar.

— Il ne faut pas qu'elle vous voie ici, reprit d'Aumale en se rapprochant d'une petite porte perdue dans les moulures des lambris de chêne qui garnissaient les murs du cabinet. Venez, señor d'Alcégas; sortez par cet escalier secret...

Le chevalier poussa un bouton de métal, une porte s'ouvrit, et l'Espagnol s'engagea dans l'ouverture étroite et sombre qui était devant lui.

Quand le bruit de ses pas se fut éteint dans les parois du mur, le gentilhomme se tourna vers Poncet et lui dit.

— Faites entrer.

En ce moment d'Aumale se souvenait des conseils que lui avait donnés sa chère cousine la duchesse de Montpensier ; il voulait cacher sous de tendres caresses la perfidie de son âme.

CHAPITRE XVIII

CHICOT, POUR ÉCHAPPER AUX AGENTS DE M. LE DUC DE MAYENNE, SE DÉCIDE A QUITTER PARIS

La belle señorita Jovita de Comacho éprouva un tremblement nerveux dont elle ne fut pas maîtresse en arrivant en face du chevalier d'Aumale. Elle s'appuya sur le dos d'un fauteuil pour se donner la force de surmonter son émotion,

Elle avait le costume élégant et gracieux des dames de la cour d'Espagne. Sa beauté méridionale resplendissait de jeunesse et de fraîcheur sous la coiffure espagnole. Son regard était vif et assuré ; par moments, grâce aux longs cils soyeux qui bordaient ses paupières, ce regard si pénétrant devenait doux et velouté comme le regard béat et timide d'une sainte madone.

— Jovita n'avait plus l'allure masculine de don Alfonse ; elle était redevenue essentiellement femme pour avoir une entrevue décisive avec son amant.

— Chevalier, dit-elle d'une voix émue, je suis venue plusieurs fois ici avec le désir de vous rencontrer...

— On me l'a dit, reprit d'Aumale en interrompant la jeune fille ; mais vous savez que j'étais absent...

— Je sais cela.

— Et je ne suis de retour de mon expédition contre les conspi rateurs royalistes que depuis vingt-quatre heures; je ne me crois donc pas en butte au moindre reproche.

— On vous a remis mes lettres?

— Oui, ma chère Jovita.

— Il me semble que depuis votre arrivée vous auriez bien pu m'envoyer votre secrétaire pour me tirer de cette inquiétude mortelle qui me tue lorsque je suis séparée de vous.

— Si je n'ai envoyé personne vous annoncer mon retour, c'est qu'à chaque instant j'espérais aller vous surprendre.

— Bien vrai, chevalier?

— Je vous le jure, ma belle.

— Oh! je sais qu'un serment ne vous coûte guère.

— Douteriez-vous de ma parole, de mon amour?

— Lorsque je suis loin de vous, je vous crois parjure, infidèle, que sais-je, moi? Et je me considère comme la plus malheureuse des femmes.

— Malheureuse, vous, ma Jovita?

— Je me figure que vous n'avez pas conscience de toute la gravité, de toute la sainteté d'un serment. Dans mon pays, lorsqu'on a juré sur le Christ, on préfère mourir plutôt que de manquer à la foi jurée; en France, je crois que c'est un peu différent...

— Quel sujet avez-vous de m'accuser ainsi?

— Je ne vous accuse pas; car si je vous accusais, c'est que je serais sûre de votre culpabilité; mais vous ne serez pas étonné que je me plaigne de la froideur, ou pour mieux dire de l'indifférence que vous montrez envers moi depuis mon retour de Madrid. Autrefois, c'était un bonheur pour vous de devancer mes désirs; aujourd'hui, vous me semblez ne pas comprendre la grandeur du sacrifice que je vous ai fait en vous confiant mon honneur.

— Mais vous êtes folle, ma bien-aimée! s'écria le chevalier d'Aumale. Croyez-vous que je puisse mentir au noble sang qui coule dans mes veines? Sachez donc que j'appartiens à la première noblesse de France, et Dieu m'est témoin que je ne suis pas homme à tacher mon blason d'une infamie! Je vous aime, je vous adore, ma Jovita, et je n'aspire plus qu'à vous conduire à l'autel pour mettre le comble à mon bonheur.

— Êtes-vous sincère en me tenant ce discours ?

Et Jovita prit les mains du jeune homme dans les siennes et le regarda dans les yeux.

— Vous êtes donc toujours jalouse, enfant que vous êtes? répondit d'Aumale en souriant.

— Toujours, chevalier.

— C'est flatteur pour moi, car je regarde votre jalousie comme une preuve de votre amour.

— Pourquoi tardez-vous tant à demander ma main à mon oncle?

— Parce que je veux vous nommer ma femme lorsque j'aurai conquis dans mon parti une des premières places honorifiques. Le conseil de l'Union vient de me nommer colonel de l'infanterie française ; c'est déjà une récompense des services que j'ai rendus à notre sainte cause.

— Mais s'il faut que j'attende que vous soyez connétable pour exiger de vous l'accomplissement de vos promesses, je crains bien, cher chevalier, de n'en avoir ni la force ni le courage.

— Vous exagérez, ma belle ; je vous demande un mois ou deux tout au plus. Aussitôt la déchéance du Valois, qui ne peut maintenant longtemps se faire attendre, vous me verrez remplir fidèlement les serments que je vous ai faits. Le duc de Mayenne sera sur le trône peut-être, et vous, alors, vous deviendrez un des plus beaux ornements de sa cour.

— Un mois ou deux ! répéta la jeune fille.

— Tout au plus, ajouta le ligueur.

— Vous ne comprenez donc pas ma position, mon cher d'Aumale? Je ne suis ni en France ni en Espagne ; d'ici à quelques jours mon oncle l'ambassadeur peut écrire à ma tante et lui demander de mes nouvelles. La señora de Comacho répondra que je ne suis pas à Madrid, auprès d'elle, mais à Paris. Alors tout sera découvert, je serai perdue; il ne me restera plus que la triste ressource d'enterrer mes espérances et mes illusions dans un couvent pour ne pas jeter la honte et le déshonneur sur ma noble famille.

— Ne serai-je pas là pour vous donner mon nom?

— Qu'importe! il serait trop tard!

— Trop tard!

— Oui, car en Espagne on fait plus de cas qu'en France de l'honneur d'une fille.

— C'est une erreur, ma charmante; le gentilhomme français peut commettre une légèreté, mais il sait la réparer noblement quand il le faut. Ne craignez rien de l'avenir, Jovita, j'en réponds.

— En venant, chevalier, j'avais une idée.

— Laquelle?

— Si je ne vous avais pas rencontré, j'étais décidée à aller trouver mon oncle.

— L'ambassadeur lui-même?

— Oui, en personne.

— Et pourquoi?

— Pour sortir de la position fausse où je suis. Je lui aurais tout avoué; il m'aurait peut-être pardonnée en voyant mon repentir.

— Et s'il vous avait maudite?

— J'aurais pris un poignard et je me serais tuée, ici, sous vos yeux; me repoussant vivante, vous m'eussiez peut-être acceptée morte.

— Je ne vous ai jamais repoussée, moi.

— Non, mais depuis huit jours je le croyais.

— Vraiment!

— Je pensais que vous cherchiez à m'éviter... A présent je suis plus tranquille, et je tâcherai d'avoir assez d'empire sur moi pour patienter un peu...

17.

— O ma bien-aimée ! dit le chevalier en pressant la jeune fille contre sa poitrine et en couvrant de baisers son beau front ; ô ma bien-aimée ! si vous m'aimiez autant que je vous aime, vous pourriez lire dans mon cœur, et vous verriez qu'il n'a jamais battu plus violemment pour vous qu'en cet instant.

— Allons, je veux bien vous croire, répondit l'Espagnole en poussant un profond soupir.

Un quart d'heure plus tard, Jovita remontait dans sa litière qui l'attendait à la porte de l'hôtel, et regagnait son mystérieux domicile de la rue de Hautefeuille.

Là, Chicot faisait sentinelle.

Jovita fut heureuse de le voir.

Quand ils furent dans le petit salon, la jeune fille se débarrassa de la mante qu'elle avait sur les épaules et lui dit :

— Monsieur Olivier, je viens de l'hôtel du chevalier.

— Eh bien?

— Eh bien ! je l'ai vu.

— Et puis ?

— Et puis, il m'a renouvelé tous ses serments d'amour.

— Ah !

— Je crois que la jalousie avait un peu égaré ma raison.

— Vous croyez?

— Il vaut mieux que la réputation qu'on lui a faite.

— Parlez-vous sérieusement, señorita?

— Très-sérieusement.

— Alors je n'ai rien à dire.

— Sauriez-vous quelque chose de nouveau sur son compte?

— Non, señorita.

— Comme vous me dites cela !

— J'ai peut-être tort de voir ce gentilhomme d'un mauvais œil.

— Aussitôt que le gouvernement sera changé, il me présentera à la cour.

— A quelle cour?

— A la cour du duc de Mayenne.

— Il n'est encore que lieutenant du royaume.

— Mais il sera bientôt roi.

— On le dit, en effet, partout.

— Il remplacera le tyran.

— Quel tyran?

— Mais Henri III.

— C'est juste.

Chicot se leva et se disposa à sortir.

— Vous me quittez déjà, monsieur Olivier?

— Oui, señorita; j'étais venu vous prévenir que je quittais Paris; et je suis enchanté de savoir en partant que vous n'avez plus besoin de mes services.

— Où allez-vous?

— En Gascogne.

— Resterez-vous longtemps absent?

— Quelques semaines.

— Quelques semaines!

— Cela vous contrarie?

— Beaucoup.

— Je regrette de ne pouvoir rester à Paris pour vous être agréable, alors.

— Et si pendant votre voyage j'avais besoin d'un ami dévoué, où en trouverais-je un?

— A l'hôtel de Guise.

— Vous voulez rire?

— Non; puisque les paroles du chevalier d'Aumale sont pour vous désormais des articles de foi.

— Vous raillez encore?

— Sa famille est au pouvoir, vous n'aurez plus rien à craindre.

— Oh! ne rejetez pas le doute dans mon esprit.

— Qui vivra verra! reprit l'impitoyable Chicot.

— Et cependant s'il aimait Marie Jorand?

— Il n'aime que vous, señorita.

— Comment en être sûr?

— Il a dû vous le dire.

— Ah! monsieur Olivier, que votre départ me contrarie.

— Si vous voulez un gardien, je puis vous donner quelqu'un.

— Volontiers.

— C'est un ancien soldat qui m'appartient corps et âme.

— Je pourrai en faire mon valet?

— Oui, et votre gendarme au besoin.

— Vous me l'enverrez.

— Demain.

— Je pourrai le loger dans ma maison?

— Très-bien.

— Je vous remercie de votre obligeance, monsieur Olivier.

— Attendez au moins mon retour pour me remercier, señorita.

Dès que Chicot fut dehors, il se dit : « Voilà Gosi assuré de la table et du logement pendant que je resterai à Tours auprès de mon pauvre Henriquet. Partir est prudent, car Mayenne a dû donner des ordres pour mon arrestation, et à la fin je finirais par tomber dans les griffes de ses limiers. » Puis, passant à un autre ordre d'idée : « Ventre de biche! que j'étais sot de me figurer cette jeune Espagnole une femme forte ou rouée. Elle est naïve et crédule, mais elle sera terrible quand elle se verra la dupe de son beau chevalier. Une femme en amour voit toujours tout avec les yeux du cœur; la cervelle ne devient plus qu'un accessoire de son organisation. »

En faisant ces belles réflexions, Chicot arriva sur le pont au Change. Alors il pensa à Pierre Jorand; il se dirigea vers la maison de l'orfévre.

En entrant, il remarqua ceci :

Jorand avec le P. Martinet causaient à voix basse dans un coin de la salle à manger, et, dans une pièce voisine dont la porte était entre-bâillée, madame Guillaume Jorand travaillait avec sa fille. Marie avait pleuré, elle avait les yeux rouges. Les deux femmes tenaient en main un ouvrage de couture, plutôt pour se donner une contenance que dans l'intention de travailler, car leurs idées étaient ailleurs qu'au fil et à l'aiguille.

Chicot fut reçu à bras ouverts par le curé et l'orfèvre.

On se rappelle que Chicot et Gosi avaient sauvé la vie au vieux prêtre Martinet à leur arrivée à Paris, et que du même coup ils avaient conservé à Marie Jorand une partie de sa fortune renfermée dans une certaine cassette qui avait été retrouvée sous le grabat du voleur par les soins du chevalier d'Aumale. Chicot avait donc des droits incontestables à la reconnaissance de ces deux hommes.

Jorand, après avoir donné une bonne poignée de main au fou de Henri III, alla fermer la porte de la pièce où étaient madame Jorand et sa fille.

— Mon cher monsieur Olivier, dit l'orfèvre en venant s'asseoir près de Chicot, je suis enchanté de vous voir ; j'avais besoin de vous parler. J'ai été à votre auberge, je n'y ai pu obtenir votre nouvelle adresse.

— Eh bien ! me voilà, repartit Chicot ; si vous avez un service à me demander, je suis prêt à vous le rendre.

— Vous connaissez un jeune peintre nommé Gaston?

— Oui, son atelier est rue de l'Hirondelle.

— Justement. Ce jeune homme est tombé amoureux de ma nièce.

— En faisant son portrait sans doute.

— Je le pense.

— Il n'y a pas grand crime à cela. C'est facile à s'expliquer : mademoiselle Marie est jeune, jolie ; et Gaston me semble avoir tout ce qu'il faut pour devenir amoureux.

— Oh ! je ne lui fais pas un crime d'aimer ma nièce ; mais je lui reproche de ne pas avoir de famille.

— Il est donc bâtard?

— Oui.

— Alors, il doit avoir du sang noble dans les veines.

— Il ne connaît ni son père ni sa mère.

— En vérité !

— Vous comprenez que si je marie ma nièce, je veux qu'elle entre dans une honorable famille.

— Gaston vous a donc demandé la main de mademoiselle Marie ?

— Ce matin il est venu me faire cette demande.

— Et madame veuve Jorand qu'a-t-elle dit ?

— Elle ne veut écouter que les inclinations de sa fille.

— Ce sont de bons sentiments.

— Moi, c'est différent ; je ne suis pas dans ces idées.

— Et votre nièce ?

— Elle a pleuré, et ne s'est pas prononcée.

— Une demande en mariage produit toujours cet effet-là.

— Vous ne pourriez pas me donner des renseignements sur Gaston ?

— Tout ce que je puis vous dire, répondit Chicot, c'est que ce jeune homme a du talent et que je le crois un honnête ligueur. Si j'avais une fille, je la lui accorderais les yeux fermés.

— Vrai Dieu ! s'écria l'orfévre, vous traitez bien légèrement le sacrement du mariage.

— Dame ! vous m'interrogez, je vous réponds.

— Et monsieur a le mérite de la franchise, ajouta le vieux curé, qui jusque-là n'avait pas pris part à la conversation.

— Ce soir, en allant à la porte Bourdelle, reprit Jorand, je passerai chez Gaston et je lui signifierai de renoncer à ses prétentions.

— Et qu'allez-vous faire ce soir à la porte Bourdelle, demanda Chicot. Est-ce que vous êtes de garde ?

— Non. Je suis chargé par Mgr le duc de Mayenne, on peut vous confier cela à vous, de surveiller les portes Bourdelle, Saint-Jacques, Saint-Michel, Saint-Germain et de Bucy.

— Toute la rive gauche, enfin.

— Oui. J'ai placé depuis cinq ou six jours des gardes pour

prendre les noms de toutes les personnes qui sortent de la ville.

— Ou qui entrent, objecta Chicot.

— Non.

— Pourquoi cette exception?

— Parce que nous voulons arrêter quelqu'un.

— Ah! fit Chicot.

Le vieux curé, à cet instant, lança un regard au bouffon, que celui-ci comprit à demi. Le vieillard connaissait Chicot, mais l'orfèvre ignorait qu'Olivier le Long et Chicot étaient une seule et même personne.

— Il paraît, à ce que m'a dit le duc, reprit Jorand, que le Valois a envoyé son fou comme espion à Paris.

— Le roi de France a donc encore un fou? demanda Chicot.

— Vous ne connaissez pas de nom le *sibilot* du tyran?

— Si, si, j'en ai entendu parler maintes et maintes fois; il se nomme..,

— Chicot.

— Justement. Je croyais qu'il avait quitté la cour.

— Il y est revenu. M. de Mayenne est donc sûr que Chicot est à Paris.

— Cela ne m'étonne pas, fit le bouffon.

— Pourquoi?

— Parce que Mgr de Lorraine a une police bien faite.

— Le prince veut donc que l'on fasse prisonnier ce singulier messager du Valois; car il suppose qu'il est porteur de lettres très-compromettantes pour les zélés royalistes qui sont restés en ville.

— C'est une excellente idée.

— Oh! nous réussirons, car les ordres sont bien donnés et fidèlement exécutés. Toutes les portes de la ville sur la rive droite sont confiées à la vigilance de Flavacourt...

— Et vous, monsieur Jorand, continua Chicot, vous répondez des personnes qui sortent par les portes de la rive gauche?

— Oui.

— Puisque vous allez ce soir à la porte Bourdelle, je vous accompagnerai ; j'ai à voir un de mes amis qui demeure près de Saint-Médard, dans la grande rue Saint-Marceau.

— Avec plaisir, monsieur Olivier, reprit l'orfévre. A sept heures je sortirai d'ici.

— A sept heures moins cinq minutes je viendrai vous prendre.

En sortant M. Martinet dit à Chicot :

— Vous êtes bien imprudent, monsieur ; je connais Jorand : il sacrifierait à la Ligue ses meilleurs amis s'ils étaient royalistes.

Chicot serra la main du vieillard d'une certaine façon, et qui pouvait se traduire ainsi : Merci, soyez tranquille, je serai sur mes gardes.

CHAPITRE XIX

OU L'ON VERRA POURQUOI GOSI DONNE DEUX COUPS D'ÉPÉE, ET POURQUOI GASTON REÇOIT TROIS COUPS DE POIGNARDS

A quatre heures, Chicot rentrait dans son domicile de la rue Saint-Honoré. Il retrouva Gosi en faction aux vitraux de la fenêtre.

— Rien de nouveau, mon brave? lui demanda le fou du roi.

— Plusieurs soldats sont venus à diverses reprises examiner la façade de notre maison, répondit Gosi.

— Ah! ah! fit Chicot. On me cherche; et les fins limiers sont sur la piste. Pas un moment à perdre, ventre de biche!

— Oh! maître ne craignez rien; je suis là pour vous défendre.

— Gosi, reprit Chicot, il faut que je quitte Paris ce soir. En mon absence, tu habiteras rue de Hautefeuille, chez une jeune dame de mes amies.

— Me séparer de vous, maître...

— Tranquillise-toi, je ne serais pas longtemps absent.

— Tant mieux.

— Tu obéiras à la señorita Jovita, comme si tu obéissais à moi-même. Je mets cette personne sous ta garde, tu entends bien; tu me réponds de sa vie jusqu'à mon retour.

— Bien, maître.

— Prends cette lettre; elle te servira à te faire reconnaître de la dame.

Et Chicot remit au soldat un papier sur lequel il venait d'écrire quelques lignes.

— Maintenant, continua Chicot, tu vas aller rue des Marmousets et tu demanderas à M. Leblanc, aubergiste, le meilleur cheval de son écurie. Je viens de passer chez lui, et il m'a assuré que la monture serait sellée et bridée dans un quart d'heure. Lorsque tu auras le cheval, tu sortiras de Paris par la porte Saint-Jacques et tu iras m'attendre près du moulin des Gobelins. Tu sais, à droite, hors du mur, derrière la rue des Postes... Tiens, voici un sauf-conduit... pour passer la porte...

Chicot remit à Gosi un carré de parchemin.

— Il faut, reprit le bouffon, que tu sois à l'endroit indiqué entre sept et huit heures.

— J'y serai.

— Prends ton épée et ton manteau.

Gosi prit un manteau noir qui était accroché à la muraille, puis sortit.

Une fois seul, Chicot eut bientôt terminé ses préparatifs de voyage. Il changea de vêtements pour désorienter ceux qui étaient à sa recherche, car ils devaient avoir son signalement exact, et glissa dans sa poche toute sa fortune, qui consistait en une bourse pleine d'or.

Gosi avait emporté un manteau noir; Chicot emporta un manteau violet, vieux serviteur qui l'avait accompagné dans la plupart de ses excursions. A sept heures, il était sur le pont au Change et entrait chez Pierre Jorand.

Le ligueur l'attendait.

Ils sortirent ensemble et se dirigèrent vers la demeure de Gaston. Ils frappèrent à la porte de son atelier, mais personne ne leur répondit. Chicot interrogea un voisin et apprit que le jeune homme n'était pas rentré de toute l'après-midi.

— Il a travaillé à l'hôtel de madame la duchesse, dit Jorand.

— Ou aux Jacobins de la rue Saint-Jacques, reprit Chicot.

— Il faisait donc quelque chose pour ces bons Pères ?

— Oui, une Vierge, je crois.

Chicot et Jorand, tout en causant, atteignirent la porte Bourdelle.

Le ligueur appela le chef du poste et se fit donner la liste des personnes qui étaient sorties de la ville.

Pendant ce temps, Chicot se drapait dans son manteau et se promenait à côté de la sentinelle, en ayant soin de se défigurer par une grimace dont il avait l'habitude.

Il revint près de Jorand et lui dit :

— Comment, mon ami, vous me laissez là, quand vous savez que j'ai affaire à Saint-Médard à huit heures !

— Pardonnez-moi, je vous avais complétement oublié ; je suis esclave du service, voyez-vous...

— Faites-moi ouvrir la porte et baisser le pont-levis ; et dans vingt minutes je reviendrai vous reprendre ici.

— Volontiers, mon ami.

L'orfévre donna des ordres, et la porte fut ouverte.

Au moment où Chicot s'engageait sur le pont-levis, un petit homme de soixante ans passés, aux cheveux plus blancs que gris, aux yeux vifs et à la figure ridée, s'approcha de la sentinelle et lui dit :

— Connaissez-vous ce grand diable, au manteau violet, qui sort à cette heure ?...

— Non, monsieur Crucé, répondit le ligueur.

— Eh bien, je crois que c'est mons Chicot, le fou du Valois que M. de Mayenne fait chercher partout.

— Que dites-vous là ? s'écria le chef du poste.

— Je connais Chicot, de longue date, moi, reprit le député du conseil des Quarante ; j'ai causé plusieurs fois avec lui à Blois pendant la tenue des états...

— Il faut l'arrêter, dirent les ligueurs.

— Il est bientôt temps, messieurs, reprit Crucé ; vous avez ouvert la cage, l'oiseau s'est envolé.

Jorand ne disait rien, mais il était pâle et tremblant.

— Qu'on le cherche! s'écria-t-il ; il faut qu'il soit arrêté, cet espion du Valois, car je ne veux pas passer pour un traître aux yeux de mes amis les zélés catholiques.

— Arrivé au bout du pont-levis, il a pris sur la droite, dit alors le gardien de la porte,

Tous les ligueurs coururent aux armes.

Pendant les quelques minutes qui venaient de s'écouler, Chicot avait allongé ses grandes jambes, et, grâce à l'obscurité naissante, avait gagné la rue des Postes. — En entendant courir derrière lui, il s'était jeté dans une ruelle obscure qui menait au moulin des Gobelins.

Si Gosi n'avait pas été au rendez-vous, Chicot était perdu ; mais le fidèle compagnon du fou avait ponctuellement exécuté les ordres qu'il avait reçus.

— On me poursuit, Gosi, dit le fou ; donne-moi ton manteau, et prends le mien.

L'échange fut fait en une seconde.

Chicot sauta sur le cheval que Gosi tenait par la bride et partit ventre à terre.

Gosi alors tira sa rapière et alla se placer à la sortie de la ruelle par laquelle il avait vu venir son maître.

— Le voilà, le voilà! crièrent les soldats ligueurs, en apercevant le manteau violet.

Un coup d'arquebuse partit, et Gosi sauta de côté pour éviter une nouvelle décharge. Il n'avait pas été touché.

— Ah! c'est ainsi que vous tirez sur les gens! s'écria Gosi d'une voix formidable ; un soldat ne doit pas faire feu sans crier : « Qui vive ! »

Le valet de Chicot avait à peine fini sa phrase que quatre ligueurs, débouchant de la ruelle, fondaient sur lui, l'épée au poing.

— Chien d'espion! dit un ligueur en levant son arme.

Mais il n'eut pas le temps de la baisser, d'un coup de pointe Gosi lui avait percé la gorge. Un autre, blessé à l'épaule, mordit aussi la poussière.

Gosi allait sans doute en faire autant des deux autres, quand Pierre Jorand accourut en disant :

— Ne le tuez pas, faites-le prisonnier.

Le combat cessa, et vingt ligueurs entourèrent l'homme au manteau violet.

Gosi se laissa conduire au poste de la porte Bourdelle sans hasarder la moindre observation ; il se disait :

— Encore quelques minutes, et mon maître sera hors de toute atteinte.

— Mais ce n'est pas l'homme que j'ai vu sortir tout à l'heure, dit le vieux Crucé en examinant Gosi des pieds à la tête.

— Il était bien plus grand et moins carré des épaules, observa le chef du poste.

— Il y a méprise, reprit Crucé ; il y a méprise!

Gosi promenait ses regards autour de lui sans prononcer un seul mot.

— C'est le manteau violet qui nous a trompés, dit à son tour un des soldats qui avaient combattu contre Gosi.

— Si maintenant nous allions du côté de Saint-Médard? reprit un autre.

— J'y ai envoyé dix hommes, répondit le chef du poste.

Jorand était stupéfait ; il allait et venait, attendant le retour du petit détachement qui avait pris au pas de course la grande rue Saint-Marceau.

Au bout d'une demi-heure, les ligueurs revenaient comme ils étaient partis, c'est-à-dire sans avoir découvert le moindre indice du passage de l'homme au manteau violet, qui, à peine de l'autre côté du pont-levis, avait disparu comme par enchantement.

Gosi montra son laisser-passer et prouva ainsi que les autorités de son quartier avaient assez de confiance en lui pour le laisser entrer et sortir librement de Paris, même après le couvre-feu.

— Messieurs, dit lentement Gosi, qui de vous me payera mon manteau?

Et il montrait le trou que le coup d'arquebuse y avait fait, à la hauteur du coude, entre le corps et le bras.

— Voyez, reprit-il, si je n'avais pas étendu le bras gauche, j'aurais été blessé.

— Et qui nous guérira les deux soldats de la garde bourgeoise que vous avez blessés si grièvement? répliqua le capitaine en montrant les deux moribonds que l'on apportait dans le corps de garde.

— Je ne suis pas dans mon tort, moi; en combattant contre eux, je suis dans le cas de légitime défense. On m'attaque, je me défends. Si M. de Mayenne savait que ses troupes tirent sur les passants sans crier une seule fois : « Qui vive! » je ne sais pas comment M. le capitaine sortirait de cette affaire.

— Il a raison, dit à son tour Crucé; oui, cet homme a raison! Les soldats ne doivent jamais tirer sans savoir s'ils ont devant eux un ami ou un ennemi.

— Mais c'est vous qui êtes cause de ce qui est arrivé, s'écria Jorand, et c'est vous à présent qui venez nous blâmer!

— Pardon, reprit le vieux ligueur; je vous ai dit que le *sibilot*[1] du roi était sorti par cette porte, et je maintiens mon dire. Eh bien, il fallait vous assurer si j'avais dit vrai et ne pas tirer au hasard comme des étourneaux. Moi, j'ai tué trente-deux huguenots à la Saint-Barthélemy; mais en les visant je savais que c'étaient des huguenots, tandis que tout à l'heure ces soldats, en tirant sur monsieur, ne savaient pas sur qui ils tiraient. C'est clair!

---

[1] *Sibilot* signifie généralement un fou. C'est le nom que portait le fou de Henri III. Mais nous continuerons à appeler ce bouffon de son nom de famille, nos lecteurs le connaissant mieux que son épithète de cour.

Pierre Jorand écumait de rage. Il ne pouvait opposer d'arguments au raisonnement du député du conseil de l'Union.

— Si monsieur y consent, reprit Crucé en se tournant vers Gosi, je ne ferai pas de rapport au Conseil sur cette affaire, mais s'il l'exige...

— Non, monsieur, répondit Gosi, je n'exige rien... car j'ai eu un tort aussi, moi...

— Lequel donc?

— C'est d'avoir mis ce soir un manteau violet.

— En effet, reprit Crucé en souriant; mais, monsieur, permettez-moi de vous serrer la main et de vous dire, devant tout le monde, que dans cette circonstance vous avez montré autant de bonté que de bravoure.

Gosi tendit la main et s'inclina.

Nos lecteurs ne seront pas étonnés du rôle que Crucé joue dans cette petite scène nocturne, car nous leur avions déjà appris dans un de nos précédents ouvrages que ce vieux ligueur, quoique avocat, se piquait d'être un peu homme de guerre. Sa conduite aux barricades de la place Maubert, en mai 1588, où il commandait les bourgeois et les écoliers du quartier de l'Université, prouve qu'il pouvait être, à un moment donné, un homme plein d'activité et de courage.

Crucé et Gosi avaient quitté ensemble la porte Bourdelle, et après avoir traversé le Petit-Pont, la Cité et le pont Notre-Dame, étaient arrivés sur la place de Grève. Là, ils s'étaient séparés : Crucé avait été à l'Hôtel de Ville, et Gosi avait continué tranquillement son chemin vers la rue Saint-Honoré.

Le lendemain, Gosi, suivant les ordres que lui avait donnés son maître, se présentait rue de Hautefeuille, chez la belle señorita Jovita, sa nouvelle maîtresse.

Nous avons dit que Pierre Jorand, en sortant de chez lui, avait été chez Gaston, et qu'il était absent.

Disons à nos lecteurs comment ce jeune homme avait employé sa journée.

Vers midi, il s'était rendu chez l'orfèvre et avait déclaré son amour pour Marie. Jorand, après l'avoir questionné sur sa position sociale, l'avait poliment éconduit. — Regardant la froideur avec laquelle il avait été accueilli comme un refus, le désespoir avait détruit ses idées de bonheur. L'avenir sous l'aspect le plus morne se présentait à son esprit. Marie, qui l'avait vu timide et suppliant, n'avait pas hasardé un seul mot en sa faveur. Pas un seul regard de la jeune fille n'était venu rendre l'espérance à son cœur aimant et navré. Donc elle était indifférente à son amour, ou plutôt à sa douleur. Et cependant, chez madame la duchesse de Montpensier, ne lui avait-il pas assez clairement déclaré sa passion.

— Si elle ne m'aime pas, s'était dit alors Gaston, elle peut en aimer un autre, et cet autre ne peut être que le chevalier d'Aumale. Et comme je préfère une certitude à un doute, et la mort au malheur de ma vie, allons trouver le chevalier d'Aumale.

Gaston se dirigea vers la demeure de son rival. Il était absent.

— Eh bien, j'attendrai, se dit-il.

Et il attendit.

Le chevalier ne rentra que vers minuit ; il avait passé la soirée à souper avec des femmes et des amis à l'hôtel de Carnavalet. Le duc de Mayenne lui-même assistait quelquefois à ces fines parties nocturnes, et y remplissait parfaitement son rôle de mangeur et de débauché.

Gaston fut obligé d'employer un subterfuge pour être reçu par d'Aumale à cette heure.

— J'ai un secret de la plus haute importance, dit-il au valet qui voulait lui fermer la porte au nez, à confier à votre maître. Il y va peut-être de sa vie.

Le chevalier, en voyant l'insistance que le jeune homme mettait pour le voir, ordonna de le laisser entrer avec lui dans ses appartements.

D'Aumale, qui était dans une demi-ivresse, lui dit :

— Vous avez un secret à me confier, monsieur, et il y va de ma vie si je n'en ai pas connaissance sur l'heure ?

— Oui, monsieur le chevalier.

— Parlez, je vous écoute.

— Et d'Aumale s'étendit plutôt qu'il ne s'assit sur un large fauteuil, placé près de la cheminée où se mouraient quelques gros tisons.

— Monsieur, dit Gaston, je viens vous demander franchement si vous aimez mademoiselle Marie Jorand.

— Marie Jorand ? répéta le chevalier. Marie Jorand... oui, je me souviens... charmante personne... en vérité !

— Vous la connaissez donc ?

— Parbleu ! est-ce que je ne connais pas toutes les jolies femmes de Paris... et elle est digne de figurer en première ligne.

— En êtes-vous amoureux ?

— Ah çà ! monsieur, reprit le chevalier en se levant, je vous trouve bien hardi de venir chez moi, à minuit, me faire subir un interrogatoire sur les inclinations de mon cœur. Qui êtes-vous ? d'où sortez-vous ? Je ne vous connais pas, moi.

Gaston frémit de colère en entendant le gentilhomme lui parler ainsi d'un ton railleur.

D'Aumale continua :

— Vous vous introduisez ici sous prétexte que vous avez un secret à me révéler... et vous me parlez de mademoiselle Marie ; qu'est-ce que cela signifie ?... Qu'est-ce que cette jeune fille a à faire dans le danger qui me menace ? Répondez.

— Je vous parle ainsi, monsieur, répliqua Gaston d'une voix ferme, parce que je sais que vous n'épousez pas toutes les femmes que vous aimez.

— Assurément non, reprit le chevalier en partant d'un grand éclat de rire. Est-ce que parce qu'on a de l'amour pour une jolie personne, on est forcé de devenir son époux !

— Si vous aimez mademoiselle Jorand, je la plains.

— Et pourquoi la plaignez-vous ?

— Parce qu'elle peut s'abuser sur votre intention à son égard, et refuser quelque honnête homme peut-être qu'on lui propose comme époux.

A ces paroles le chevalier parut un peu se dégriser; il commençait à comprendre qu'il était en face d'un rival.

— Qui donc vous a dit que j'étais amoureux de la fille d'un orfévre?

— Un homme digne de foi qui vous a vu avec elle à la procession de Sainte-Geneviève.

— Cet homme est bon physionomiste, car puisque vous tenez tant à le savoir, je vous avouerai que mademoiselle Marie ne me déplaît pas; elle possède tous les charmes d'une beauté accomplie; malheureusement il ne lui manque que des titres de noblesse pour que je pense à lui donner mon nom. Maintenant que je vous ai fait l'honneur de répondre à vos questions, serez-vous assez galant homme pour répondre aux miennes?

Le ton impertinent avec lequel le chevalier prononça cette dernière phrase fit pâlir le jeune homme. Il sentait que d'Aumale n'était pas pour lui un simple rival, mais un ennemi puissant contre lequel il n'était pas de force à lutter.

— Parlez, monsieur, je suis prêt à vous répondre.

— Comment vous nommez-vous?

— Je me nomme Gaston.

— Gaston? ce n'est pas un nom de famille, cela! Gaston de quoi?

— Gaston tout court.

— Vous êtes donc un bâtard?

— Oui.

— Vous avez connu vos parents; votre mère, au moins?

— Je n'ai jamais connu ni mon père, ni ma mère.

— Attendez donc, je me rappelle que ma cousine la duchesse de Montpensier m'a déjà parlé de vous. Vous êtes peintre?

— Oui, monsieur.

— C'est vous qui faites pour elle des tableaux religieux?

— C'est moi.

— Mademoiselle Marie, une des protégées de la duchesse, vous sert de modèle, pour une certaine Vierge, qu'elle destine au couvent des Jacobins?

— Oui.

— Alors, inutile de vous demander si vous êtes amoureux de mademoiselle Jorand... J'en suis persuadé.

— Monsieur, reprit Gaston, j'aime cette jeune fille depuis longtemps, et je suis décidé à mourir si je ne puis la nommer ma femme. Vous comprenez quel prix j'attache à mon amour; moi, seul, abandonné sur cette terre, je ne trouve un peu de consolation à mes maux que dans les douces émotions de mon cœur. Elle est pour moi un ange qui guide mes inspirations, qui fait naître mes plus beaux rêves et qui me console de ma misère en me donnant le courage de vivre.

— Il faut demander sa main.

— J'ai été chez sa famille aujourd'hui.

— Eh bien?

— Son oncle a refusé son consentement...

— Pourquoi, alors, êtes-vous venu me voir?

— Je suis venu, monsieur le chevalier, parce que je crains que mademoiselle Marie ne vous aime...

— Qu'y aurait-il d'étonnant à cela? Je l'aime bien, moi! vous l'aimez bien, vous! Eh! sang-Dieu! les jolies femmes sont faites pour être aimées, c'est ce que je vous disais il n'y a qu'un instant, monsieur.

— Vous l'aimez, dites-vous? s'écria Gaston.

— Parbleu! Et qui pourrait m'en empêcher?

— Moi.

— Vous?

— Écoutez-moi bien, monsieur : on me refuse sa main parce que je suis pauvre, parce que je n'ai pas même un nom à lui offrir; vous, vous êtes d'un rang trop élevé pour penser à l'aimer sans penser à la déshonorer..

— Monsieur! fit d'Aumale avec violence.

— Eh bien, reprit tranquillement le jeune homme, puisque je ne puis être l'époux de Marie Jorand, je veux être son défenseur ; je veux me faire le protecteur de sa vertu, de son honneur. Si, par vos priviléges de gentilhomme, vous parvenez à éblouir, à fasciner cette enfant pour la tromper : un de nous deux devra mourir. Car, du jour de son déshonneur je vous suivrai pas à pas, fort de ma conscience, esclave de mon devoir ; pour vous atteindre j'emploierai tous les moyens, dussé-je vous frapper dans l'ombre pour la venger.

— Je vous croyais amoureux fou, reprit le chevalier d'un ton railleur, mais je vois que vous êtes un fou amoureux. Ce que je vous ai dit était pour mettre à l'épreuve vos sentiments ; la mauvaise réception que M. Jorand vous a faite ce matin, vous a un peu troublé la cervelle ; allez vous reposer, monsieur Gaston, un peu de sommeil ramènera la lucidité dans vos idées.

— Qu'importe ! monsieur, reprit le jeune homme d'un ton ferme, méditez mes paroles, elles viennent d'un cœur franc et résolu.

Il salua d'Aumale et sortit. A peine Gaston avait-il disparu que le chevalier frappa sur un timbre. Un soldat entra.

— Approchez, Droüart, dit d'Aumale.

Le soldat obéit.

— Gouffieux est de garde dans la cour, n'est-ce pas ?

— Oui, colonel.

Le chevalier se pencha à l'oreille de Droüart et lui dit quelques mots.

— Soyez tranquille, je comprends, répondit celui-ci.

Et il descendit précipitamment dans la cour, où son camarade Gouffieux était en faction.

. . . .

Le lendemain matin, les mariniers de la Seine trouvaient sur la Grève un homme assassiné. Il avait la poitrine percée de trois coups de poignard, et son épée brisée était à terre à quelques pas de lui ; comme il respirait encore, les ouvriers du port le portèrent à l'Hôtel-Dieu. Ce moribond était Gaston.

CHAPITRE XX

HENRI III, CONTRAINT ET FORCÉ PAR LES CIRCONSTANCES, SE DÉCIDE A SIGNER UNE TRÊVE AVEC LE ROI DE NAVARRE

A son retour de Normandie, le duc de Mayenne avait été confirmé par le parlement dans sa nouvelle charge de *lieutenant général de l'État royal et couronne de France.*

Il avait prêté serment entre les mains du premier président Brisson. — Les lettres de la lieutenance furent enregistrées par la cour des comptes et la cour des aides, les 5 et 6 avril. Pour les sceller on fit fabriquer de nouveaux sceaux, dont la garde fut confiée à M. de Brézé. Ils avaient pour inscription : *Le scel du royaume de France.* En tête de l'arrêt de vérification, au lieu de ces mots : *Henri, par la grâce de Dieu...* on avait mis ceux-ci : *Les gens tenant le parlement...* et à l'avenir, tous les arrêts du parlement furent ainsi intitulés; seulement les lettres de grâce qui devaient partir d'une volonté individuelle portaient ce titre : *Charles, duc de Mayenne, pair et lieutenant général de l'État et royaume de France.*

Mayenne profita de l'autorité dont il venait d'être investi pour faire sortir de la Bastille plusieurs membres de l'ancien parlement que Bussy le Clerc y tenait sous les verrous.

Les Seize s'aperçurent immédiatement que leur puissance collective ne devenait plus que secondaire dans le gouvernement. Pour apaiser les murmures de ces ligueurs turbulents, Mayenne annonça qu'il allait se mettre en campagne contre Henri III. Depuis quelques semaines il avait rassemblé, dans les environs d'Étampes, toutes les troupes de pied et de cheval qu'il pouvait avoir sous son commandement. Il se disposa donc à se mettre à leur tête. L'allégresse des *zélés* alors ne connut plus de bornes; chacun voyait déjà le duc vainqueur du Valois et le ramenant pieds et poings liés dans la capitale.

Mayenne, à l'apogée du pouvoir, ne voulut négliger aucune des prérogatives de l'autorité royale : il quitta l'hôtel de Guise et vint s'établir au Louvre avec sa famille et sa maison. Il ne manquait plus à sa fortune qu'une heureuse suite d'événements pour sanctionner la substitution des *Lorrains* aux *Valois* sur le trône de France.

Deux jours après son installation dans le château royal, le duc, retiré dans l'ancien cabinet du roi, s'entretenait de ses projets avec le chevalier d'Aumale.

— Ainsi, chevalier, lui disait-il, vous êtes d'avis d'envoyer des espions dans le camp de nos ennemis?

— Assurément.

— Il nous faut des hommes intelligents et sûrs.

— Laissez-m'en le choix, et je réponds d'eux.

— Soit.

— Vous connaissez Pierre Jorand...

— L'orfévre du pont au Change?

— Oui. Il est brave et adroit.

— Il m'a rendu d'importants services.

— C'est un des hommes qu'il nous faut pour remplir une mission de confiance.

— Il a déjà été envoyé à Niort?

— Où il manqua d'être pendu par le Béarnais.

— C'est bien cela ; on m'a conté son histoire.

— Vous savez que ce ligueur nous est tout particulièrement dévoué.

— Je n'en ai jamais douté.

— Je lui transmettrai aujourd'hui même vos ordres.

— Et qu'il parte ce soir.

— Il partira.

— On ferait bien aussi d'envoyer Flavacourt.

— Mon cher cousin, fiez-vous à moi; avant que vos troupes aient quitté Étampes, vous aurez dix espions en Touraine.

— C'est ce qu'il faut. Hâtez-vous, cher cousin.

Et le chevalier prit congé du duc de Mayenne.

En sortant du Louvre, d'Aumale fit cette réflexion :

Il est toujours prudent pour un amoureux d'éloigner un oncle qui a une charmante nièce.

Maintenant, occupons-nous de Chicot que nous avons laissé s'enfuyant à francs étriers de Paris, sur le cheval que Gosi lui avait amené au moulin des Gobelins.

Notre bouffon avait pris la route de Touraine, dans le but de se réfugier près de son maître Henri III. Là, du moins, il espérait être à l'abri de la vengeance de M. de Mayenne.

En arrivant, Chicot se rendit chez le roi. Henri III était occupé à lire une lettre du duc d'Épernon lorsqu'il pénétra dans l'appartement où il était. Chicot s'était fait annoncer par l'huissier de service comme un envoyé extraordinaire du duc de Mayenne.

— Bonjour, mon fils, dit le bouffon.

Le roi leva la tête et reconnut Chicot.

— Ah! c'est toi, mon ami, fit Henri en déposant sur une table la lettre qu'il tenait à la main.

— Tu ne parais pas enchanté de me revoir, Henriquet, reprit le fou, moi, qui vient de Paris tout d'une traite pour t'apporter une nouvelle.

— Tu m'apportes une nouvelle?

— Oui.

— Laquelle?

— Les ligueurs en général et madame la duchesse de Montpensier en particulier t'ont en exécration, et M. le duc de Mayenne se dispose à venir troubler la tranquillité où tu vis depuis trois mois.

— Mayenne a donc rassemblé ses troupes?

— Elles sont à Étampes, où il doit les rejoindre sous peu de jours.

— Eh bien, j'en aurai aussi des troupes, moi, répondit le roi. D'Épernon va venir avec celles qu'il commande.

— Tu ne laisses donc plus en exil à Angoulême ce cher duc?

— Non, j'ai reconnu mes torts envers lui.

— Et vous avez fait la paix? continua Chicot.

— Au fond, c'est un bon serviteur.

— Tu n'es pas difficile, mon fils; mais tu as besoin de lui, tu fais bien de le rappeler.

— M. de Nevers, qui commande en Poitou, va m'amener son armée.

— Tu t'occupes donc activement de tes affaires, à présent?

— J'ai chargé Nicolas Harlay, sieur de Sancy, de passer en Suisse, où il a été mon ambassadeur, pour demander l'assistance des cantons catholiques, et, s'il peut en obtenir quelques troupes, il me les amènera aussi...

— Henriquet, reprit Chicot, tu oublies donc qu'il y a plus de cent lieues d'ici en Suisse, et avant que ton envoyé soit de retour, tu auras Mayenne sur les bras...

— J'ai des otages entre les mains qui valent une armée..., et s'il osait...

— Mais en attendant l'arrivée des renforts que tu as demandés, comment tiendrais-tu la campagne contre Mayenne si, par hasard, tu le voyais arriver ici à marches forcées?

— Tours, par ses fortifications, est à l'abri d'un coup de main, et puis j'ai quelqu'un qui viendrait à mon secours en cas de danger trop pressant.

— Quelqu'un? qui donc, Henriquet?

— Mon frère, le roi de Navarre.

— Le Béarnais, un hérétique!

— Il se convertira.

— Pour t'être agréable, mon fils, je n'en doute pas.

— Il a une armée peu nombreuse, c'est vrai, continua le roi, mais aguerrie et toute pleine de vieux soldats habitués aux fatigues et apprivoisés, de père en fils, à l'idée de la mort.

— Et où sont ces bandes redoutables?

— De l'autre côté de la Loire, à deux journées d'ici tout au plus.

— Ta conduite, reprit Chicot, me prouve que la guerre civile est quelquefois nécessaire pour ramener la concorde et la paix dans les familles.

— J'ai toujours eu de l'estime pour le caractère franc et loyal de mon frère de Béarn.

— En tous cas, mon fils, tu l'as peu laissé voir jusqu'à présent.

— Il faut être prudent en politique.

— Dissimulé, tu veux dire.

— Ne jouons pas sur les mots, mon ami, répondit le roi avec une certaine inflexion de voix.

— Soit, repartit le bouffon, mais entre nous, nous pouvons bien mettre les points sur les *i*.

— Je suis en pourparler avec le Béarnais.

— S'il te faut un ambassadeur, Henriquet, me voilà. Tu sais ce que je peux faire.

— Merci de tes offres, mon ami; Diane[1] a été à Saumur. Elle a fait avertir mon frère, qui était à l'île Bouchard, et ils ont eu entre eux une longue conférence.

— Qu'en est-il résulté?

— Dans cette entrevue, toutes les conditions d'un traité ont

[1] Diane, duchesse d'Angoulême, fille naturelle de Henri II et d'une Écossaise de la maison de Leviston, nommée Flamin.

été arrêtées et le roi de Navarre m'a envoyé aujourd'hui Duplessis-Mornay avec pleins pouvoirs pour terminer l'arrangement. Il est entré tantôt à Tours, mais je l'ai prié de se tenir caché jusqu'à la fin du jour, car je ne veux le recevoir dans mon cabinet que ce soir et en secret.

— Toujours l'ombre et la dissimulation, reprit Chicot en se disposant à s'en aller, je reconnais bien là un membre de la famille des Valois.

— Par la mort-Dieu! s'écria le roi avec une certaine vivacité, il faut bien que dans ces négociations je ménage la susceptibilité de mes partisans.

— Mon fils, tu es un profond politique.

— Tu pars?

— Je vais me reposer un peu, mais je ne te quitterai plus. Je veux marcher à côté de toi, pour reconquérir ton royaume.

— Ah! tu es toujours mon ami, toi.

— Et quand nous serons sous les murs de Paris, nous monterons ensemble à l'assaut.

— Il ne faudrait pas m'en défier!

— Je n'ai jamais douté de ta bravoure, mon fils.

Le roi parut flatté de ce petit compliment, et tendit la main à Chicot qui, après la lui avoir baisée avec respect, sortit de l'appartement.

Le soir, Duplessis-Mornay fut introduit incognito dans le cabinet de Henri III. — Après une longue conversation, le roi de France et l'ambassadeur du roi de Navarre stipulèrent par écrit toutes les clauses d'une trêve. Elle devait durer un an. Les deux rois se promettaient aide et assistance contre Mayenne et tous les partisans de la Ligue. Duplessis-Mornay signa, sans hésitation, au nom de son maître.

Au moment de signer, Henri III s'arrêta, et se tournant vers l'ambassadeur :

— Monsieur Mornay, dit-il, nous avons oublié une petite clause à laquelle j'attache quelque importance.

— Laquelle, sire ?

— Je demande que notre traité soit tenu secret.

— Votre Majesté, répondit Duplessis-Mornay, comprendra facilement qu'un tel mystère est impossible.

— Pourquoi impossible ?

— Parce que l'armée du roi de France et l'armée du roi de Navarre ne peuvent marcher de front qu'en vertu d'un traité. L'assistance mutuelle qu'elles se prêteront sera une preuve suffisante pour tout le monde de l'alliance de leurs chefs. Donc, le mystère est inutile.

— Eh bien, accordez-moi le secret pendant un mois.

— Un mois, sire, reprit l'ambassadeur, est un délai trop long; quand nos armées peuvent être obligées d'entrer en ligne dans une ou deux semaines au plus. Les troupes de la Ligue sont en marche; songez-y, sire.

— Alors, monsieur, reprit Henri, vous ne me refuserez pas quinze jours; nous rendrons notre traité public le 18 avril.

— Le 18 de ce mois...

— Oui, nous sommes aujourd'hui au 3 avril.

— Je vois avec peine, sire, reprit Mornay, que votre confiance et votre franchise ne répondent pas à celles de mon maître. Le roi de Navarre peut me réprimander d'avoir accordé un délai, dont les conséquences peuvent porter atteinte à sa loyauté.

— Si mon frère était ici, monsieur, je suis sûr qu'il serait heureux d'accéder à ma demande.

— C'est possible, sire.

— Eh bien, alors pourquoi me refusez-vous un délai de quinze jours pour la publication de ce traité ?

— Afin de sauvegarder les droits des parties...; je ne suis qu'un ambassadeur... sire... et...

— Ce que je vous demande, monsieur, ne compromettra personne, reprit vivement le roi.

— Alors, sire, j'accepte; nous tiendrons ce traité secret jusqu'au 18 avril.

Henri III apposa aussitôt sa signature sur le parchemin qui était devant lui et le remit à Duplessis-Mornay.

Pourquoi le roi insistait-il tant pour que la trêve entre le roi de Navarre et lui fût tenue secrète au moins pendant quinze jours? C'était afin de pouvoir faire une nouvelle tentative auprès du duc de Mayenne, pour avoir une suspension d'hostilités. Morosini, le légat du pape, s'était offert comme intermédiaire; c'était la seconde fois qu'il figurait comme négociateur dans les affaires de Henri III et de la Ligue.

Duplessis-Mornay, cet esprit élevé et clairvoyant, avait deviné les desseins du Valois, voilà pourquoi il n'avait qu'à grand'peine accordé même un court délai. Il comprenait que si le roi parvenait à s'entendre avec les ligueurs, il ne se ferait aucun scrupule de renier sa parole envers les huguenots.

D'un autre côté, Henri III craignait que la cour de Rome n'apprît trop tôt sa réconciliation avec les hérétiques; en reculant la publication de son alliance, il espérait avoir le temps d'obtenir de Sixte V l'absolution de l'assassinat du duc de Guise. Le pape resta sourd aux supplications du roi de France; il ne voulut pas pardonner à un monarque qui lui demandait grâce en ayant encore dans ses cachots le cardinal de Bourbon et l'archevêque de Lyon. — Mayenne ne fut pas plus sensible que Sixte V aux propositions de paix que lui apportait Morosini. Quand il reçut le légat, il était à Châteaudun avec ses troupes. Il lui dit « qu'à aucune condition il ne traiterait avec un homme qui avait violé sa foi par le crime le plus détestable, et qu'il avait juré de poursuivre sans paix ni trêve. » Henri III fut donc forcé de se jeter dans les bras des réformés pour sauver sa vie et sa couronne.

Le roi permit alors que l'on parlât tout haut à la cour de son alliance avec le Béarnais. Tout le monde fut ravi; excepté pourtant le légat du pape, qui vint annoncer à Henri que convenablement il ne pouvait plus rester auprès de sa personne, et qu'il allait retourner à Rome. Le roi fit tout ce qu'il put pour le retenir, mais le légat persista dans sa résolution.

Mayenne, de Châteaudun, se dirigea sur Vendôme, place importante appartenant au parti royaliste, et éloignée de Tours d'une journée seulement. Henri de Valois ne pouvait plus hésiter, il ordonna que la trêve fût publiée dans les deux armées. Alors les huguenots entrèrent dans Saumur, ville sur la Loire, que le Béarnais avait exigée comme condition du traité. Duplessis-Mornay en fut nommé gouverneur. On ne pouvait mettre en de meilleures mains un point stratégique qui permettait aux réformés de repasser le fleuve en cas de revers.

Henri III ne manifestait pas le désir, malgré les circonstances, d'avoir une entrevue avec le roi de Navarre. Celui-ci, au contraire, eût été heureux de se rapprocher de son frère. Espérant qu'on le ferait demander à Tours, il resta quelques jours dans la ville de Saumur; mais, fatigué d'attendre, il traversa la Loire avec sa cavalerie, dans le but d'inquiéter Mayenne, qui venait de s'emparer de Vendôme par trahison.

Le chef de l'armée de la Ligue n'avait pas de plan de campagne arrêté. Enfermé dans Vendôme, il avait devant lui Henri de Valois, retranché derrière les murailles de Tours; le Béarnais, à sa droite, l'observait à la tête de sa cavalerie redoutable, et enfin le duc d'Épernon, qui occupait Blois avec son infanterie. Mais les ligueurs avaient expressément recommandé à Mayenne de raser cette dernière ville en souvenir du meurtre de ses deux frères.

D'Épernon, avec les quinze cents hommes de pied et les huit cents chevaux qu'il avait amenés d'Angoulême, s'était chargé de la défendre. En quelques jours il avait improvisé de nouvelles fortifications, et l'avait mise ainsi à l'abri d'un coup de main. Mayenne, qui avait eu connaissance de l'arrivée de ces renforts, hésitait à diriger ses opérations sur cette ville, d'autant plus qu'il savait aussi qu'un corps de cavalerie, sous les ordres de Charles de Luxembourg, comte de Brienne et beau-frère du duc d'Épernon, était campé en dehors des murs.

Une cause inattendue le fit sortir tout à coup de son inaction.

Ses soldats lui amenèrent un homme qu'ils avaient fait prisonnier et qui voulait lui parler en personne.

— Qui êtes-vous? demanda Mayenne au prisonnier.

— Ligueur, répondit celui-ci d'une voix assurée.

— D'où venez-vous?

— D'Amboise, ou plutôt du château de Saint-Ouen.

— De la part de qui?

— De la part de Mgr l'archevêque de Lyon, qui du fond de son cachot s'intéresse toujours avec la même ardeur au succès des armes de la Ligue.

— Il vous a envoyé en mission vers moi?

— Oui, monseigneur.

— Pourquoi?

— Si monseigneur veut avec son poignard couper les cordes qui me lient les mains, je vais lui prouver que je ne suis pas un imposteur.

Le duc de Mayenne aussitôt exécuta ce que l'envoyé lui demandait. Celui-ci déchira un endroit de la doublure de son pourpoint et en tira un petit billet qu'il remit au duc.

Sur ce papier, ces mots étaient écrits : « Monseigneur, fiez-vous aux paroles de celui qui vous remettra ce billet, ce sont paroles d'Évangile. Signé : Pierre d'Espignac. »

— Eh bien, monsieur, reprit le duc en changeant de ton et de manières envers le prisonnier, qu'avez-vous à me dire?

— Monseigneur, vous savez que celui qui m'envoie gémit au fond d'un cachot du château de Saint-Ouen.

— Je sais que le Valois depuis deux mois l'a fait transférer dans cette forteresse. Après?

— Grâce aux intelligences que j'avais dans la place, je suis parvenu à communiquer avec lui, et il m'a chargé de vous prévenir qu'un corps de cavalerie, sous le commandement du comte de Brienne, tenait campagne dans les environs.

— Mes espions m'ont déjà instruit de cela.

— Mais ce que vous ne savez pas peut-être, c'est que celui

qui commande ces cavaliers est un chef sans expérience, qui, par complaisance ou faiblesse, laisse ses soldats errer sans discipline autour du château de Saint-Ouen, où ses quartiers sont établis.

— Je comprends, fit le duc, il serait facile de les surprendre et de les mettre en pièces.

— Oui, monseigneur, et peut-être de délivrer M. l'archevêque.

— Voulez-vous nous servir de guide ?

— Je ne demande pas mieux.

— Mais, songez-y, si par votre faute mes troupes tombent dans une embuscade de royalistes, je vous fais, sur-le-champ, pendre haut et court au premier arbre venu.

— Si le coup de main que nous allons tenter ne réussit pas, dit l'envoyé d'un ton résolu, je consens à être considéré comme un traître et à mourir comme tel.

Le duc de Mayenne remit l'homme entre les mains des soldats qui le lui avaient amené et ordonna garde sévère.

A la nuit tombante, le duc fit mettre en marche le marquis de Canillac avec un corps de troupes, et lui-même le suivit avec une réserve et deux canons. L'envoyé de M. d'Espignac les guida si bien, qu'au point du jour les ligueurs avaient surpris, battu et taillé en pièces la cavalerie du comte de Brienne. Quelques cavaliers cependant gagnèrent la ville d'Amboise, distante seulement d'une lieue, et le comte se réfugia dans le château de Saint-Ouen ; mais Mayenne ayant fait tirer deux volées de canon contre les murs, il se rendit.

Cette victoire coûta la vie à M. de Canillac, mais dix-sept enseignes restèrent au pouvoir des ligueurs. Ces trophées, avec le comte de Brienne, furent envoyés à Paris.

Les Parisiens, à cette nouvelle, mirent les cloches en branle et les prédicateurs remontèrent en chaire pour fulminer contre le Valois, dont ils faisaient pressentir bientôt la défaite, la capture ou la mort.

Sa défaite eût été pour la Ligue une immense victoire.

Sa capture eût été la déchéance.

Sa mort, le triomphe absolu de la Sainte-Union et l'avénement au trône de la maison de Lorraine.

Madame la duchesse de Montpensier ne se possédait plus de joie ; elle fit promener dans les rues de la capitale les dix-sept enseignes, ainsi que le malheureux Charles de Luxembourg, comte de Brienne, qui fut ensuite emprisonné au Louvre.

CHAPITRE XXI

APRÈS LE COMBAT SOUS LES MURS DE TOURS, CHICOT PARCOURT LE CHAMP DE BATAILLE ET TROUVE LE CORPS D'UN DE SES AMIS PARMI LES MORTS

La promenade humiliante que la duchesse de Montpensier avait fait faire, à travers les rues de Paris, à ce malheureux comte de Brienne, avait réveillé un peu l'enthousiasme populaire pour les Guises. Le peuple, s'abusant sur la portée du succès que venaient d'obtenir les armes de Mayenne, criait comme aux beaux jours des barricades : *Vive la Ligue ! vive Mayenne ! mort au tyran !* Il ne s'inquiétait pas si les événements n'étaient pas les mêmes, et si au *roi de Paris* avait succédé le *duc des Moines*. Il manifestait son allégresse, parce que celui qu'il croyait dévoué à sa cause avait triomphé en son nom. Aussi Henri III était-il pour lui un tyran de la pire espèce, et M. le duc de Mayenne un grand capitaine.

Quand le prisonnier et son cortége de ligueurs passèrent dans la rue Saint-Honoré, les cris de la populace arrivèrent jusqu'aux oreilles d'un malade qui sommeillait dans une des chambres de mademoiselle Agnès de Novielle. Ce malade au teint pâle, aux yeux éteints et caverneux, était ce jeune homme qui, il y a un mois, si bien portant et si amoureux, peignait le portrait de Marie Jorand à l'hôtel de Montmorency, chez madame de Montpensier. En un mot, c'était Gaston que des mariniers avaient trouvé expirant sur les bords de la grève.

Maintenant nous allons expliquer à nos lecteurs comment il se fait que le mourant, qui avait été transporté à l'Hôtel-Dieu, se trouvait chez la maîtresse de M. de Mayenne, bien chaudement dans un bon lit et entouré des soins les [plus affectueux.

Madame de Montpensier n'avait pas tardé à apprendre que Gaston avait été victime d'une attaque nocturne. Elle avait couru aussitôt chez son frère le duc de Mayenne et lui avait dit que son protégé, comme elle l'appelait, était en danger de mort. Le duc, après s'être fait raconter l'événement, avait ordonné qu'on en recherchât les auteurs, et s'était rendu chez la belle Agnès de Novielle.

Il lui avait dit :

— Ma chère Agnès, je viens vous demander un service.

— Lequel? avait répondu la jeune femme.

— Un jeune homme, à qui je m'intéresse vivement, a été attaqué la nuit par des tire-laine ou des batteurs de pavés, et il est blessé ; faites-moi l'amitié de veiller sur lui en mon absence. Je veux qu'il ne manque de rien ; voici de l'or pour payer ceux qui voudront bien s'occuper de lui.

Et le duc avait remis en disant cela, entre les mains de sa maîtresse, une bourse pleine.

Le lendemain, le duc était parti se mettre à la tête de ses troupes, qui l'attendaient dans les environs d'Étampes.

Agnès de Novielle, aussitôt que l'état du malade l'avait permis, s'était empressée de le faire transporter dans sa propre demeure, et là, elle le soignait avec la sollicitude d'une sœur, âme tendre et dévouée, qui veille au chevet d'un frère.

Les acclamations populaires avaient tiré Gaston de l'assoupissement où il était plongé.

— D'où viennent ces cris? avait-il demandé d'une voix faible, en cherchant à s'appuyer sur le coude.

— C'est le peuple qui chante victoire, avait répondu Agnès, en quittant la fenêtre pour se rapprocher du lit.

— Victoire ! avait répété Gaston.

— Oui, M. de Mayenne a été vainqueur des royaux, et le comte de Brienne est prisonnier.

— Ah ! que ne puis-je partager ces glorieux faits d'armes, madame ; il me serait glorieux de combattre sous les ordres d'un prince dont le cœur est si grand et si généreux pour ceux qui souffrent.

— Ne parlez pas tant, monsieur, vous savez qu'il ne faut pas vous fatiguer.

— Je suis moins oppressé aujourd'hui ; la nouvelle que vous venez de m'apprendre met un baume sur mes blessures, madame.

Et Agnès de Novielle, pour ne pas prolonger la conversation avec le jeune homme, était retournée se placer près de la croisée.

Gaston, vaincu par la faiblesse, avait laissé retomber sa tête sur l'oreiller, en murmurant ces mots : Marie, pauvre Marie, je ne suis pas là pour te défendre...

Et le malade avait poussé un profond soupir.

Le chevalier d'Aumale avait fait poignarder Gaston afin de ne pas être gêné par lui dans ses amours. Il avait envoyé Pierre Jorand avec une mission en Touraine pour le même motif. — Marie, restant seule avec sa mère, lui semblait bien plus facile à séduire. Il avait déjà usé du prestige que lui donnaient son rang et sa noblesse pour s'emparer de l'âme de la jeune fille. Il espérait qu'avec son amabilité il aurait bon marché de son cœur. Seulement, il était dérangé dans ses projets par la señorita Jovita dont l'attachement pour lui paraissait s'accroître de jour en jour.

Don Gaspar d'Alcégas s'était bien chargé de l'enlever, fût-ce par la force ; mais, jusqu'à présent, il n'avait fait aucune tentative pour arriver à ce résultat.

En attendant que le chevalier d'Aumale, aveuglé par sa passion pour la fille de l'orfévre, emploie les moyens extrêmes pour la satisfaire, retournons en Touraine et suivons le mouvement des trois armées qui s'y trouvent.

Le roi de Navarre, apprenant la déroute de Saint-Ouen, avait renoncé à attaquer Mayenne. Il avait fait retourner ses troupes sur leurs pas et était venu camper à Maillé, à deux heures de Tours. Henri III, en apprenant que son allié était si près de lui, voulut le voir. Il lui envoya un écuyer pour le prévenir qu'il l'attendait au château du Plessis. Le Béarnais n'hésita pas accepter l'entrevue, mais ses officiers tâchèrent de le retenir. Ils lui disaient de se rappeler de la Saint-Barthélemy... Après avoir écouté leurs observations, il se tourna vers Rosny, qui jusque-là n'avait pas ouvert la bouche et lui dit :

— Eh bien ! monsieur de Rosny, que vous en semble? vous ne dites mot!

— Sire, répondit Rosny, celui qui craint qu'on ait dessein sur lui ne doit point aller à l'aventure: mais, dans un cas comme celui qui se présente, il faut jeter beaucoup de choses au hasard; c'est tout ce que je vous dirai.

— Allons, allons, s'écria le roi de Navarre d'un ton décidé, il n'en faut plus parler, la résolution est prise.

Pour traverser la Loire, des bateaux avaient été amenés de Tours au-dessous du faubourg de Saint-Symphorien. Le roi de Navarre sauta dans une de ces grandes barques, les gentilshommes qui devaient l'accompagner montèrent dans les autres, et le capitaine Vignelles fit embarquer la compagnie des gardes qu'il avait sous son commandement.

Le Béarnais se distinguait de tout son entourage par son costume ; lui seul avait un panache et un manteau. Comme les autres personnes de sa suite, il avait l'écharpe blanche ; du reste, vêtu en soldat. Son pourpoint était tout usé sur les épaules et aux côtés par le contact de la cuirasse. Un haut-de-chausses de velours feuille-morte, un manteau d'écarlate, un chapeau gri avec une grande plume blanche complétaient son accoutrement guerrier. Ce fut dans cet équipage et en compagnie de MM. le duc de Montbazon et du maréchal d'Aumont, qui étaient venus le trouver de la part de leur maître, qu'il arriva au château du Plessis-lez-Tours. — Henri III l'attendait en se promenant, entouré de sa noblesse et du peuple qui était accouru pour assister à cette entrevue. Les allées du parc du château étaient encombrées de monde; jusque sur les branches des arbres, les curieux avaient cherché une place. Lorsque le Béarnais parut, de tous côtés on entendit : *Vive le roi! Vivent les rois!*

La joie était universelle.

Quand les deux monarques purent se joindre au milieu de la foule, le roi de France embrassa le roi de Navarre en l'appelant son frère; puis ils entrèrent au château suivis de leurs gentilshommes. Au bout de deux heures, le Béarnais prit congé du roi, repassa la Loire et rejoignit ses troupes qui l'attendaient dans le faubourg Saint-Symphorien.

Le lendemain, un homme sortait de Tours de grand matin; il traversait le pont et s'arrêtait devant une maison bâtie vis-à-vis. Cet homme était Chicot, et la maison était la demeure du Béarnais.

Il se fit annoncer comme un envoyé du roi de France, et le roi de Navarre, qui était déjà sur pied, ordonna de l'introduire.

— Eh! mon ami, c'est vous! s'écria le Béarnais en reconnaissant le fou; Ventre Saint-Gris! que je suis heureux de vous revoir!

— Mon cher compatriote, répondit Chicot, vous vous êtes donc réconcilié avec Henriquet?

— Oui; ses affaires l'exigeaient; et, comme je n'ai jamais rien su refuser à un bon parent, j'ai cru devoir faire le premier pas.

— Vous avez bien fait, à mon avis.

— Ma démarche n'était pas hier de l'avis de tout le monde. Mes officiers étaient défiants et murmuraient quand ils m'ont vu descendre dans le bateau pour passer la Loire. Ma foi, je n'ai consulté que mon devoir, et j'ai passé l'eau en recommandant mon âme à Dieu.

— Sire, vous avez fait ce que vous deviez faire et ce que nul ne vous devait conseiller.

— C'est ce que m'écrivait tout à l'heure mon brave Duplessis-Mornay, répondit Henri.

— Ah! fit le fou.

— Il m'écrivait cela en réponse à une lettre que je lui avais envoyée et dans laquelle je lui annonçais que la glace avait été rompue sans me soucier des avertissements...

— Si j'étais de vous, Sire, je redoublerais d'audace et de confiance.

— Que ferais-tu donc, mon cher Chicot?

— J'irais, sur l'heure, surprendre le roi.

— Ventre-Saint-Gris! c'est une idée!

— Il est six heures...

— Et nous n'avons que le pont à traverser pour être en ville...

— Dans quelques minutes nous serons à l'archevêché.

— Tu vas m'accompagner?

— Sans doute; et je crois qu'après cette dernière marque de confiance, Henriquet ne pourra pas user envers vous de la politique hésitante et cauteleuse dont il se sert avec ses amis comme avec ses ennemis. A la franchise, il sera forcé de répondre par la franchise...

— Et à la loyauté par la loyauté, ajouta le Béarnais.

— Vous êtes prêt, Sire.

— Oui, partons.

Le roi de Navarre, suivi du bouffon, traversa le pont et entra dans Tours.

Henri III était logé à l'archevêché. Encore au lit, occupé à donner audience à quelques familiers, quand on lui annonça la présence de son frère, il n'y voulut pas croire. Il fallut pourtant bien qu'il se rendit à l'évidence. Il reçut le roi huguenot, le combla de nouvelles caresses et voulut le retenir près de lui toute la journée. La matinée fut employée en conseil et en délibérations d'affaires. A dix heures, le Béarnais accompagna Sa Majesté jusqu'à la porte de l'église Saint-Gatian où elle allait assister à la messe, et de là il se rendit auprès des princesses de Condé et de Conti.

L'après-dînée se passa à courir la bague le long des murs du parc du Plessis. Le Béarnais, les princes et grands seigneurs prirent eux-mêmes part à ce divertissement, pendant que Henri III était allé entendre les vêpres au couvent des Bons-Hommes. Cette entrevue dura deux jours, pendant lesquels le roi de France résolut de rassembler une armée assez nombreuse et assez puissante pour entreprendre le siège de Paris.

Le roi de Navarre se rendit à Chinon pour attendre son infanterie qui revenait de Poitou.

Mayenne fut prévenu de ce départ par les amis qu'il avait dans la ville de Tours. Il s'était retiré à Montaire et à Lavardin ; aussitôt il mit son armée en marche, et, après avoir fait dix lieues d'une seule traite, il se trouva le 8 mai sur les coteaux qui dominent le faubourg Saint-Symphorien. Il fit avancer son avant-garde jusque dans le chemin creux qui conduit de Tours à la Membrolle.

Ce jour-là, le roi suivant les conseils de quelques-uns de ses courtisans, qui, au fond du cœur, faisaient des vœux pour le triomphe des Guisards, sortit de la ville pour se promener et se dirigea justement du côté de la Membrolle. Il avait fait une centaine de pas au delà du pont, lorsqu'un meunier, qui venait à Tours, dit à l'escorte du roi sans connaître Sa Majesté : « Voilà l'armée de la Ligue qui vient droit à vous; on dit que le roi est sorti, vous ferez bien de le reconduire dans la ville. » Sans cet avis le roi était pris. Il tourna bride, et au même instant les cavaliers ligueurs en embuscade se démasquèrent à deux portées de mousquet. Henri arriva au galop à la porte du faubourg devant laquelle on avait construit une barricade, et cria : *Aux armes!* Les ennemis qui le poursuivaient furent contraints de s'arrêter et échangèrent quelques coups de feu avec ceux qui défendaient la barricade. — Sur-le-champ, tous les retranchements se garnissent de royalistes. Le maréchal d'Aumont est chargé de diriger la défense du pont où Crillon vient prendre position à la tête des hommes qu'il commande.

Henri III, comprenant sa situation, expédie l'abbé d'Elbène au roi de Navarre et un autre messager au duc d'Épernon pour les presser d'amener leurs troupes à son secours.

Mayenne parut sur les hauteurs, et, descendant brusquement de trois endroits différents, commença une vigoureuse attaque en règle. Il excite ses soldats par une énergique allocution, dans laquelle il rappelle la justice de la cause de l'Union et donne l'exemple du courage en combattant en personne.

Pendant l'attaque, le jeune duc de Guise, afin d'en suivre des yeux toutes les phases, peut-être dans l'espoir d'en profiter pour s'évader, était monté en haut d'une tour. Le roi ordonna de l'en faire descendre, de peur qu'il ne fût aperçu et que sa présence ne redoublât l'ardeur des ennemis.

Dans cette journée, Henri III retrouva son ancienne valeur. Il fut brave, résolu, hardi ; il repassa le pont à la tête d'une partie de sa cour, marcha jusqu'aux gabions qui formaient la barricade, en poussa un du pied, le renversa, se plaça devant et donna ses ordres avec sang-froid au milieu des balles qui sifflaient à ses oreilles.

Le chevalier d'Aumale, qui commandait la cavalerie de la réserve de Mayenne, fut envoyé vers quatre heures avec deux escadrons et se mettant aussi à la tête des régiments de Descluseaux et de Ponsenac, s'empare promptement de deux points fortifiés dans le quartier défendu par les royalistes sous les ordres de Rubempré.

Un troisième poste résiste encore et protége le pont, c'est le poste que défend Crillon ; mais, attaqué vigoureusement par le régiment de la Chataigneraye composé des vieux compagnons du feu duc de Guise et que soutenaient plusieurs pièces de canon, il est obligé de reculer jusqu'à la première porte du pont. Une partie de ses soldats ne pouvant passer par cette étroite ouverture, car ils voulaient passer tous à la fois, se jeta dans la rivière. Crillon, resté le dernier, fut obligé d'attendre quelques instants pour entrer ; mais, les ligueurs escaladant la barricade, il n'eut bientôt plus que le temps de fermer rapidement la porte derrière lui ; malgré toute sa promptitude, en la fermant, il reçut deux coups d'épée dans le côté gauche et un coup d'arquebuse au travers du corps, blessures fort graves dont il guérit cependant avec le temps. Crillon était tombé tout sanglant derrière la porte, mais, grâce à lui, la tête du pont et l'île étaient restées au pouvoir des royalistes.

Les ligueurs, espérant forcer le passage, continuèrent leur attaque jusqu'à sept heures du soir ; mais à ce moment arrivèrent cent hommes de l'avant-garde du roi de Navarre, commandée par Chatillon, le fils de l'amiral Coligny. Malgré les arquebusades, ces braves traversèrent le pont au pas et vinrent prendre la place que Crillon avait si bien défendue depuis le commencement de la journée. Les soldats de Mayenne furent étonnés de tant d'audace ; ce renfort, quoique faible, leur ôtait l'espoir d'emporter la tête du pont. Le combat se ralentit, la nuit vint, et les coups de feu cessèrent tout à fait. Le projet que Mayenne avait d'enlever le roi avait échoué.

Dans cette escarmouche, les ligueurs perdirent cent cinquante hommes, et les royalistes deux cents environ.

Les Guisards trouvèrent parmi les morts Sainte-Malines, un des *quarante-cinq gentilshommes* du roi qui, comme nous l'avons raconté dans un de nos précédents ouvrages, avaient participé à l'assassinat du *roi de Paris*. Le duc de Mayenne fit affreusement mutiler le corps de ce meurtrier de son frère. On lui coupa le poing, la tête, et il fut pendu par les pieds. Au cadavre fut attaché un écriteau qui contenait : « Que pour la punition exem-

plaire de sa damnable exécution, la tête sera portée à Montfaucon, mise au lieu le plus éminent, *attendant qu'elle soit accompagnée de celle de Henri de Valois, auteur de si lâche trahison*[1]. »
Un historien fait remarquer avec justesse que ce dernier trait est hardi pour un lieutenant de la couronne.

Pendant la nuit, le chevalier d'Aumale fit piller les maisons du faubourg et fusiller huit ou dix royaux qui étaient ses prisonniers.

Alors le duc de Mayenne, apprenant que l'infanterie du roi de Navarre était arrivée et logée dans les faubourgs de Lariche et de Saint-Symphorien, prit le parti de décamper. Il fit mettre le feu aux habitations dont il s'était emparé la veille, et, laissant derrière lui le pillage et l'incendie, il dirigea ses troupes vers le Maine.

Vers quatre heures du matin, le roi de Navarre qui venait d'arriver, en apprenant cette retraite, jura son *Ventre Saint-Gris !* et voulut sortir de la ville avec ses troupes pour se mettre à la poursuite de Mayenne. Mais le roi de France ne voulut pas y consentir, disant en riant à son beau-frère « que ce serait folie de hasarder un double henri contre un carolus [2]. »

Le duc de Mayenne s'appelait Charles.

Au point du jour, le roi ordonna de transporter les blessés à l'hôpital et d'enterrer les morts.

En parcourant le champ de bataille des ligueurs, Chicot reconnut le corps de Pierre Jorand. Il s'approcha du cadavre de l'orfèvre et l'examina avec l'attention. Il mit un genou en terre et chercha à déboucler sa cuirasse.

---

[1] Ce sont les propres mots extraits d'un discours imprimé à Paris, par Nicolas Nivelle et Rollin Thierri, libraires et imprimeurs de la Sainte-Union, portant ce titre : *Discours ample et véritable de la desfaite obtenue aux fauxbourgs de Tours, sur les troupes de Henri de Valois, par Monseigneur de Mayenne, pair et lieutenant-général de l'estat royal et couronne de France.*

[2] Un *henri* était une pièce d'or, et le *carolus* était une pièce de billon qui valait dix deniers tournois.

En faisant des efforts pour débarrasser le ligueur de son armure, Chicot crut entendre un soupir qui ressemblait assez au râle de la mort.

« Il râle, se dit-il, donc il n'est pas parti pour le paradis ou l'enfer; et, tant que l'on n'est pas arrivé dans ces lieux célestes et divins, on a des chances de rester sur terre. »

En trois minutes, il eut ôté la cuirasse, le gorgerin, les brassards et les gantelets du blessé.

Pierre Jorand poussa alors un nouveau soupir et ouvrit à demi les yeux qu'il referma aussitôt.

— Ohé! cria le fou, venez donc ici, vous autres!

Il s'adressait à deux hallebardiers qui portaient une civière.

— Vous avez oublié d'emporter ce pauvre diable.

— Il est mort, répondit un des porteurs.

— Non, il n'est que blessé, puisqu'il vient de me parler, répondit Chicot; seulement la grande quantité de sang qu'il a perdue l'a fait évanouir.

— Emportons-le, dit un des soldats.

— Nous pourrions bien le laisser pour le dernier, dit le second porteur à son camarade.

— Pourquoi donc?

— Parce que c'est un de ces enragés ligueurs qui ont blessé notre maistre de camp Crillon.

— C'est juste. Nous viendrons le chercher tantôt.

— Eh bien! mes braves, dit Chicot qui se voyait forcé de se charger lui-même de l'orfèvre, si vous voulez porter ce blessé à Tours, chez moi, dans le faubourg de Lariche, je vous donne à chacun un écu.

— Un écu à chacun! répéta un des soldats.

— Oui, et je vous paye d'avance.

— Dis donc, Jossard, reprit l'autre en s'adressant au premier, on nous paye d'avance.

Et ils tendirent tous deux la main.

Chicot déposa dans chacune un écu, et aida ensuite ces deux

hommes charitables à placer Pierre Jorand le plus commodément possible sur la civière.

Puis ils traversèrent le pont, et le bouffon les conduisit dans une petite maison du faubourg de Lariche où depuis son arrivée à Tours il avait élu domicile.

Jorand, évanoui, fut couché sur un matelas. Chicot envoya querir un des chirurgiens du roi de Navarre, et vingt minutes après, quand un premier appareil fut posé sur ses blessures, l'orfévre reprit connaissance et demanda à boire.

Lorsqu'il eut bu, d'un seul trait, le verre d'eau que lui présentait le fou du roi, il regarda celui-ci avec des yeux remplis d'étonnement. Le malheureux se croyait en proie à une hallucination.

— Est-ce bien vous que je vois, monsieur Olivier? dit-il d'une voix affaiblie.

— Oui, mon cher monsieur Jorand, c'est moi, répondit le bouffon.

— Comment se fait-il que vous soyez près de moi?

— Je suis près de vous parce que le hasard nous a conduits tous les deux dans le même pays; je suis près de vous, parce que vous êtes blessé et que je suis bien portant, parce que vous êtes ligueur et que je suis royaliste; enfin, je suis près de vous parce que vous êtes vaincu et que je suis vainqueur. Et je crois que le devoir de tout honnête homme est de tendre la main à son adversaire lorsqu'il est hors de combat.

— Où suis-je donc?

— A Tours.

— Chez qui?

— Chez moi.

— Chez vous... à Tours?

— Pourquoi voulez-vous que je n'habite pas la Touraine, le plus beau point de la France, si cela me plaît?

— Ah! je m'explique tout à présent, reprit Jorand; messire Crucé avait raison.

— Messire Crucé du conseil des Quarante?

— Oui, c'est lui qui vous a reconnu lorsque vous vous êtes enfui de Paris par la porte Bourdelle.

— En vérité! il m'a reconnu ce vieux Guisard aux yeux de fouine.

— Olivier n'est pas votre nom, vous vous appelez Chicot, et vous êtes le fou du roi.

— C'est vrai; ce qui n'empêche pas mon maître, en mon absence, d'avoir d'autres fous autour de lui pour approuver ses folies.

— Vous m'avez trouvé sur le champ de bataille?

— Oui, inanimé.

— Et vous me sauvez la vie?

— N'êtes-vous pas mon ami?

— Mais vous êtes royaliste et je suis ligueur!

— Est-ce une raison! Vous m'auriez donc tué, vous, si vous m'aviez ramassé parmi les mourants?

Pierre Jorand ne répondit pas; il tendit la main à Chicot en tâchant de retenir deux grosses larmes qui roulaient dans ses yeux.

CHAPITRE XXII

POURQUOI MADAME LA DUCHESSE DE MONTPENSIER INVENTAIT DES NOUVELLES, ET COMMENT GOSI EN RESSENTIT LE CONTRE-COUP

La duchesse de Montpensier était enfermée depuis une heure dans son oratoire avec le prieur des Jacobins, lorsqu'un de ses laquais lui remit un pli que venait d'apporter un courrier.

A peine eut-elle parcouru des yeux la dépêche qu'elle la laissa échapper de ses mains.

— Mon Dieu ! qu'avez-vous, madame? s'écria le prieur.

— Ce n'est rien, répondit-elle; l'émotion...

— Vous êtes pâle et vous tremblez...

— Ce n'est rien, vous dis-je; la surprise... Et puis je suis si nerveuse que la moindre nouvelle inattendue me trouble et m'agite... Donnez-moi mon flacon d'odeur qui est sur mon prie-Dieu.

La duchesse s'essuya le front avec le mouchoir brodé qu'elle avait à la main et ramassa la lettre qui était tombée à ses pieds.

— Mon père, reprit-elle après un moment de silence, un courrier vient d'arriver à Paris, il vient de Touraine et m'apporte de bien tristes nouvelles.

— M. de Mayenne serait-il vaincu? s'écria le moine. — Est-ce qu'il aurait été blessé, tué peut-être? Parlez, madame, je vous en conjure au nom de notre sainte religion.

Madame de Montpensier en voyant l'effet que ses paroles avaient produit sur l'esprit du P. Bourgoin, se ravisa aussitôt. Le calme reparut sur son visage, et le sourire revint sur ses lèvres.

— Un rien vous effraye, mon père, dit-elle ; les nouvelles tristes et fâcheuses que je reçois ne compromettent pas l'avenir de notre cause. Le chevalier d'Aumale m'annonce que l'armée de mon frère s'est emparée des faubourgs de Tours.

— Où s'était retiré le Valois.

— Oui, c'est du roi lui-même que Mayenne aurait dû s'emparer, reprit la duchesse avec vivacité ; mais les soldats auront perdu leur temps à piller et notre ennemi a échappé...

— Enfin, c'est toujours un succès...

— Un succès négatif pour le but que nous voulons atteindre ; heureusement que le Valois et le Béarnais sont blessés.

— Les deux rois sont blessés?

— Oui, mon père.

— Dieu soit loué! Je vais faire chanter un *Te Deum* à mon couvent.

— Ce n'est pas tout : le duc de Montbazon, le maréchal d'Aumont et le maître de camp Crillon sont tués.

— Ces nouvelles, madame, ne sont pas tristes et fâcheuses comme vous me le disiez tout à l'heure.

— Elles sont sans grande importance! Des officiers peuvent être remplacés par d'autres officiers, tandis que le Valois ne peut pas être remplacé par un autre Valois.

— Je vous comprends à présent, madame la duchesse.

— Qu'importe, mon père, répandez les nouvelles que je viens de vous apprendre, elles tiendront toujours un peu en haleine les zélés de la Sainte-Union.

Et le prieur des Jacobins sortit pour colporter par la ville les mensonges que la duchesse de Montpensier venait de lui donner comme des vérités. — Le soir, le peuple s'était attroupé dans les carrefours; après avoir devisé quelque temps en plein air, une partie avait été se coucher, l'autre s'était retirée dans les tavernes et les cabarets. Là, des meneurs tenaient des propos exaltés, et annonçaient la prochaine arrivée de Henri III à Paris, dans une cage de fer.

Un homme qui remontait la rue des Cordeliers s'arrêta devant une taverne où il y avait bon nombre de buveurs attablés. Après avoir hésité un peu, il entra et alla se placer à une petite table près d'une fenêtre.

A peine avait-il eu le temps d'emplir et de vider son gobelet, qu'un second individu pénétra dans la salle. Il chercha des yeux une place, et n'en voyant pas d'autre que celle en face de notre buveur, il vint s'y asseoir. Ce nouveau venu était un homme de haute taille, au teint brun et au regard perçant.

— Monsieur, dit-il en s'adressant au buveur, vous attendez quelqu'un?

— Non, monsieur, personne.

— Alors je vous demanderai la permission de me placer en face de vous.

— Comme il vous plaira.

Et le buveur appuya sans façon ses coudes sur la table pour caresser de ses mains la longue barbe en pointe qui lui garnissait le menton.

— C'est étonnant comme ce ligueur est sans gêne, grommela l'homme au teint brun en s'asseyant sur le banc.

Il demanda un pot de vin. Puis il se tourna vers l'intérieur de la salle où vingt consommateurs environ criaient, hurlaient, gesticulaient en s'entretenant des affaires politiques.

La réunion se composait de boutiquiers, de moines et de soldats.

— Enfin, disait un jacobin, les nouvelles que je vous apporte sont vraies; je les tiens du père prieur.

— A quelle source les a-t-il puisées? demanda un cordelier.

— Madame la duchesse a dit que le Valois était blessé.

— Vive Dieu! Il en mourra peut-être! repartit le second moine, et le triomphe de notre cause est assuré.

— Mort aux royalistes! crièrent les buveurs.

En ce moment, l'homme dont nous avons parlé, et qui caressait sa barbe sans avoir l'air de se préoccuper de ce qui se passait autour de lui, se levait et se dirigeait vers la porte.

— Connaissez-vous cet homme? demanda Trigallot, moine dominicain.

— Non, répondirent plusieurs voix.

— Ce doit être un espion, dit le fripier Larue.

Gosi, car c'était lui, ne détourna même pas la tête à cette parole du marchand d'habits, il allait mettre la main sur le loquet de la porte, lorsqu'un soldat de la garde bourgeoise lui frappa sur l'épaule.

— Êtes-vous pour ou contre la Ligue? lui dit-il.

Gosi regarda son interlocuteur avec deux yeux étonnés et ne répondit pas.

— Il se trouble, s'écria Larue, il n'est pas catholique.

— Répondez à ma question, reprit le ligueur.

— Je serai ce que vous voudrez et pour qui vous voudrez, répondit tranquillement Gosi, je ne m'occupe pas des affaires publiques... mais laissez-moi sortir.

— Il est pris, voilà pourquoi il cherche à ménager la chèvre et le chou, cria le fripier, qui venait de sauter sur une table pour mieux juger de la tournure qu'allait prendre cette scène.

Gosi sentit le sang lui monter à la tête.

— Je veux sortir d'ici, dit-il avec force, vous entendez.

— Il veut sortir d'ici, s'écria Trigallot; le gaillard parle en maître, il me semble; il sortira si nous voulons!

— Si vous voulez! reprit Gosi; et pourquoi m'empêcheriez-vous de faire ce qui me plaît?

— Il nous demande des comptes! cria à son tour Larue. Qu'on s'empare de lui et qu'on le fouille.

— Me fouiller, moi !

— Oui, oui ; c'est un espion, dirent plusieurs des assistants.

La colère enflammait l'œil de Gosi.

— Alors vous ne me prenez pas pour un honnête homme ?

— Non, tant que vous refuserez de nous prouver qui vous êtes.

— Parbleu ! il n'y a rien qui ressemble tant à un honnête homme qu'un fripon, repartit vivement Larue.

Gosi porta la main à son épée en se tournant vers le fripier ; mais il se contenta du geste. Il soutenait intérieurement une lutte morale dont on ne l'aurait pas cru capable. Il voulait à tout prix paraître calme.

— Messieurs, je suis un ancien soldat et j'ai quitté le service à cause d'une blessure que j'ai reçue sur le champ de bataille...

— Ce que vous avez été ne nous importe guère, reprit un petit moine du couvent des Cordeliers.

— Je vous ai déjà dit, reprit Gosi, que je ne m'occupais pas de nos discordes civiles. Je suis entré ici parce que j'avais soif, j'ai payé, j'ai bu, et je veux m'en aller.

— Il faut le fouiller, reprit le petit cordelier. Allons, vous autres !

En disant cela, le moine porta la main sur Gosi. Celui-ci, de ses bras de fer, saisit l'audacieux par la ceinture et le jeta à travers la fenêtre dont les vitraux volèrent en éclats. Le coup fut si violent que le malheureux, meurtri et brisé, tomba comme une masse inerte sur le pavé.

Des cris de fureur et de vengeance sortirent aussitôt de la poitrine des ligueurs. La rage altérait leurs traits. Ils s'avancèrent tous ensemble sur Gosi ; mais le premier qui arriva à sa portée roula immédiatement sur le plancher, assommé par un vigoureux coup de poing. Ce nouvel exploit du valet de Chicot jeta la terreur dans les rangs des assaillants : ils reculèrent. Ce moment d'hésitation permit à plusieurs d'entre eux de tirer leur poignard et à Gosi de tirer son épée.

La lutte devenait sérieuse.

Gosi était adossé à la porte, mais il ne pouvait se retourner pour l'ouvrir, car aussitôt il aurait été percé de mille coups. Il était donc résolu à vendre chèrement sa vie.

Le moine Trigallot comprit sur-le-champ l'infériorité d'un poignard contre une épée. Il remit son poignard dans sa gaîne et s'empara d'un banc qu'il brandit au-dessus de sa tête. Il devenait difficile à Gosi de se défendre contre cette attaque d'un nouveau genre.

— Place! place! cria le moine, mort à l'espion, mort au coupe-jarret.

Gosi, de son côté, se disposait à prendre un escabeau pour pouvoir s'opposer à l'attaque de son adversaire, quand tout à coup le sol manqua sous ses pieds. Un bruit sourd se fit entendre; Gosi avait disparu.

Un hourra formidable fut poussé par les ligueurs, hourra de victoire! car le pauvre Gosi venait d'être précipité dans la cave de la taverne. Il avait fait une chute de vingt pieds, et gisait sans mouvements sur la dernière marche d'un escalier de pierre, au milieu de bouteilles cassées et de tonneaux défoncés.

Voici comment ce dénoûment inattendu de la lutte avait eu lieu.

Larue, le fripier, plus braillard que brave, avait remarqué du haut de la table où il s'était juché que Gosi se trouvait juste sur la trappe qui servait au marchand de vin à descendre ses futailles à la cave. Alors il s'était glissé par une petite ouverture placée près du comptoir et était allé pousser les verrous de la trappe.

En ce moment, le guet parut à l'extrémité de la rue des Cordeliers. Un des buveurs l'aperçut.

— Mes amis, dit-il, sauve qui peut; voici le guet.

Chacun, favorisé par l'obscurité de la nuit, tira de son côté, et en un clin d'œil la taverne fut vide.

En disant qu'il ne restait plus personne dans la salle, nous

nous trompons, car l'homme qui avait bu en face de Gosi n'avait pas quitté sa place. Mais, en apercevant le guet à cheval qui s'avançait, il se leva, referma la trappe et se mit sur le pas de la porte pour le voir passer. Au bout de quelques instants, il entendit quelqu'un marcher derrière lui, il se retourna et se trouva face à face avec un gros homme, à face rubiconde, qui avait le cou dans les épaules ; c'était le maître de la maison.

— Eh bien, demanda l'homme au teint brun, comment va le malheureux que vos pratiques ont précipité dans la cave?

— Vous le connaissez ?

— Non, je l'ai vu aujourd'hui pour la première fois, mais il me fait l'effet de valoir beaucoup mieux que ceux qui l'ont assassiné.

— C'étaient des ligueurs, monsieur, reprit le tavernier; n'en dites pas de mal, car si un d'eux vous entendait il pourrait vous arriver malheur. Il n'y a rien au monde comme les moines pour garder rancune.

— Avez-vous été voir si le pauvre diable respirait encore?

— Non, monsieur, j'ai peur des morts.

— Maître tavernier, reprit l'inconnu, cet homme pour lequel vous êtes sans cœur et sans âme était un brave ; il valait à lui seul tous ces maudits frocards qui l'ont attaqué. Je veux le voir mort ou vivant. Éclairez-moi avec votre lanterne.

Et l'inconnu tira son épée du fourreau.

— Du moment que monsieur paraît tant tenir à ce qu'il demande, répondit le gros homme en tremblant, je vais me rendre à ses désirs.

Le tavernier ferma avec soin la porte qui donnait sur la rue, puis conduisit le buveur dans la cour où se trouvait une autre entrée de la cave. Ils descendirent vingt-cinq marches et arrivèrent à quelques pas de Gosi. Celui-ci, en les voyant, poussa un vigoureux juron et s'empara d'un débris de futaille dans le but de s'en faire une arme.

— Il n'est pas mort, dit l'inconnu, puisqu'il jure comme Satan et qu'il cherche à se défendre.

— Nous venons à votre secours, cria le tavernier, nous sommes des amis, nous n'avons pas l'intention de toucher à un seul cheveu de votre tête.

— Avancez donc, dit l'inconnu au gros homme.

— Prenez ma lanterne et avancez si cela vous plaît, répondit-il ; quant à moi, je ne vais pas plus loin ; je ne suis pas un spadassin, moi. On ne sait pas ce qui peut arriver.

— Maudit poltron !

Et l'inconnu prit brusquement la lanterne des mains du tavernier, et s'avançant vers Gosi :

— Eh bien ! mon brave, lui dit-il, vous l'avez échappé belle ?

— Oui, Sang-Dieu !

— Êtes-vous blessé ?

— J'ai une blessure à la tête, je crois, que je me suis faite en tombant sur l'angle d'une marche. C'est tout.

L'inconnu leva la lanterne à la hauteur du visage de Gosi. Il était méconnaissable. Le sang qui s'échappait d'une large plaie, qu'il avait un pouce au-dessus du front, inondait sa figure et se figeait dans sa longue barbe en pointe.

Le valet de Chicot s'était retranché derrière un tonneau, mais lorsqu'il reconnut l'homme qui avait bu à sa table, il cessa de se tenir sur la défensive ; car il savait qu'il était resté neutre dans la lutte qu'il venait de soutenir. L'inconnu lui offrit son bras et l'aida à gravir l'escalier qui conduisait dans la cour.

Cinq minutes après, Gosi se fourrait la tête dans un grand baquet d'eau fraîche et reprenait sa physionomie habituelle. Il banda sa blessure avec son mouchoir, et s'étira les membres comme quelqu'un qui sort d'un long sommeil

— Maintenant, il n'y paraît plus, dit-il.

— Quel gaillard vous êtes ! reprit l'inconnu en souriant. Vous avez donc des membres d'acier ?

— J'en ai vu bien d'autres, monsieur ; et, vous le voyez, je ne suis pas encore mort. Voulez-vous me permettre de vous serrer la main comme preuve de ma reconnaissance.

— Avec plaisir ; j'ai la plus profonde admiration pour votre bravoure. Les hommes comme vous sont rares.

Et ils se serrèrent cordialement la main.

— Avant de nous séparer, reprit l'inconnu, je désirerais faire avec vous une plus ample connaissance ; vous ne refuserez pas de vider avec moi une bouteille de vieux Bourgogne. Le tavernier en possède d'excellent et je vous avouerai que c'est le seul motif qui m'amène une ou deux fois par semaine dans cette maison.

— Monsieur, j'accepte volontiers votre offre.

Ils passèrent dans la taverne, et le gros homme s'empressa de les servir.

— J'aurais une petite question à vous faire, dit alors Gosi en se plaçant en face de l'inconnu.

— Faites, monsieur, si c'est un service que vous avez à me demander, je vous l'accorde d'avance ; parlez, je vous écoute.

— Serait-il indiscret de vous demander votre nom, monsieur, car il faut que je sache à qui je suis redevable des bontés que vous avez eues pour moi.

— Monsieur, je suis gentilhomme, et quand je rends un service, je ne veux pas qu'on me le paye.

— Vous êtes susceptible...

— Nous autres Espagnols, nous avons des petits défauts, j'en conviens, monsieur, mais aussi quelquefois nous possédons de grandes qualités : les Castillans surtout.

— D'après ce que vous avez fait pour moi, je n'en pourrais douter. Et à compter de ce jour, monsieur, si l'occasion se présente de pouvoir vous servir, croyez bien que je ne la laisserai pas échapper.

— J'accepte votre reconnaissance, et avant peu j'aurai besoin de vous. Nous nous reverrons du reste.

L'inconnu tira ses tablettes, écrivit sur un des feuillets son nom et son adresse et le remit à Gosi. Mais ce fut en vain que le valet de Chicot y porta les yeux, car il ne savait pas lire.

CHAPITRE XXIII

COMMENT LE PRIEUR DU COUVENT DES JACOBINS FAISAIT APPARAITRE LA VIERGE MARIE AU FRÈRE JACQUES

Gosi, depuis le départ de Chicot pour la Touraine, habitait, rue Hautefeuille, une petite chambre que la señorita Jovita avait louée pour lui dans une maison voisine de sa demeure.

Il y rentra vers trois heures du matin.

Il se mit au lit; mais ne pouvant dormir à cause de la fièvre que lui occasionnait sa blessure, il fit les réflexions suivantes en attendant le sommeil :

— Gosi, mon ami, tu es un sot et un malhonnête homme. Si tu n'étais que sot, tu serais excusable, parce que nul n'est tenu de venir au monde avec de l'esprit; mais la malhonnêteté dépend de soi. Tout homme a une conscience et tout homme qui, avant d'agir, consulte sa conscience, sait si ce qu'il fait est bien ou mal fait, bon ou mauvais. Un jour, poursuivi par le remords d'une lâche action que tu avais commise, tu voulus en finir avec la vie. N'ayant plus le courage de ton déshonneur, tu te pendis. Mais Dieu t'envoya un sauveur dans la personne de M. Chicot; sans lui, où serais-tu aujourd'hui? Tu lui as joué ton obscure existence contre des poignées d'or, tu as perdu; donc tu n'as pas le droit de risquer ta vie sans son ordre, car tu es devenu sa propriété. Si, il y a quelques heures, tu avais été tué, rue des Cordeliers, M. Chicot aurait été dans son droit de se plaindre, car en mourant, tu le volais. Désormais tu ne dois plus fréquenter les tavernes ou les cabarets; ton devoir te dit d'obéir à ton maître. Il t'a placé auprès de la señorita Jovita de Comacho, tu ne dois pas t'éloigner de sa demeure sans son commandement. M. Chicot, en partant, t'a rendu responsable de tous les malheurs qui pourraient lui arriver, tu dois constamment veiller sur elle... Tu n'es plus un homme, mon pauvre Gosi, tu es un gain, un enjeu qu'un joueur heureux a gagné... Tu représentes pour lui une poignée de pièces d'or... Allons, Gosi, tâche de racheter ton passé, puisque tu as consenti à te rattacher à la vie... ne risque plus de te faire tuer... inutilement... sois honnête, mon ami!...

Les paupières du blessé se fermèrent, alourdies par la fatigue. Sa tête se renversa sur l'oreiller : il dormait.

A cette même heure, dans la maison voisine, la nièce de l'ambassadeur de S. M. Philippe II veillait en proie à une cruelle anxiété. Sa chambre à coucher était simplement éclairée par un flambeau à deux branches posé sur une petite table; sur cette table, il y avait un encrier, des plumes et du papier.

La jeune fille, pour la vingtième fois peut-être, venait de s'asseoir pour essayer d'écrire, mais sa main tremblait, et ses idées confuses se heurtaient dans sa tête. Elle poussa un long soupir et de sa main frémissante froissa la lettre commencée qu'elle jeta sur le parquet.

Alors, pâle comme une morte, le regard flamboyant, elle quitta sa place et marcha dans la chambre avec agitation. Sa riche chevelure plus noire que l'ébène inondait de ses tresses soyeuses ses admirables épaules. Sa bouche sous l'empire d'une sombre pensée se contractait et laissait échapper des phrases inintelligibles. Les mots inarticulés qui tombaient ainsi de ses lèvres ressemblaient à des cris de douleur. Il fallait que la pauvre enfant souffrît bien réellement pour qu'elle s'abandonnât, seule, dans la nuit à un violent désespoir. Elle, que nous avons vue si heureuse, si confiante dans l'avenir, croyant plus que jamais à l'amour du chevalier d'Aumale, et il n'y avait pas longtemps de cela, c'était lorsque Chicot était venu lui annoncer qu'il allait s'éloigner de Paris. L'illusion alors était rentrée dans son cœur; l'espérance la berçait de bien douces chimères. Mais, depuis, ses songes consolateurs s'étaient évanouis, Jovita se sentait mère. Or, ce n'était donc plus son propre honneur qu'elle avait à sauvegarder ou à défendre, c'était le nom de l'enfant qu'elle portait dans son sein, qu'elle voulait sauver de la honte et de l'infamie.

Que faire?

Le chevalier d'Aumale était avec l'armée du duc de Mayenne à guerroyer contre les royalistes. La campagne pouvait se prolonger, et l'époque de son retour était impossible à prévoir.

Dans cette poignante perplexité, la señorita Jovita avait voulu écrire à son amant, mais la difficulté de composer une lettre qui l'informât de sa position l'avait arrêtée. Et puis, à qui aurait-elle osé confier une missive d'une si grande importance pour elle? Le courrier pouvait être fait prisonnier par les gens du roi? Et elle aurait mieux aimé mourir que de faire connaître sa situation à un autre qu'au chevalier d'Aumale.

Enfin, abattue, brisée par l'insomnie, elle se jeta sur son lit, non dans l'espoir de trouver le sommeil qui fuyait sa paupière, mais pour attendre plus commodément le jour. Elle s'était arrêtée à l'idée de se rendre au Louvre où madame la duchesse de Montpensier, depuis l'entrée en campagne de son frère, donnait des audiences à ses amis et aux solliciteurs.

La señorita Jovita, vers dix heures du matin, monta en chaise à porteurs pour gagner la demeure royale, mais elle dut remettre sa visite au lendemain, car la foule encombrait les abords du château, demandant des nouvelles vraies de Mayenne. Elle pensa, avec justesse, que le moment était mal choisi pour se faire écouter de la duchesse, et le cœur gros et les larmes aux yeux, elle se fit reconduire chez elle.

Les nouvelles que la duchesse avait répandues la veille dans la ville avaient été reconnues fausses par les ligueurs un peu clairvoyants. A la joie avaient succédé le découragement et la consternation. Les royalistes qui avaient des intelligences avec l'armée furent heureux de publier que M. le duc de Mayenne avait fui en se dirigeant sur le Maine. Ces bruits divers détruisirent en quelques heures cette confiance illimitée que les Parisiens avaient dans les succès de la Ligue. Les zélés se refroidirent, et leur enthousiasme se changea bientôt en indifférence. Les politiques, qui, jusqu'à présent, n'osaient se montrer, commencèrent à lever la tête.

Une réaction se déclarait contre les Lorrains.

Les fougueux prédicateurs qui, deux mois auparavant montaient en chaire pour soulever la population, ne donnaient pas signe de vie. Pourquoi restaient-ils muets en des circonstances si précaires? C'était en haine des Lorrains et des grands seigneurs que Mayenne avait introduits, de son autorité privée, dans le gouvernement de la ville. Aussi l'élément populaire du parti de la sainte Union perdait-il son relief et son initiative en perdant ses orateurs.

A compter de ce jour, la Ligue entra dans sa période décroissante, tandis que le parti de Henri de Valois commença à se relever. La journée de Tours avait ramené un certain prestige autour de la personne royale, elle, tombée si bas dans l'opinion publique depuis sa fuite de Paris et surtout depuis son coup d'État de Blois.

Maintenant reprenons les événements où nous les avons laissés.

Après avoir eu une nouvelle entrevue avec le révérend P. Bourgoin, la duchesse de Montpensier envoya vers le soir une litière à mademoiselle Marie Jorand. La jeune fille vint aussitôt au Louvre.

— Mon enfant, lui dit la grande dame, je vous ai fait venir pour que vous m'accompagniez au couvent des Jacobins.

— Au couvent des Jacobins? fit Marie avec surprise.

— Oui. J'ai un petit service à vous demander.

— Oh! madame la duchesse, je suis toute prête à vous le rendre; vous avez toujours été si bonne pour moi que je suis bien heureuse de pouvoir vous servir.

— Vous savez, le portrait que j'ai fait faire de vous par M. Gaston...

— En sainte Vierge?

— Oui. Ce portrait a été placé par l'ordre du père prieur dans la chambre des méditations du couvent. Un pauvre moine l'a vu, et il est devenu religieusement passionné de cette sainte image qui représente la mère de notre Sauveur...

— Que me dites-vous là?

— Tout fanatique est un peu fou, ma chère enfant; et le frère Jacques, c'est ainsi qu'il se nomme, n'aspire plus qu'à la béatitude céleste où sainte Marie semble l'appeler.

— O mon Dieu!

— Ce jeune moine, continua la duchesse, est fort aimé du père prieur, car c'est un excellent sujet, et il s'est adressé à moi pour faire revenir le visionnaire de ses extases qui mettent sa vie en danger. Mais sans vous, mon enfant, je ne puis rien...

— Parlez, commandez, madame, reprit vivement la jeune fille, je suis prête à tout pour sauver la vie de ce saint homme.

— Le P. Bourgoin a imaginé de vous faire apparaître à Jacques dans le même costume que celui que vous portez dans le portrait, et, comme le pauvre fou se figure que la mère de Dieu doit venir le visiter sur la terre, il recouvrera, en vous voyant, le courage de vivre, car pour lui la prédiction divine sera accomplie.

— Partons, madame la duchesse, s'écria la fille de l'orfévre en se croyant l'instrument d'une œuvre pie.

— J'ai préparé, là, votre costume, venez, je vais vous en revêtir.

Et Marie suivit avec empressement la duchesse de Montpensier.

Deux heures plus tard, elles arrivaient au couvent des Jacobins, situé près de la porte Saint-Jacques.

La duchesse laissa Marie au parloir et se fit conduire par le frère tourier à la cellule du prieur.

Le révérend P. Bourgoin était occupé à confectionner une palme verte avec du papier artistement découpé. En apercevant madame de Montpensier, il se leva et alla au-devant d'elle.

— Frère tourier, dit-il en s'adressant au moine resté à la porte de la cellule, prévenez le sous-prieur que je n'assisterai pas à la prière du soir.

Le moine s'inclina avec respect et sortit.

Aussitôt le P. Bourgoin alla coller son oreille à la porte pour bien s'assurer que le frère tourier n'était pas derrière à écouter. Puis, bien convaincu qu'on ne l'espionnait pas, il revint vers Catherine de Lorraine qui s'était assise pendant qu'il faisait son petit manége, et lui dit :

— Maintenant, madame, nous pouvons causer tout à notre aise. Avez-vous vu la jeune fille ?

— Je l'ai amenée avec moi. Elle est dans le parloir.

— Très-bien.

— J'ai suivi à la lettre vos recommandations, elle a le costume avec lequel je l'ai fait peindre.

— A merveille !

— Et le frère Jacques ?

— Le frère Jacques est aujourd'hui un saint, dans un continuel exercice de pénitence ; il macère sa chair par les jeûnes et par les disciplines. Ce cher enfant fait tous les jours amende honorable au divin Sauveur de sa vie passée ; la mère du Christ est devenue son ange tutélaire, grâce à mes habiles exhortations. En ce moment, il est encore dans la chambre des méditations ; il y prie depuis deux heures.

— Persiste-t-il dans sa haine pour le tyran ?

— Oui, il est persuadé qu'il ne peut être digne de la vie éternelle qu'en versant le sang du Valois abhorré...

— Son fanatisme est-il assez fort pour le conduire jusqu'à Tours?

— Je crois qu'il serait imprudent de l'envoyer si loin. Je ne l'ai pas encore assez débarrassé des liens terrestres pour l'abandonner plusieurs jours de suite à lui-même.

— Il faudrait se hâter pourtant, mon père; nous ne pouvons pas attendre que Henri soit sous les murs de Paris pour confier un couteau à son bras!

— Trop de précipitation, madame, pourrait compromettre notre cause. Ce que je veux tenter aujourd'hui portera, je l'espère, un coup salutaire à l'esprit du jeune profès. L'idée est hardie, mais elle peut avoir avec une grande puissance sur un cerveau malade et surexcité... Venez, je vais vous montrer celui qui doit sauver la religion catholique des doctrines subversives de nos ennemis.

Le prieur, suivi de la duchesse, disparut dans le long corridor sombre qui longeait sa cellule. Il monta à un étage supérieur et introduisit madame de Montpensier dans une petite pièce obscure, où il n'y avait même pas un banc pour s'asseoir.

— C'est d'ici que je dirige les inspirations divines du frère Jacques, dit le moine.

— Par quel moyen?

— Par un moyen bien simple. Voyez cette petite meurtrière pratiquée dans la muraille.

La duchesse s'approcha de l'endroit indiqué et aperçut une ouverture étroite.

— Cette meurtrière, continua le prieur, donne dans la chambre des méditations, à côté de notre tableau de la vierge Marie. D'ici, sans être vu, j'épie toutes les sensations que Jacques éprouve pendant la prière. Lorsqu'il tombe en extase sur les dalles, à l'aide d'une sarbacane, je lui envoie des paroles de consolation ou d'encouragement qui relèvent sa force morale et qui lui font croire à sa mission de rédempteur sur terre.

— Tout cela est fort ingénieux, mon père.

— Tenez, madame la duchesse, veuillez vous approcher, et remarquez avec quelle ferveur le frère Jacques prie; quelle pieuse onction règne dans ses regards levés vers le ciel!...

Catherine de Lorraine aperçut, en effet, par l'étroite ouverture, Jacques à genoux au milieu de la chambre des méditations. Le jeune moine n'était plus ce vagabond à l'humeur batailleuse que nous avons vu combattre aux barricades et que ses camarades avaient surnommé le *capitaine Clément*, à cause de sa bravoure[1]; c'était un pauvre enfant amaigri par le jeûne, dont les grands yeux blancs paraissaient hagards, roulant au fond de l'orbite. Son visage hâve et décoloré se rapprochait plutôt de la physionomie d'un aliéné que d'un inspiré, et cependant, sous son air de souffrance, on pouvait encore deviner une grande force de résignation.

— Je vais vous quitter un instant, madame la duchesse, reprit le prieur; il faut que je prépare mademoiselle Marie au rôle qu'elle doit remplir auprès de Jacques.

— Allez, allez, mon père, répondit madame de Montpensier sans quitter des yeux le jeune moine.

Le prieur s'éloigna et descendit au parloir où était mademoiselle Jorand.

Tout à coup Jacques qui était à genoux se releva comme mû par un ressort; il leva les bras nus vers le ciel et s'avança vers le tableau en proie à un tremblement convulsif.

— O sainte Marie, mère de Dieu! dit-il d'une voix chevrotante. Ange de pureté et d'amour! céleste amante! immortelle beauté! tu as daigné jeter tes yeux divins sur mon obscure et indigne personne; tu as daigné accueillir les vœux fervents que je fais chaque jour pour la glorification et le triomphe de la sainte religion catholique, apostolique et romaine... O merci! Je t'aime! je t'aime autant qu'il est possible à un pécheur aussi intime, aussi misérable que moi!... Ta bonté divine me relève dans

---

[1] Voir le *Roi de Paris*.

mon abaissement... Toi seule est digne du ciel; toi seule est capable de jouir de la béatitude du séjour divin!... Mais moi, de quoi suis-je digne?... Je ne mérite même pas les douces consolations que tu m'envoies pour supporter mon exil sur terre... Que puis-je faire, dis-moi, pour mériter ma place dans le royaume de Dieu?... Je n'attends pas le bonheur ici-bas... Tu me l'as dit... il est au ciel, près de toi, dans le séjour des bienheureux!... O sainte entre les saintes, toi qui peux lire dans le fond de mon cœur; toi qui connais mes souffrances, mes désirs, mes vœux, viens à mon secours!... Sauve-moi de l'enfer: la mère du Christ ne peut pas abandonner un pécheur qui se repent!...

Le malheureux, au comble de l'exaltation, se laissa tomber à genoux sur les dalles en croisant pieusement ses bras sur sa poitrine.

La porte de la chambre des méditations s'ouvrit lentement et Marie Jorand parut, tenant une palme verte à la main.

— La mort du Valois, dit-elle d'une voix douce et harmonieuse, la mort du Valois est le prix que je mets à ta gloire éternelle... Ne crains rien, voici la palme du martyre.

La jeune fille jeta le rameau vert aux pieds de Jacques Clément et elle disparut. Puis la porte se referma.

A la voix qui frappait son oreille, le jeune moine avait tourné la tête. En apercevant Marie, il était resté immobile et sans souffle. On eût dit qu'il avait peur de faire évanouir, en bougeant, la divine apparition qui charmait ses yeux et enivrait son âme. Ses tempes étaient en feu et son cœur battait violemment.

Après avoir gardé pendant quelques minutes l'immobilité d'un homme frappé de la foudre, il se leva, s'élança vers la porte et la poussa avec force. Elle résista.

— Fermée, dit-il; je ne devais pas en douter...

Il reporta lentement ses regards dans l'intérieur de la chambre et aperçut sur les dalles la palme verte. Il s'en empara et a contempla avec ivresse.

— Aujourd'hui, murmura-t-il, elle ne s'est pas contentée de me faire entendre sa voix suave et pure, elle m'est apparue !... Ses beaux regards sont venus enflammer mon âme de leur feu divin... Je sens en moi une nouvelle source de vie, vive et féconde... qui redouble mon aspiration au bonheur de l'éternité... O céleste vision, tu es gravée à jamais dans mon souvenir... Ton image radieuse et vivifiante suffit au contentement de mon âme !...

Jacques s'interrompit, et pressa dévotement le rameau vert sur sa poitrine.

Puis il continua :

— Oui, j'ai bien entendu, tu m'as dit : — *La mort du Valois est le prix que je mets à ta gloire éternelle... Ne crains rien, voici la palme du martyre...* — Martyr, moi ! quelle faveur, le paradis me sera ouvert ! Alors, divine sainte, tu approuves ma mission... Mission sacrée dont le bon père prieur me trouvait déjà digne... Ce saint homme avait donc raison, puisque toi-même, en ce jour, viens me donner la force de l'accomplir !... Le révérend P. Bourgoin m'a dit bien souvent que de tuer un tyran était un crime, selon les lois humaines... mais toi, céleste mère du Christ, tu viens me faire bien comprendre que c'est un acte méritoire, selon les lois divines... Cette palme que je presse dans mes bras est le gage palpable de ta protection... tu me l'as laissé pour me soutenir dans ma foi... il ne me quittera plus !

— Attends-moi au ciel, divine protectrice, attends-moi, Jacques saura se rendre digne de ton amour et de la félicité éternelle que tu lui promets par son sincère repentir de ses péchés !... par le dur cilice qui meurtrit sa chair !... par ses jeûnes, ses veilles et ses prières !... Aie pitié de moi, ô mon ange gardien ! Et le Valois mourra de ma main.

Le pauvre moine chancela, fit un pas en avant comme un homme ivre et tomba inanimé sur les dalles de la chambre des méditations où cette scène mystique se passait.

Madame de Montpensier, cachée derrière la meurtrière, n'avait pas perdu une seule des péripéties de ce drame étrange.

— Eh bien, madame, lui dit le père prieur en revenant la rejoindre dans l'endroit où elle était, que pensez-vous de mon élève ?

— Un homme comme celui-là est capable de tout.

— Si Mgr de Mayenne, reprit le moine, ne fait pas prisonnier le Valois, nous aurons recours à Jacques.

— En attendant il faut soutenir la rébellion dans le cœur de la populace parisienne, car Paris est notre salut.

Puis, changeant de ton :

— Où est Marie ?

— Elle est dans le parloir, madame la duchesse.

Catherine de Lorraine remonta en litière avec mademoiselle Jorand et reconduisit la jeune fille chez sa mère.

Le lendemain, Jovita se rendait au Louvre et obtenait une audience de madame de Montpensier.

— Vous êtes à Paris, señorita ! dit-elle à la jeune Espagnole en feignant l'étonnement.

— Oui, madame.

— Vous avez bien fait de revenir à Paris.

— Avez-vous des nouvelles de d'Aumale ?

— J'ai reçu une dépêche de lui ces jours derniers.

— Reviendra-t-il bientôt ?

— Ma chère enfant, je ne puis vous le dire.

— Le temps paraît si long lorsqu'on s'ennuie !

— Son retour dépend de la tournure que prendront les événements.

— Je vais lui écrire.

— Señorita, remettez-moi votre lettre, j'expédie à l'armée de mon frère un courrier dans trois jours.

— J'accepte votre proposition, chère duchesse.

Jovita resta encore quelque temps à causer avec madame de Montpensier, puis revint chez elle où elle écrivit la lettre suivante :

« Mon cher chevalier,

« J'ai une nouvelle de la plus haute importance à vous apprendre. Je ne veux pas vous l'écrire, je ne dois vous la dire que de vive voix. Si vous tardez trop de rentrer à Paris, j'irai vous rejoindre, car je ne puis plus vivre sans vous.

« *Signé :* Don Alfonse. »

Après avoir cacheté soigneusement cette lettre, Jovita parut plus tranquille.

Elle frappa sur un timbre.

Sa suivante accourut.

— Dites à Gosi de venir me parler.

— Il est en bas, madame; depuis hier matin, il ne s'est pas absenté une minute de la maison.

— Cet homme est un serviteur dévoué; qu'il monte.

La suivante sortit pour exécuter l'ordre de sa maîtresse.

— Si je suis obligée d'aller rejoindre le chevalier, se dit alors la jeune fille, j'emmènerai Gosi.

Gosi entra.

— Gosi, dit Jovita, vous allez porter cette lettre au Louvre, vous la remettrez vous-même à madame la duchesse de Montpensier.

Gosi prit la lettre, s'inclina et sortit.

CHAPITRE XXIV

OU L'ON VERRA QUE M. L'AMBASSADEUR D'ESPAGNE MAUDIT LES AFFAIRES DE LA LIGUE ET LA CONDUITE DE SA NIÈCE.

Les deux Henri avaient séjourné huit ou dix jours dans la ville de Tours après la retraite précipitée du duc de Mayenne. Puis ils s'étaient séparés : Henri III avait pris la route de Poitiers, et Henri de Bourbon s'était dirigé sur Beaugency avec toutes ses troupes en remontant la Loire.

Chicot, lui, ne suivit pas son maître, il resta dans le faubourg de la Riche auprès de Jorand dont la position lui inspirait de graves inquiétudes.

Le blessé était fort souffrant. La fièvre et le délire faisaient craindre pour sa vie.

Le lendemain du départ du roi, le bouffon entra dans la chambre de l'orfévre. Le malade avait la physionomie cadavéreuse d'un pestiféré.

Le chirurgien prit Chicot à part et lui avoua que la gangrène s'était déclarée aux lèvres d'une plaie profonde que l'orfévre avait un peu au-dessous de l'aine du côté droit.

— A mon avis, c'est un homme perdu, ajouta-t-il

— Ventre-de-biche ! fit le fou.

Quand Chicot revint au lit du ligueur, celui-ci lui fit signe de s'asseoir à son chevet.

— Monsieur Chicot, lui dit-il d'une voix affaiblie, je crois bien que je ne pourrai pas vous payer des bontés que vous avez eues pour moi. Vous qui avez été si généreux, permettez-moi de vous témoigner toute ma reconnaissance aujourd'hui, car demain...

Le malade s'arrêta et tourna de grands yeux blancs, mornes et éteints, vers Chicot.

— Demain? répéta ce dernier.

— Demain, mon âme sera remontée au ciel.

— Quelle idée!

— Je lutte, je ne manque pas de courage, mais je sens que lorsque la mort vous a désigné de son doigt décharné, il faut la suivre.

— Comment, vous, un soldat, vous vous occupez de la mort avant qu'elle pense à vous!

Jorand essaya de sourire.

— Quand je serai mort, dit-il, promettez-moi d'aller à Paris; vous direz au vénérable curé Martinet que je lui confie Marie Jorand; cette jeune fille n'a plus que sa vieille mère pour veiller sur elle et il lui faut un guide... Martinet est dévoué, la charité chrétienne est le mobile de toutes ses actions; il ne refusera pas de s'intéresser à deux pauvres femmes qui restent isolées sur la terre...

Tout à coup le mourant se dressa convulsivement sur son séant et promena ses regards effrayants autour de lui.

Chicot se leva et s'approcha tout près de lui; Jorand le fixa mais il ne parut pas le reconnaître.

— Mon frère est mort pour la Ligue, dit-il, je meurs pour la Ligue. Vive Dieu et la Ligue!

Et l'orfévre se renversa épuisé sur sa couche, en continuant à parler; mais de son gosier, il ne sortait plus que des sons inarticulés... Le malheureux avait le délire.

Nous avons dit que Henri III s'était dirigé sur Poitiers; il voulait entrer dans cette vieille cité avant qu'elle se fût prononcée pour Mayenne; mais il arriva trop tard, les ligueurs s'en étaient emparés. Ils envoyèrent quelques boulets à ses soldats lorsqu'ils s'approchèrent des murs. Comme le roi n'était pas en force pour assiéger cette ville, il tourna les talons aux révoltés sans allumer une seule mèche, sans tirer une seule arquebusade. L'humiliation dans l'âme, il se retira à Châtellerault.

Là, d'heureuses nouvelles devaient lui faire oublier sa malheureuse expédition.

Il apprit que le sieur de Châtillon avait battu aux environs de Chartres six ou sept cents ligueurs commandés par le gouverneur de Dourlans.

Le Béarnais avait envoyé immédiatement Châtillon au roi de France avec les deux cornettes qu'il avait conquises dans ce beau fait d'armes.

Henri III le reçut avec une grande démonstration de joie.

— Monsieur, lui dit-il, vous m'avez rendu depuis quinze jours deux services dont je vous serai reconnaissant toute ma vie. Je ne regrette qu'une chose, c'est que vous ne soyez pas catholique.

— Sire, répondit Châtillon, mon père était huguenot et je veux mourir dans la religion de mon père.

Le roi se mordit les lèvres et se tourna vers un moine dominicain qui était près de lui.

— Mon père, lui dit-il, chargez-vous de le convertir.

— J'y songerai, Sire, répondit le moine.

Sur ces entrefaites, on vint annoncer au roi la bataille de Senlis.

Cette victoire avait été remportée sur les ligueurs par le brave Lanoue, dit *Bras de Fer*, et par M. de Longueville qui commandaient les royalistes.

Malgré la prodigieuse activité et les intrigues de madame la duchesse de Montpensier, la Ligue perdait peu à peu sa puissance et son prestige. Les Parisiens royaux bravaient en face les Parisiens ligueurs. Mais l'effroi fut à son comble, lorsque deux jours après la bataille de Senlis, M. de Lanoue et le duc de Longueville parurent devant le château de Vincennes qu'ils ravitaillèrent. Cette forteresse était la seule à trente lieues à la ronde qui, depuis le commencement des troubles, n'eût cessé de tenir pour Henri III. M. de Longueville détacha Givry avec ses chevau-légers pour qu'il donnât la chasse à quelques volontaires de la Ligue qui étaient sortis des faubourgs.

Le peuple réclama à grands cris le retour du lieutenant général.

Madame de Montpensier écrivit à Mayenne, qui était encore à Alençon, et renonçant à ses projets sur la Normandie, il revint au Louvre pour rétablir l'ordre et relever le courage de ses partisans.

Le chevalier d'Aumale, lui, avait devancé d'un jour l'arrivée de son cousin. Il avait vu la duchesse et quelques membres du conseil de l'Union, puis il était allé à la demeure de don Gaspar d'Alcégas.

L'envoyé de Philippe II était absent ; il lui laissa un mot pour le prier de venir le trouver aussitôt qu'il pourrait disposer d'un instant.

Don Gaspar d'Alcégas s'était rendu chez M. l'ambassadeur pour mettre à exécution des instructions que le chevalier lui avait données par lettre, relativement à Jovita.

D'Aumale avait reçu la missive de la jeune Espagnole par une estafette de sa cousine, et au lieu de lui répondre, il avait écrit à don Gaspar de l'enlever de Paris par n'importe quel moyen, pourvu qu'il ne la retrouvât pas rue de Hautefeuille à son retour. Celui-ci venait donc de se rendre chez l'ambassadeur pour lui dévoiler la présence de sa nièce en France. Il espérait ainsi contenter le chevalier, et avoir l'air de rendre un service à Bernardin de Mendoze.

Don Gaspar d'Alcégas, en arrivant chez l'ambassadeur, trouva son antichambre remplie de ligueurs influents qui sollicitaient une audience. Ces amis de l'Espagne, inquiets de la tournure désespérante que prenaient les affaires de la Ligue, ne croyaient au triomphe de leur cause qu'avec le secours de Philippe II.

Vers le soir seulement don Gaspar fut introduit.

— Venez-vous aussi me faire un tableau navrant de la situation politique ? lui demanda Bernardin de Mendoze.

— Non, monseigneur, je ne viens pas vous entretenir de choses sur lesquelles je n'aurais plus rien à vous apprendre.

— Alors, qu'est-ce qui vous amène, señor ?

— Une affaire qui vous regarde personnellement.

— Moi ?

— Oui, monseigneur.

— Parlez, je vous écoute.

— Il y a six mois, vous aviez, je crois, une de vos parentes à Paris...

— Ma nièce.

— La señorita Jovita de Comacho.

— Elle habitait avec moi à l'ambassade.

— Monseigneur sait-il où est cette jeune personne à présent ?

— Ma nièce est retournée à Madrid.

— A Madrid ; monseigneur en est sûr ?

— Très-sûr.

— Eh bien ! je viens vous annoncer que la señorita Jovita n'est plus en Espagne.

— Où est-elle donc ?

— En France.

— Dans quelle ville ?

— Dans la capitale.

— Ma nièce à Paris !

— Oui, monseigneur.

— Vous vous trompez, señor.

— Je ne le pense pas.

— C'est impossible !

— C'est si peu impossible, monseigneur, que cela est.

— Vous la connaissez ?

— Très-bien ; puisque c'est avec moi qu'elle est revenue à Paris.

— Avec vous?

— Oui, monseigneur. Lorsque je partis de Madrid avec des dépêches que S. M. Très-Chrétienne vous adressait, je rencontrai aux environs de Loches, dans une hôtellerie, un jeune seigneur qui voyageait en poste. Ce voyageur m'entendant parler la langue espagnole, s'approcha de moi et me dit venir de Madrid. Comme nous faisions même route, j'achevai mon voyage en sa compagnie.

— Et ma nièce?

— Ce jeune seigneur espagnol était la señorita Jovita.

— Que me dites-vous là?

— La vérité, monseigneur.

— Et pourquoi ne m'avez-vous pas instruit plus tôt de cette aventure.

— Parce que j'ignorais d'abord que mon compagnon fût une femme, et ensuite parce que je ne savais pas qu'il fût de votre famille.

Nos lecteurs savent ce qu'il y a de vrai dans les paroles de don Gaspar d'Alcégas.

— Comment, reprit Bernardin de Mendoze, avez-vous su que cette jeune fille était ma nièce?

— Par le plus grand des hasards. Il y a quelques jours, aux environs du Louvre, j'aperçus la señorita dans une litière, mais en costume féminin. La ressemblance de cette jeune personne avec l'inconnu qui était venu avec moi à Paris, piqua ma curiosité. Je suivis la litière et je sus bientôt qu'elle demeurait rue de Hautefeuille.

— Rue de Hautefeuille? répéta Mendoze.

— Oui, monseigneur.

— Ensuite?

— Je profitai, un jour, c'était avant-hier, de son absence de sa demeure pour questionner sa camériste, et à l'aide de mon titre de compatriote, j'obtins facilement les renseignements que je demandais, qui bientôt allèrent jusqu'aux confidences.

— Quelles confidences a pu vous faire la chambrière?

— Monseigneur regrettera peut-être de les connaître lorsque je les lui aurai apprises.

— Non, non, parlez, je veux tout savoir.

— Si j'ai agi ainsi, monseigneur doit bien supposer que c'est uniquement à cause de l'intérêt que je lui porte et du devoir que m'imposent mes fonctions d'envoyé secret.

— Je sais, señor, que vous êtes un serviteur fidèle et dont le dévouement est sincère. Continuez.

— J'appris que la señorita Jovita était revenue en France, conduite par une inclination de cœur...

— Ah! ah! fit l'ambassadeur.

— Il paraît, à ce que l'on m'a dit du moins, qu'elle aime un gentilhomme de haute naissance...

— Son nom?

— Je l'ignore, monseigneur.

— Vous l'ignorez?

— Si monseigneur le désire, je puis tâcher de le savoir.

— C'est inutile, reprit vivement Bernardin de Mendoze. Ce que vous venez de m'apprendre suffit pour que je ne tolère pas plus longtemps la présence de ma nièce à Paris. Je n'ai pas besoin de vous recommander le plus grand secret sur toute cette affaire...

— Monseigneur peut être sûr de ma discrétion.

— Il faut, à tout prix, éviter le moindre scandale, car dans la position que j'occupe il est à redouter. Les politiques ne manqueraient pas de publier partout, avec plus ou moins de commentaires, les étourderies de ma nièce, et il faut toujours se garder de donner prise à la médisance ou à la calomnie.

— Je suis de l'avis de monseigneur.

— Pourriez-vous, señor, vous charger de mener ma nièce au delà des Pyrénées?

— Assurément, si monseigneur veut m'en donner par écrit les pleins pouvoirs.

23.

— Je ne voudrais pourtant pas vous charger de cette mission comme d'une mission officielle.

— Si je demande votre signature, monseigneur, c'est afin de prouver à la jeune fille qu'elle ne peut s'opposer à son départ. Je veux, par conséquent, avoir en main une preuve de mon autorité sur elle.

— C'est juste.

Bernardin de Mendoze se mit à une table, écrivit quelques lignes sur un papier, puis, ouvrit un tiroir et y prit une poignée de doublons d'Espagne.

— Señor d'Alcégas, dit-il, voici l'ordre de reconduire la señorita Jovita de Comacho en Espagne auprès de sa tante.

Don Gaspar prit le papier que lui présentait l'ambassadeur.

— Et voici pour vos frais de route, reprit Mendoze en désignant du doigt la pile de doublons qui était sur la table. Il ne me reste plus qu'à vous recommander la plus grande diligence dans l'exécution de mes ordres.

— Que monseigneur s'en rapporte à mon zèle, répondit l'Espagnol en empochant la pile d'or.

— Ah! dit l'ambassadeur en retenant par l'intonation de sa voix don Gaspar qui allait sortir, il est bien entendu que je ne veux avoir aucune entrevue avec cette maudite enfant, avant son départ.

— Je l'avais deviné, monseigneur.

Après la sortie de don Gaspar d'Alcégas, M. l'ambassadeur resta pensif quelques instants, puis il dit en manière d'exclamation :

— Il n'y a plus à en douter, c'est cet endiablé de chevalier d'Aumale qu'elle aime!

CHAPITRE XXV

COMMENT MADEMOISELLE JORAND RENCONTRA LE CHEVALIER D'AUMALE,
ET LA CONVERSATION QU'ILS EURENT ENSEMBLE

Le duc de Mayenne, après avoir pris la ville d'Alençon par composition, arriva le 30 mai à Saint-Cloud. Il y dîna, puis, sans entrer dans Paris, alla coucher à Saint-Denis.

Le lendemain il vint à Paris, vers le soir, et se rendit à l'Hôtel de Ville où le conseil s'était réuni pour le recevoir. De là, il se dirigea vers le Louvre, où il soupa; puis, lorsqu'il eut donné congé à ses familiers, il alla vers minuit chez mademoiselle Agnès de Novielle pour s'informer de la santé de Gaston.

Le jeune homme n'habitait plus chez la maîtresse du duc; entré en convalescence depuis quelques jours, il avait voulu retourner à son domicile pour y achever sa guérison.

— Ma chère Agnès, dit le duc, je compte toujours sur votre amitié pour que Gaston ne manque de rien; je porte beaucoup d'intérêt à ce jeune homme.

— Cela suffit, mon cher duc, répondit la jeune femme, vous savez bien que j'aime tous ceux que vous aimez, car c'est un grand bonheur pour moi de partager vos plaisirs, comme vos peines.

— Toujours bonne et dévouée, répondit Mayenne. Combien ce jeune homme a dû se trouver heureux de recevoir les soins d'une femme comme vous!

— Duc, j'étais pour lui la Providence, puisqu'il était abandonné...

— L'a-t-il compris au moins?

— S'il doit être reconnaissant envers quelqu'un, c'est envers vous, Charles; car ce que j'ai fait n'a été que pour vous être agréable...

— Je ne lui demande rien, ma chère amie; je ne tiens même pas à ce qu'il sache que les bontés que vous avez eues pour lui viennent indirectement de moi.

— Vous cachez vos bienfaits, quand tant de gens les affichent au grand jour pour obtenir les approbations de la foule comme récompense : c'est noble et grand cela !

— Agnès, je ne suis pas plus vertueux que je ne le parais; ne me faites donc pas un mérite d'une chose toute simple et toute naturelle... Gaston est un brave jeune homme, et je ne vous ai pas dit que sa naissance mystérieuse le rendait digne de la protection d'un Guise. Contentez-vous d'apprendre, pour aujourd'hui, que le sang qui coule dans ses veines est un sang noble...

— très-noble... Maintenant permettez-moi, ma belle, d'oublier notre protégé, pour ne penser qu'à vous, et être tout à vous. Vos beaux yeux par leurs éloquents regards me disent assez que vous m'aimez toujours!...

— Toujours, répéta la jeune femme, mais vos longues absences, cher duc, me rendent bien triste, bien malheureuse...

— Quand on occupe une position aussi importante que la mienne dans l'État, on est bien forcé d'obéir aux événements.

— Est-ce que vous allez encore quitter Paris?

— Hélas! oui.

— Quand?

— Demain.

— Demain !

— Il faut bien que je concentre mes troupes autour de la capitale, si je veux remporter des victoires sur mes ennemis. Avant un mois ils seront, si je ne les bats, sous les murs de la ville.

— Ah ! Charles, quand donc cette maudite guerre civile finira-t-elle ?...

Et Agnès s'appuya sur l'épaule du gros Mayenne, qui était assis sur le canapé à côté d'elle, en le regardant tendrement.

Laissons Charles et Agnès causer de leur amour et revenons à don Gaspar d'Alcégas dont nous avons perdu la trace depuis sa sortie de l'ambassade d'Espagne.

L'envoyé de Philippe II avait trouvé en rentrant chez lui les tablettes du chevalier d'Aumale. Comme il était tard, il avait dû remettre sa visite au lendemain. — Lorsqu'il se rendit chez le chevalier, on lui dit qu'un ordre du lieutenant général de la couronne l'avait momentanément éloigné de la capitale. On lui avait ordonné de réunir tous les soldats qu'il avait sous son commandement et de les amener sous les murs de la ville, afin de la mettre désormais à l'abri des insultes de quelque nouveau Givry.

Pendant huit jours, notre Espagnol n'entendit pas parler du chevalier ; il attendit donc patiemment son retour. Il se présenta plusieurs fois, pendant ce laps de temps, à la demeure de la señorita Jovita, avec laquelle il était resté en bonnes relations ; mais, elle aussi, était absente. Il apprit de la camériste que sa maîtresse avait revêtu un beau matin son costume d'homme, et qu'elle était partie sans dire où elle allait. Tout faisait supposer qu'elle avait entrepris un nouveau voyage.

Don Gaspar d'Alcégas, pour passer le temps, vivait joyeusement en dépensant les doublons de son ambassadeur.

Vers le 15 juin, un trompette lui apporta une dépêche du chevalier d'Aumale. Elle était conçue en ces termes :

« Je viens d'arriver avec mes soldats sous les murs de la

« ville; je suis campé à la grange Batelière. Venez, je vous
« attends.

« Signé : D'Aumale,
« *Colonel général de l'infanterie française.* »

Don Gaspar d'Alcégas répondit :

« Dans une heure, colonel, je serai à vos ordres. »

Il plia la lettre, la cacheta, et la remit au trompette.

La grange Batelière était située à trois cents pas de la porte de Montmartre. Elle se composait de deux corps de bâtiments entourés de murs. A côté, coulait un ruisseau, le long duquel avait été établi le campement des ligueurs.

L'Espagnol fut exact au rendez-vous.

D'Aumale le reçut dans la grange Batelière, où il avait élu domicile pour le moment. Cette petite ferme avait à chaque angle de sa cour une sentinelle qui lui faisait les honneurs du qui-vive, comme si elle eût été le donjon de Vincennes.

— Je suis résolu de mettre à exécution, monsieur, dit le chevalier, le projet dont je vous ai parlé relativement à la señorita Jovita.

— L'enlèvement ?

— Oui. Dernièrement j'ai encore reçu d'elle une lettre dans laquelle elle me dit qu'elle ne peut plus vivre sans moi; mais comme moi, je puis bien vivre sans elle, il faut qu'elle parte.

— Soit, señor.

— Avez-vous réfléchi à son départ depuis notre dernier entretien ?

— Beaucoup, señor.

— Et qu'avez-vous fait ?

— J'ai abandonné l'idée que vous aviez eue, de nous servir de l'entremise de don Diego de Yberra pour faire savoir à Mgr l'ambassadeur la présence de sa nièce à Paris.

— Vous avez trouvé un autre expédient ?

— J'ai pris tout sur moi. Je me suis présenté à l'ambassade et j'ai tout conté à l'oncle.

— Ah bah !

— C'est comme j'ai l'honneur de vous le dire.

— Qu'en est-il résulté?

— Il en est résulté que M. de Mendoze m'a donné plein pouvoir de reconduire la jeune fille, de gré ou de force, au sein de sa famille.

En disant cela, l'Espagnol remit un papier signé de l'ambassadeur, au chevalier d'Aumale.

Celui-ci y jeta les yeux, puis le rendit en souriant à don Gaspar.

— Tout est pour le mieux.

— En effet, tout serait pour le mieux, si je savais où est la señorita.

— Elle a donc quitté Paris?

— Oui, señor

— Rassurez-vous, elle y reviendra.

— Vous savez ce qu'elle est devenue?

— Non; mais je m'en doute.

— Sa camériste est moins avancée que vous alors, car malgré toute sa bonne volonté, elle n'a pu me donner le moindre renseignement sur sa disparition.

— La señorita Jovita ne recevant pas une réponse de moi à sa lettre, n'aura pu résister au désir de me voir, elle se sera mise en route pour me rejoindre dans le Maine; mais comme depuis quinze jours je ne suis pas resté vingt-quatre heures dans le même cantonnement, il lui sera fort difficile de me rejoindre. Attendons et épions son retour.

— Señor, je veillerai, s'il le faut, nuit et jour.

— Bien. Arrangez-vous de façon à pouvoir partir, une heure après que je vous aurai prévenu, dans le cas où la señorita viendrait ici me surprendre, en échappant à votre surveillance.

— Fiez-vous à moi, señor.

Le chevalier d'Aumale remit encore une somme d'argent assez forte à l'Espagnol; puis quitta la grange Batelière pour rentrer dans Paris avec lui.

L'avenir, pour la belle Jovita de Comacho, était gros de déceptions et de malheurs ; cet avenir limpide et radieux que son cœur avait rêvé dans ses moments d'illusion et d'amour, ne devait pas se réaliser. Le sentiment passionné de son âme l'avait emportée vers un abîme, dont elle eût été effrayée si, dans un moment de froide raison, elle avait pu en sonder la profondeur. Mais la pauvre señorita était dans une position où une réflexion tardive n'eût servi qu'à lui montrer qu'elle était dupe de son cœur, en attendant peut-être qu'elle en fût la victime.

Jovita, depuis quelques jours, avait quitté la capitale pour se rendre près du chevalier d'Aumale. En compagnie du brave Gosi, elle s'était dirigée vers le Maine.

Le chevalier d'Aumale était heureux de l'absence de la jeune Espagnole ; il se sentait plus libre, plus audacieux encore que de coutume. Ses idées de débauché le ramenèrent alors naturellement au projet de séduction, qui avait germé dans sa tête depuis le jour où il s'était trouvé avec mademoiselle Marie Jorand à la cérémonie de Sainte-Geneviève. Une pareille conquête pour sa nature ardente et brutale avait un prix inestimable. La candide vertu de cette naïve enfant piquait la curiosité de ses vices éhontés. Et puis l'éloignement de Pierre Jorand le rendait encore plus hardi et plus fou ; comme il avait l'habitude de vaincre, il espérait une victoire facile.

Si nos lecteurs n'ont pas oublié la scène de Gaston et de Marie chez madame la duchesse de Montpensier, ils savent que la jeune fille était presque indifférente aux protestations d'amour du jeune homme, ce qui prouve que le chevalier d'Aumale, par ses discours mielleux de gentilhomme, avait trouvé le chemin de son cœur.

Quelques jours après, vers la fin d'une belle journée attiédie par les rayons mourants de l'éclatant soleil de juin, deux personnes se promenaient lentement à l'ombre de grands arbres, dans le jardin attenant à la maison que possédait madame de Montpensier au delà de la porte Saint-Germain. L'une de ces personnes était le chevalier d'Aumale, l'autre était mademoiselle Marie Jorand.

La jeune fille, les yeux baissés et le cœur palpitant, s'appuyait heureuse sur le bras du gentilhomme.

Marie était venue dans la maison de campagne de la duchesse pour lui demander des nouvelles de Pierre Jorand. Le vénérable curé Martinet, qui, depuis son arrivée à Paris, demeurait dans la maison de l'orfévre, avait reçu une lettre de Chicot, dans laquelle il lui apprenait que Jorand avait été grièvement blessé au siége de Tours. Mais au lieu de rencontrer Catherine de Lorraine, la jeune fille avait été reçue par le chevalier. A sa vue elle avait éprouvé une douce surprise, dont l'émotion lui avait été au cœur. — D'Aumale était donc parvenu à avoir avec celle qu'il aimait l'entrevue qu'il souhaitait si ardemment.

— Ma cousine, avait-il dit à la jeune fille, est retenue au Louvre, elle ne pourra venir que ce soir.

Marie, qui était accompagnée de Martinet, avait voulu se retirer, mais le chevalier l'avait engagée à rester en lui disant que la duchesse devait l'emmener aux Jacobins.

La jeune fille avait trouvé tout naturel ce que lui disait d'Aumale, et pour ne pas laisser sa mère dans l'inquiétude, elle avait prié M. Martinet de retourner au pont au Change.

Le vieux prêtre, qui était le plus honnête homme du monde, n'avait pas eu le moindre soupçon sur les intentions du chevalier, et s'en était allé pour annoncer à madame Jorand que sa fille ne rentrerait qu'assez tard dans la soirée.

Comme il arrivait aussi quelquefois à madame de Montpensier de garder auprès d'elle Marie jusqu'à dix ou onze heures du soir, cela ne devrait pas sembler extraordinaire à madame veuve Jorand.

Le chevalier avait donc bien pris ses mesures, car c'était lui qui avait reçu au Louvre une demande d'audience de la jeune fille, et au lieu d'en instruire sa cousine, il y avait répondu en lui disant qu'elle ne pouvait la recevoir que dans sa maison du faubourg Saint-Germain. La brebis était donc dans la gueule du loup.

Au moment où nous nous retrouvons, le chevalier et Marie se promenant à l'ombre des grands arbres, le P. Martinet venait de partir. Nos amoureux, invités par la beauté d'un jour caressé par la molle langueur du soleil couchant, étaient descendus au jardin.

D'Aumale avait offert son bras, et la jeune fille y avait appuyé le sien, s'abandonnant au ravissement inconnu qui emplissait son âme.

Ils marchèrent quelque temps en silence.

— Comme cette journée est belle, dit le chevalier en désignant l'espace dont l'infini se perdait dans un suave et doux ciel d'azur. Voyez, Marie, comme la brise légère agite faiblement les feuilles de cet arbuste; regardez ce petit oiseau qui dans ce massif, saute de branche en branche pour fuir notre présence; il fuit sans nous faire entendre la mélodie de sa voix; il fuit parce que nous venons le troubler dans la solitude qui lui est chère, il voudrait dérober à nos yeux les mystères de ses tendres amours...

La jeune fille regarda le jeune homme et retint un soupir.

— O Marie, reprit d'Aumale, si vous saviez combien je suis heureux de me trouver ainsi seul avec vous, loin des regards de la foule, loin du bruit du monde! Si je pouvais vous dire quelle ineffable ivresse ressent mon cœur... vous comprendriez tout le bonheur que j'éprouve à sentir votre bras s'appuyer sur le mien, mes regards à rencontrer vos yeux, ma main à presser votre main...

Marie fit un mouvement pour s'éloigner.

Le chevalier l'arrêta.

— Ne cherchez pas à me fuir, enfant; ce que je vous dis est l'expression de mon cœur. Quand on aime, Marie, on peut dissimuler, combattre pendant quelque temps son amour; mais il arrive un moment où il faut que la passion qui vous domine trouvé un écho dans le cœur de la personne aimée... sinon le désespoir succède au bonheur, et la mort au désespoir...

Par un mouvement brusque la jeune fille quitta le bras du chevalier d'Aumale.

— Mon enfant, lui dit-il, ne me faites pas un crime de l'aveu que vous venez d'entendre ; j'étais déterminé à vous cacher mon amour pour vous, mais j'ai succombé à l'occasion que le hasard m'a offerte de me trouver aujourd'hui seul avec vous...

Marie appuya la main sur son cœur, et se laissa tomber en pâlissant sur un banc abrité d'une charmille.

— Pardonnez-moi, reprit le jeune homme en se jetant aux genoux de Marie, pardonnez-moi ; un homme qui a voulu mourir peut bien avoir un instant de folie...

— Vous avez voulu mourir !...

— Oui, j'ai voulu mourir pour vous, Marie, j'ai offert ma poitrine sur le champ de bataille aux coups des ennemis, mais le ciel m'a refusé le bonheur de prononcer votre nom en rendant le dernier soupir...

— Mon Dieu ! est-il possible, j'aurais été la cause involontaire de votre mort ! s'écria la jeune fille toute tremblante.

— Pourquoi alors, ma chère Marie, êtes-vous si jolie, si belle, si charmante ! Dieu vous a accordé tant de charmes pour inspirer l'amour ! Le hasard m'a placé sur la route de la vie pour vous voir passer, et je vous ai vue, et je vous ai admirée... En subissant l'influence de votre beauté, mon admiration s'est changée en passion, et dès cet instant toutes mes pensées se sont tournées vers vous !

Le chevalier prit la main de la jeune fille et y posa ses lèvres.

Marie était si émue qu'elle le laissa faire.

D'Aumale se plaça sur le banc à côté d'elle, et reprit :

— Toutes les fois que je vous rencontrais j'éprouvais une émotion nouvelle, j'étais heureux, et si vos beaux yeux se levaient vers moi, il me semblait qu'un rayon radieux de la lumière divine pénétrait jusqu'à mon cœur. Un trouble indicible s'emparait de mes esprits, je devenais immobile, timide; j'avais peur comme un écolier pris en faute, je me faisais un crime de mes sentiments, comme si mon amour eût dépendu de ma volonté!... Lorsque, dans une des cérémonies de la Ligue, la politesse me permit de vous offrir mon bras; alors ce fut là que je sentis le bienheureux danger de vous aimer... je compris la distance qui existait entre l'enfant d'un bourgeois et l'héritier d'une famille princière... je ne pouvais pas descendre jusqu'à vous, je ne pouvais pas vous élever jusqu'à moi... et arrêté devant cet abime infranchissable, le vertige m'a pris, je ne me suis pas senti assez fort pour le tourner, pour m'en éloigner...

— Et c'est alors que vous avez pensé à mourir, s'écria Marie dont les yeux étaient mouillés de larmes.

— Oui, mon enfant; je voulais tomber frappé au milieu de mes compagnons d'armes, en emportant le secret de mon amour.

— Et qui vous dit que je ne serais pas morte aussi en apprenant que vous aviez été tué?

— Vous m'aimiez donc, Marie?

La jeune fille ne répondit pas; elle cacha sa figure dans ses mains et fondit en pleurs.

Le chevalier d'Aumale l'enlaça de ses bras et l'attira sur sa poitrine. L'enfant inclina sa tête sur l'épaule du jeune homme et ne chercha plus à retenir ses larmes.

Pleurer est souvent un soulagement pour la douleur, surtout lorsqu'elle vient du cœur.

Marie resta ainsi quelques minutes; on eût dit qu'elle avait oublié où elle était; un baiser que d'Aumale lui déposa sur le front la fit revenir à elle. Un long frisson lui parcourut le corps, et elle se débarrassa vivement des étreintes de son amant. Elle essuya ses larmes et parut honteuse de son moment de faiblesse.

— Ne craignez rien, Marie, lui dit le chevalier; l'aveu que vous venez de me faire ne sortira jamais de ma bouche, il ne sera jamais connu que de moi seul. J'ai trop de respect pour votre personne et trop de grandeur d'âme pour abuser d'un secret qui me rattache à la vie en me donnant toutes les félicités du cœur. Puisque je suis sûr de votre amour, je dois désormais être fier de mon existence.

— Ah! chevalier, reprit la jeune fille, j'ai longtemps lutté contre moi-même pour ne pas vous aimer! Lorsque j'allais chez madame la duchesse de Montpensier, et que vous n'étiez pas là, je pensais à vous, et je me disais : Tu es folle; vois ces lambris dorés, ces tapis, ce luxe princier qui orne ces beaux appartements; regarde autour de toi, ces grands seigneurs et ces grandes dames, avec leurs riches habits, ils sont nés pour habiter un palais, mais toi, pauvre fille qui es née dans la maison d'un orfévre, Dieu t'a refusé la noblesse de la naissance et les faveurs de la fortune; résigne-toi donc en étouffant les battements de ton cœur, résigne-toi donc, car tu dois vivre et mourir dans l'humble condition où tu as été placée sur terre...

— Pauvre enfant, fit d'Aumale.

— Vingt fois je me suis efforcée de me rendre à ces raisonnements; vingt fois j'ai eu recours à la prière pour vaincre le démon tentateur qui s'était emparé de mon esprit et toujours j'ai succombé dans la lutte.

— C'est que vous étiez née pour m'aimer, Marie; c'est que le sang qui coule dans vos veines est, devant Dieu, aussi pur que celui qui coule dans les miennes; il n'y a que les hommes qui font la différence d'un sang noble et d'un sang roturier, mais ils ont la même essence, la même source, et, devant l'amour, ils sont tous égaux, quand ils donnent la vie à deux êtres qui s'aiment.

— Ces pensées, je les ai déjà eues, reprit la jeune fille en regardant le chevalier de ses beaux grands yeux un peu rougis par les pleurs, mais je n'osais m'y arrêter, je les repoussais, comme issues d'une orgueilleuse prétention. Ah! pourquoi ne suis-je pas sortie victorieuse de la lutte que j'avais essayé de soutenir!...

24.

— Regrettez-vous de m'aimer ?

— Quand j'étais seule à connaître le secret que je vous ai révélé, j'éprouvais un plaisir bien doux à vous voir, à me trouver dans les endroits où j'espérais vous rencontrer, je me disais : Il ignore mon amour et il l'ignorera toujours. Aujourd'hui tout est changé, il faut que désormais j'évite votre présence...

— Pourquoi ? ma chère enfant.

— Parce que maintenant je n'oserais plus jeter les yeux sur vous sans avoir peur de trahir l'état de mon cœur ; il me semble que vos regards rencontrant les miens suffiraient pour apprendre à ceux qui nous entoureraient la faute que j'ai commise en osant penser à vous.

— Rassurez-vous, Marie, chassez de votre esprit ces craintes chimériques ! Le secret que vous m'avez confié est sacré pour moi, et je préférerais m'ôter la vie plutôt que de commettre une imprudence qui pourrait vous perdre.

— J'ai déjà demandé à ma mère la permission d'entrer dans la maison des Bernardines où je suis restée l'année dernière, mais ma pauvre mère en voyant en moi l'idée de me retirer du monde, s'est mise à pleurer, et devant ses larmes je n'ai pas eu la force de persister dans ma résolution.

— Et vous avez bien fait ; le couvent n'est pas l'asile que doit habiter un ange comme vous !... Vous êtes jeune, belle, vous devez être aimée... et je vous aime.

Le chevalier serra Marie sur son cœur.

Puis, il reprit :

— Qu'importe pour nous le monde ! nul ne saura que je suis votre amant, nul ne saura, mon ange adoré, que nous vivons du même bonheur, du même amour... car, si aujourd'hui il me fallait renoncer à la passion enivrante qui s'est emparée de moi, je ne le pourrais pas, et je chercherais dans la tombe l'oubli de mes maux. Mais, au contraire, nulle force humaine, nulle impérieuse contrainte ne vient troubler la suavité de notre commune ivresse, à l'abri du secret nous pouvons partager notre sort et doubler ainsi notre félicité dans les épanchements de notre cœur.

— Ah! chevalier, que vos paroles me rendent heureuse!

— C'est toi qui me les inspires, Marie, tu es si belle! Pourrai-je jamais en aimer une autre que toi? Oh! non, jamais, jamais!...

D'Aumale en prononçant ces mots avait attiré vers lui la jeune fille et lui avait donné sur la bouche un long baiser frémissant. Marie, fascinée par l'œil enflammé de son amant, s'était abandonnée à ce doux embrassement; et, pauvre tourterelle, elle ne s'apercevait pas qu'il était trop tard pour échapper aux serres du vautour.

En ce moment, au milieu de la naissante obscurité, une tête d'homme apparut au-dessus du mur du jardin. Cet homme, espion, voleur, ou curieux, cherchait à percer des yeux le feuillage de la charmille.

CHAPITRE XXVI

OU L'ON VERRA COMMENT CHICOT PÉNÉTRA DANS PARIS, ET POURQUOI
LA SEÑORITA JOVITA ALLA CHEZ L'ORFÉVRE DU PONT AU CHANGE

Le duc de Mayenne s'occupait avec activité de rassembler ses troupes dispersées dans les provinces, afin de pouvoir s'opposer aux armées combinées des deux Henri.

Le 10 juillet, un corps de fantassins, sous le commandement du capitaine Le Leu, ardent ligueur, quittait le village de Vanvres et s'acheminait vers Paris. Il entra dans la ville par la porte Saint-Michel. Avant d'arriver sur les bords de la Seine, un des trainards de la troupe ralentit encore son pas, et une fois séparé de ses compagnons, il tourna brusquement à gauche dans la rue de la Serpente. Alors il changea d'allure; d'éclopé qu'il paraissait, il devint alègre et gagna en agile piéton la rue de l'Hirondelle.

Notre soldat entra sans hésiter dans la maison de Gaston. Il traversa la cour et alla frapper à la porte de l'atelier de l'artiste.

— Entrez, dit une voix.

Il tourna la clef et poussa la porte.

— Quoi! c'est vous, monsieur Olivier! s'écria le jeune peintre en tendant ses mains vers le fou du roi.

— Moi-même, monsieur Gaston.

— Ah! que je suis heureux de vous revoir!

Chicot prit un siége et se plaça près du jeune homme.

— Comme vous êtes pâle! lui dit-il.

— Dame! un homme qui a perdu la moitié de son sang par trois blessures doit s'estimer très-heureux de ne pas être dans le royaume des trépassés.

— Est-ce que par hasard vous auriez assisté comme volontaire de madame la duchesse de Montpensier à la bataille de Senlis?

— Non, j'ai été assassiné, et laissé pour mort sur les bords de la grève.

— Assassiné! Et par qui?

— Par deux malfaiteurs qui m'avaient pris sans doute pour quelque riche seigneur attardé.

Gaston accompagna ses paroles d'un sourire mélancolique.

— D'où veniez-vous quand vous avez été attaqué?

— Je sortais de la demeure de M. le chevalier d'Aumale.

— Et lui avez-vous parlé de votre amour pour mademoiselle Jorand.

— Parbleu! Je n'avais été le voir que pour cela.

— Ah! ah! fit Chicot.

— Vous savez bien que je le croyais mon rival.

— Et que vous a-t-il dit?

— Il m'a dit que je me trompais.

— En effet, il ne pouvait pas vous dire autre chose.

— Oh! je lui ai fait comprendre que si je m'apercevais de ses assiduités auprès de Marie, je me poserais vis-à-vis de lui en ennemi.

— Vous lui avez fait des menaces, alors.

— Pouvait-il en être autrement!

— Ne cherchez plus d'où venaient vos assassins... Le chevalier voulait votre mort, parce qu'il aime toujours Marie.

— Vous croyez?

— Tout le prouve! On n'est pas ainsi attaqué à point nommé,

sans cause, en sortant de l'hôtel d'un membre de la famille de Lorraine.

— Mon Dieu! que faire?

— Rien pour le moment; plus tard nous verrons.

— Il y a déjà deux mois que je souffre...

— Mais vous êtes en bonne voie de guérison.

— Oui, chaque jour mes forces reviennent.

— Quand vous serez rétabli tout à fait, je me fais fort de vous obtenir la main de celle que vous aimez.

— Comment déterminer M. Pierre Jorand à donner son consentement? Je ne sais pas si vous avez appris que c'était lui qui s'était principalement opposé à l'acceptation de ma demande.

— Jorand ne s'opposera plus à ce que vous entriez dans sa famille...

Chicot présenta un papier soigneusement cacheté sur lequel était écrite cette phrase : *Ceci est mon testament.*

— Il est donc mort? s'écria Gaston.

— Dans mes bras, oui, mon ami, répondit tristement le bouffon.

— Où donc?

— A Tours.

— Comment?

— Des blessures qu'il avait reçues en combattant sous les ordres de Mayenne.

— Quand a-t-il rendu le dernier soupir?

— Il y a quinze jours à peine; mais sa vie était désespérée depuis plus d'un mois.

— Pauvre Jorand, fit Gaston en essuyant une larme.

— Comme condition de ses dernières volontés, il prie mademoiselle Marie de vous accepter pour époux.

— Ce que vous me dites là est écrit dans son testament?

— En toutes lettres et par un notaire encore!

— Dieu soit loué! monsieur Olivier, je pourrai donc être heureux?

— A moins que la jeune fille ne refuse de vous prendre pour mari.

— Ce n'est pas supposable.

— Dans le cas où elle ne voudrait pas se marier avec vous, son oncle la déshérite en lui donnant sa malédiction.

— Comment se fait-il donc que Pierre Jorand soit ainsi revenu sur mon compte?

— Ah! c'est que je lui ai longuement parlé de votre talent et de l'honnêteté de votre amour pendant son agonie, et, par le fait, j'ai un peu concouru à la rédaction de ses volontés suprêmes.

— Monsieur Olivier, vous êtes un véritable ami.

Et Chicot serra dans ses mains la main tremblante que lui tendait le jeune homme.

— Depuis quand êtes-vous à Paris?

— J'arrive à l'instant; en route, je me suis donné pour un soldat ligueur qui se dirigeait sur la capitale et je me suis joint à un détachement commandé par le capitaine Le Leu.

— Votre première visite a été pour moi, merci.

— Je voulais causer un moment avec vous avant de me rendre au pont au Change, chez madame veuve Guillaume Jorand.

— Quand vous reverrai-je?

— Aussitôt que mademoiselle Marie se sera prononcée sur le contenu du testament.

Chicot, en quittant Gaston, se rendit chez un notaire qui demeurait dans la cité et déposa entre ses mains le testament de Pierre Jorand. Puis, il alla au pont au Change pour remplir la pénible mission qu'il s'était imposée au lit de mort de l'orfèvre.

Le bouffon du roi demanda M. Martinet. Et quand il fut seul avec le vénérable prêtre, il lui apprit dans tous ses détails la triste fin de Jorand.

M. Martinet à son tour se chargea d'annoncer la triste nouvelle à madame veuve Guillaume Jorand et à sa fille.

Chicot sortit le plus tôt qu'il put de cette maison où il venait d'apporter le deuil et la douleur. En arrivant sur le quai, devant le grand Châtelet, il aperçut des rassemblements d'hommes du peuple dans lesquels régnait une certaine animation. Comme notre personnage faisait de la curiosité une de ses occupations favorites, il s'approcha d'un groupe de ligueurs, allongea son cou et tendit l'oreille.

Les Parisiens s'entretenaient des succès des deux rois, dont les armées venaient de mettre le siége devant Poissy.

Chicot qui savait mieux que personne les événements militaires ne s'arrêta pas davantage, et continua son chemin vers sa demeure de la rue Saint-Honoré. Mais comme nos lecteurs ne sont sans doute pas aussi instruits que le fou du roi sur la campagne que Henri III et le Béarnais entreprenaient si heureusement, nous allons raconter en quelques lignes la marche de l'armée depuis son départ de Tours jusqu'à son arrivée à Poissy.

Nous avons dit que Henri de Bourbon campait avec ses soldats dans les plaines de Beaugency.

Le Béarnais sentait que le roi perdait un temps précieux en restant dans l'indécision à Tours. Il voulut lui-même le faire sortir de cet assoupissement, qui pouvait compromettre les quelques succès déjà obtenus sur les troupes de la Ligue. Un beau matin donc, il monta à cheval et fit vingt-cinq lieues tout d'une traite, suivi seulement de cinq ou six domestiques. Le soir même il arrivait à Tours. Là, il reprocha à Henri III son inaction et lui persuada d'attaquer l'ennemi par la tête, c'est-à-dire de marcher résolûment et sans retard sur Paris.

Henri III, réveillé par la vivacité des discours de son beau-frère, sortit aussitôt de son apathie et donna ordre au maréchal de Biron de diriger ses troupes sur Beaugency. Les canons et les munitions de guerre que M. de Nevers avait amenés de l'armée de Poitou partirent immédiatement.

La reine Louise se retira dans la ville de Chinon.

Le Béarnais rejoignit son armée, et Henri III alla incontinent mettre le siége devant Gergeau, ville située à quatre lieues d'Orléans.

Le sieur de Lachâtre, qui commandait à Orléans, avait confié la défense de la ville assiégée à M. de Jalanges. A l'approche des armées royales, les ligueurs se préparèrent à une vigoureuse défense; mais le Béarnais, ayant tourné Orléans, vint attaquer le faubourg de Gergeau qui regarde la Beauce : alors il fallut se rendre, et M. de Jalanges pour avoir voulu résister, fut pendu. Ce succès engagea les habitants de Gien et de la Charité à se soumettre. Le roi mit garnison dans ces villes; et de cette façon il se trouva être maître de tous les ponts de la Loire, excepté pourtant ceux d'Orléans et de Nantes. Après la prise de Gergeau, l'armée repassa la Loire pour aller en Beauce et en Gatinais; elle s'empara de Pluviers qu'elle livra deux heures au pillage.

Les deux rois ne perdirent pas leur temps à assiéger Orléans, ils marchèrent sur Étampes. Les habitants furent sommés de se rendre, mais au lieu de tenir compte de cette sommation, ils firent les fanfarons en criant du haut des murailles que le canon du Valois avait la goutte et qu'on avait creusé des moyeux de charrue pour les intimider, — Cette ville est située à mi-chemin d'Orléans et de Paris, sur le bord d'une rivière étroite, mais assez profonde.

Pendant les pourparlers, mais cependant après avoir tiré quelques coups de canon, plusieurs officiers du roi de Navarre, parmi lesquels se trouvaient Agrippa d'Aubigné et Chatillon, traversèrent la petite rivière au moyen de quelques arbres coupés. En longeant les murailles, ils arrivèrent à un endroit où elles étaient fort peu élevées; ils les escaladèrent, et une fois dans la ville ils en ouvrirent les portes.

— Le baron de Saint-Germain, gouverneur de la ville, tomba entre les mains des huguenots, au moment où, à l'aide d'une corde, il s'échappait du château. Henri III lui fit trancher la tête.

Un nommé Bergeroneau, procureur du roi au bailliage d'Étampes, fut pendu. Pour sauver sa vie il avait cependant usé de finesse : il s'était fait mettre en prison dans une basse-fosse les fers aux pieds. Amené devant le roi, il prétendit que les rebelles l'avaient ainsi maltraité à cause de son dévouement à la royauté. La supercherie fut découverte et il la paya de sa vie.

La petite ville de Dourdan, à l'approche de l'armée du roi de France, envoya vers Sa Majesté les principaux habitants avec la marque royale qui était l'écharpe blanche ; leur soumission fut acceptée et leur cité ne se ressentit d'aucune calamité de la guerre.

Alors les armées se dirigèrent sur Poissy.

Chemin faisant, Henri III apprit une nouvelle qui l'affecta vivement, il apprit que le pape, pour ranimer la haine du peuple contre sa personne royale, venait de l'excommunier. Il fit part de son chagrin au Béarnais.

— Eh bien, sire, lui dit celui-ci, je n'y vois qu'un remède, c'est de prendre Paris. Si nous sommes vainqueurs, nous serons absous, n'en doutez pas ; mais si nous sommes battus, nous demeurerons excommuniés, voire même aggravés et réaggravés.

— Cela n'empêchera pas, répondit le roi, que j'aie encouru les censures de Rome ! Désormais je perds, devant toute la chrétienté, ma réputation de bon catholique.

— Soyons vainqueurs, vous dis-je, sire; et Sa Sainteté vous rendra ses bonnes grâces.

— Dans son terrible *Monitoire*, dont je viens de recevoir la communication officielle, le pape me prescrit de mettre en liberté dans le délai de dix jours, le cardinal de Bourbon et l'archevêque de Lyon.

— Gardez vos prisonniers et prenons Poissy, c'est, selon moi, la seule manière de se mettre à l'abri des foudres de Rome.

Malgré le franc parler et la résolution du Béarnais, Henri III resta en proie aux plus vives inquiétudes. Pendant deux jours il prit à peine quelques aliments. Il semblait avoir perdu la confiance dans l'avenir; il sentait que trop de partis puissants avaient intérêt à le faire mourir pour ne pas redouter l'arme d'un assassin. D'ailleurs ses craintes étaient justifiées; n'avait-il pas, en dernier lieu, laissé à Tours, le parlement saisi du procès d'un misérable, nommé Georges d'Avoy, qui, formant le projet d'attenter à sa vie, était parvenu à s'approcher de sa personne, à Chatellerault, sous prétexte de lui proposer de tuer le duc de Mayenne, et qui ensuite, soumis à la question, indiquant quelques complices, avait prétendu être au contraire envoyé à la cour par Charles de Lorraine lui-même, avec promesse d'une fortune considérable s'il parvenait à assassiner le Valois. — En outre, on avait découvert une entreprise contre lui dont deux jésuites passaient pour être les chefs. — Heureusement que le roi de Navarre était là, pour relever, par son énergie et sa franchise toutes militaires, le moral abattu du malheureux fils de Catherine de Médicis.

Aussitôt que la bulle avait été rendue publique, le conseil de l'Union, dans une de ses séances à l'Hôtel de Ville, en avait ordonné l'impression avec privilége. On l'avait proclamée à Paris, à Meaux et à Chartres en grande solennité. Les chefs de la Ligue espéraient que ce nouveau coup porté à l'autorité du roi réveillerait le zèle de leurs nombreux partisans. Mais le roi, avec ce caractère étrange que nous lui connaissons, ne resta pas longtemps abattu sous le poids de son excommunication; on le convainquit facilement qu'elle était entachée de nombreuses nullités; alors de peureux et de trembleur il redevint soldat, et poursuivit avec ardeur le siége de Poissy.

Maintenant que le lecteur est au courant des événements, suivons à Paris Chicot, qui avait pris la rue des Deux-Boules, puis la rue du Borel, pour arriver à son domicile.

Quand il fut en face de sa maison, dans la rue Saint-Honoré, il jeta un coup d'œil sur les fenêtres : elles étaient fermées. Il traversa la chaussée et entra dans l'allée. Puis il se mit à monter tranquillement l'escalier. Arrivé sur le palier devant la porte de son logement, il tira son couteau de sa poche et souleva avec la pointe une brique du carrelage qui était dans un coin.

— Gosi a emporté la clef, pensa-t-il, à moins pourtant qu'il ne soit là.

Il appliqua son œil à une des fentes de la porte, et il aperçut une jacque de mailles sur le plancher.

— Gosi ne devrait pas être ici à cette heure, pensa-t-il...

Il frappa.

— Ah! c'est vous, mon maître! s'écria Gosi en ouvrant la porte.

— Tu ne m'attendais pas?

— Je vous l'avoue.

— Tu pars donc en voyage que je vois cette jacque de mailles par terre?

— Non, maître, je ne pars pas en voyage, mais j'en arrive.

— Tu en arrives?

— Oui.

— Et d'où viens-tu?

— Je viens de l'armée de M. de Mayenne.

— Et qu'as-tu été faire à l'armée de ce gros duc des Moines?

— J'ai été à la recherche de M. le chevalier d'Aumale.

— Seul?

— Non, je servais d'écuyer à la señorita...

— Ah! ah! Et l'avez-vous trouvé!

— Aux environs d'Alençon nous l'avons manqué d'une journée; puis, nous avons perdu ses traces.

— Vous ne savez pas ce qu'il est devenu, ventre de biche!

— Maintenant nous le savons.

— Où est-il?

— Il est campé sous les murs de Paris.

— La señorita a-t-elle été lui rendre visite?

— Pas encore; nous sommes arrivés depuis ce matin.

— Pour quel motif l'Espagnole s'est-elle mise à la recherche du chevalier; le sais-tu?

— Non, tout ce que je puis vous dire, c'est qu'elle est excessivement triste.

Chicot ne répondit pas et resta pensif. Pendant ce dialogue Gosi avait fini de changer de costume, puis il avait serré sa cotte de mailles dans un bahut et se disposait à sortir.

— Ou vas-tu? lui demanda Chicot.

— Rue de Hautefeuille.

— Tu annonceras à la señorita Jovita ma visite pour demain.

— Bien, maître.

La jeune Espagnole était à peine entrée dans Paris depuis une heure, qu'un homme s'était présenté à sa demeure. Cet homme était un ancien valet de chambre du chevalier d'Aumale. La señorita avait profité de l'animosité de ce valet contre son maître pour le transformer en espion dévoué à ses intérêts. Depuis que d'Aumale l'avait chassé de son hôtel, l'Espagnole le payait pour qu'il lui rendît compte des moindres actions de son amant.

— Qu'avez-vous à m'apprendre, Hubert? lui dit-elle.

— Señorita, depuis son retour à Paris, M. le chevalier d'Aumale a eu une entrevue avec mademoiselle Marie.

— En êtes-vous bien certain?

— Très-certain.

— Et où se sont-ils vus?

— Le rendez-vous a eu lieu dans la maison de madame la duchesse de Montpensier, au faubourg Saint-Germain. Comme il m'était plus facile et plus prudent de surveiller la fille de l'orfévre, qui ne me connaît pas, que d'épier le chevalier qui me connaît, en apprenant l'arrivée de mon ancien maître, je me suis mis en observation au pont au Change. En effet, mademoiselle Marie, quelques jours après, s'est rendue au Louvre, et ensuite a été à la maison des champs de la duchesse. Le chevalier l'y attendait.

— Restèrent-ils longtemps ensemble?

— Trois ou quatre heures.

— Vous avez donc pu vous introduire dans la maison?

— Je l'aurais pu facilement, mais comme ils se sont promenés dans le jardin, j'ai épié du dehors.

— Avez-vous pu saisir quelques mots de leur conversation ?

— Non ; mais à la nuit tombante, ils se sont retirés sous un bosquet touffu et il me semble avoir entendu à plusieurs reprises le bruit d'un baiser.

— Ah! fit Jovita en pâlissant.

— Il faisait nuit depuis longtemps lorsqu'ils sont revenus en ville.

— Et je puis ajouter foi à vos paroles, Hubert ; vous me répondez de la véracité de tout ce que vous venez de me dire?

— Señorita, je jure devant cette sainte Madone que je vous ai dit la vérité.

Hubert, en prononçant ces mots, avait étendu la main vers une petite Vierge placée sur un des meubles de l'appartement.

Jovita, émue et tremblante, congédia l'espion et donna ordre à sa cameriste de faire amener sa litière. Elle se revêtit de ses plus riches vêtements de grande dame espagnole et indiqua à ses porteurs l'adresse de Jorand, orfévre sur le pont au Change.

Lorsque Jovita se présenta pour acheter quelques pièces d'orfévrerie, Marie était seule à la maison. Sa mère était partie avec le vieux prêtre chez le notaire dépositaire du testament de Pierre Jorand.

Le but de l'Espagnole était de demander une entrevue à Marie, mais quand, après lui avoir fait diverses questions relativement aux objets qu'elle marchandait, elle sut que madame Jorand était absente, elle pria la jeune fille de lui accorder un entretien particulier.

La pauvre enfant, qui était loin de supposer de quoi il s'agissait, répondit :

— Si madame voulait voir ma mère, elle est allée dans la Cité, je puis l'envoyer chercher.

— C'est à vous seule que je veux parler, mademoiselle, reprit Jovita, car ce que j'ai à vous dire ne peut être entendu que de vous.

Marie jeta un regard inquiet sur l'Espagnole et la conduisit dans le petit salon attenant à la boutique.

— Mademoiselle, dit Jovita en s'asseyant en face de la jeune fille, je suis venue ici pour vous entretenir d'une personne à laquelle nous nous intéressons toutes deux... et cette personne est le chevalier d'Aumale.

— Le chevalier d'Aumale, répéta à demi-voix Marie ; mais, madame, je ne sais ce que vous voulez dire..., je ne comprends pas...

— Le chevalier d'Aumale vous aime...

— Moi, madame, balbutia la jeune fille en cherchant à surmonter l'émotion que les paroles de Jovita venaient de produire sur elle.

— Je ne sais si vous partagez sa tendresse, mademoiselle, mais je sais que vous acceptez de lui des rendez-vous.

Marie ne répondit pas, son cœur battait avec violence.

L'Espagnole reprit :

— Je ne m'inquiéterais pas de vos amours avec ce gentilhomme, si, de mon côté, je n'avais pas une vive affection pour lui... Comprenez-vous, maintenant, mademoiselle, pourquoi ce que je viens de vous dire ne pouvait être entendu que de vous seule? Le chevalier m'a juré devant Dieu de m'épouser ; emportée par mon amour, j'ai cru à son serment... et dans un moment de faiblesse ou d'égarement, je me suis donnée à lui... Vous comprenez, n'est-ce pas, que sa vie est ma vie, et que je dois disputer son cœur à qui chercherait à me le ravir...

Alors Marie devint pâle et livide. Ses yeux étaient immobiles. Elle regardait à terre, comme si un abîme sans fond s'était ouvert tout à coup devant elle pour l'engloutir.

— Il est donc mon devoir, reprit l'Espagnole, de vous avertir, mademoiselle, que je ferai tout ce qu'il me sera humainement possible de faire pour empêcher une autre de me remplacer dans les affections de M. le chevalier d'Aumale. Je lui ai sacrifié mon nom, mon rang, mes titres..., et je n'hésiterais pas un iustant à mettre en jeu ma vie, s'il le fallait, pour sauver mon honneur!...

La jeune fille, à ces derniers mots, ne put retenir ses larmes; elle cacha sa figure dans ses mains, et d'amers sanglots trahirent sa douleur.

— Elle l'aime! pensa Jovita.

L'Espagnole, en voyant le chagrin qu'elle avait causé à la fille de l'orfévre, regretta d'avoir expliqué si brusquement et s nettement ses relations avec le chevalier. Elle s'aperçut alors que Marie était une fille crédule, inoffensive, dont le cœur croyait aussi bien aux paroles de l'Évangile qu'aux paroles trompeuses d'un amant.

Avant de la quitter, Jovita lui dit :

— Gardez bien le secret de mon amour pour d'Aumale; car si j'ai été si franche avec vous, c'est que je voulais tâcher de vous sauver de la honte et du remords, s'il en était temps encore! Adieu, ne voyez pas en moi une rivale, mais une amie

Et elle lui tendit familièrement la main.

Marie reconduisit Jovita de Comacho jusqu'à la porte de la rue, et quand elle fut montée dans sa litière, la pauvre enfant rentra en courant dans le salon. Elle tomba à genoux, joignit les mains et s'écria en sanglotant :

— Mon Dieu! mon Dieu! je suis perdue, je n'ai plus qu'à mourir!

CHAPITRE XXVII

COMMENT LE SOUPER DU CHEVALIER D'AUMALE FUT INTERROMPU, ET DE QUEL ÉVÉNEMENT DRAMATIQUE IL FUT SUIVI

Le lendemain, vers dix heures du soir, il y avait joyeuse réunion à l'hôtel de Carnavalet. De nombreuses lumières répandaient leur clarté dans un splendide salon, au milieu duquel était dressée une table de douze couverts. Les mets les plus recherchés et les vins les plus exquis composaient ce délicieux souper.

Parmi les convives on remarquait M. le chevalier d'Aumale, M. de Flavacourt, le baron de Saint-Yon, mademoiselle Agnès de Novielle, mademoiselle de Vizy, et autres jeunes seigneurs et belles dames à la mode, comme dit un historien du temps.

Le souper était gai, le vin petillait dans tous les verres, et la raison commençait à déloger de toutes les têtes.

Une seule place était restée vide, c'était celle du duc de Mayenne. Son absence ne doit pas nous étonner, car les affaires de la Ligue, pour le moment, ne lui permettaient pas de consacrer beaucoup de temps aux plaisirs ; et puis, il avait pris en aversion les fins soupers de l'hôtel Carnavalet, depuis certaine aventure arrivée en mars, et dont il avait gardé le souvenir.

Le repas était donc assaisonné par cette gaieté bruyante que produit un vin généreux et les propos égrillards de femmes jeunes et jolies qui ont l'habitude de ces sortes de fêtes. On était arrivé à ce moment où les têtes tournent, où les yeux s'illuminent de regards enflammés et où les cœurs ne se donnent plus la peine de refléchir pour se livrer à de doux épanchements. Les jeunes gens racontaient leurs bonnes fortunes et les femmes dénigraient les hommes qu'elles avaient ruinés. La folie avait le pas sur la raison ; le plus raisonnable de cette réunion était encore le chevalier d'Aumale. Il buvait, riait aux éclats lorsque quelque belle histoire bien scandaleuse provoquait les rires, mais pour son compte il n'avait rien dit. Cette réserve de sa part parut étrange à ses amis.

— Chevalier, lui dit le petit baron de Saint-Yon, est-ce que depuis notre dernier souper tu n'as pas fait de nouvelles conquêtes, que tu ne nous parles pas de tes amours?

— Depuis que d'Aumale a été nommé colonel de l'infanterie de la Ligue, ajouta de Flavacourt, il joue au personnage politique. Il étouffe tous les sentiments amoureux de son cœur pour donner plus de force à ses désirs ambitieux.

— De l'ambition... à moi! fit le chevalier d'un ton dédaigneux ; vous vous trompez, messieurs.

— Il se défend, reprit le baron, donc Flavacourt a raison... Souhaitons-lui de devenir demain... ou après-demain connétable... Et vive la Ligue !

— Vive la Ligue ! crièrent les convives en levant leurs verres au milieu des éclats de rire.

— Je sais ce qui chagrine notre pauvre chevalier, dit à son tour Alice de Vizy qui était placée à sa droite.

— Voyons, qu'a-t-il? demanda Flavacourt.

— Il est amoureux d'une petite bourgeoise, qui lui tient la dragée haute.

— Allons donc, fit le petit baron ; il n'est pas une fille de bourgeois à Paris qui ne s'estimât très-heureuse de provoquer les avances d'un gentilhomme. Alice tu ne sais pas ce que valent des gens de noblesse comme nous !

— Messieurs, dit le chevalier en levant son verre plein, je suis triste ce soir parce que je suis encore amoureux de ma dernière conquête...

— C'est une faiblesse que l'on peut pardonner, dit le baron, pourvu qu'elle ne dure pas trop longtemps.

— Buvons à la charmante Marie, reprit d'Aumale, et je vais vous conter son histoire.

— Buvons! reprirent les convives.

Et les verres furent vidés d'un seul trait.

Au moment où le chevalier allait prendre la parole, un des laquais de l'hôtel entra et vint lui parler bas.

— Dans cinq minutes, messieurs, je suis à vous, dit-il.

Il se leva et quitta la salle du festin.

— Vous dites que c'est ma cousine qui me demande?

— Oui, monsieur le chevalier, répondit le valet.

— Où est-elle?

— Ici, à côté, dans la salle de jeu.

Le laquais ouvrit une porte et le jeune homme se trouva en face d'une femme masquée.

— Ce n'est pas madame de Montpensier qui vient vous déranger de votre fête joyeuse, chevalier, c'est moi.

Et la dame ôta son masque.

— Jovita! s'écria d'Aumale.

— Moi-même.

— Ah! ma charmante, c'est bien aimable à vous d'être venue... Permettez-moi de faire dire à mes amis de ne plus compter sur moi... Le plaisir que je goûte auprès d'eux, n'est rien en comparaison du bonheur que j'éprouve auprès de vous.

Le jeune homme sortit et ferma la porte derrière lui sans attendre la réponse de l'Espagnole.

Alors, de son élégant pourpoint il tira ses tablettes, il y écrivit quelques lignes et les remit au laquais pour les porter immédiatement à une adresse qu'il lui donna. Pour être plus sûr que sa commission ne souffrirait pas de retard, il glissa une pièce d'or dans la main du messager et rentra dans la salle de jeu.

— Maintenant, belle Jovita, dit-il, je suis tout à vous. D'où venez-vous donc? Depuis mon retour à Paris, j'ai envoyé dix fois chez vous..., et il fut toujours répondu à l'un de mes gens que vous étiez absente...

— Je l'étais en effet.

— Et serait-il indiscret de ma part, ma bien-aimée, de vous demander ce que vous étiez devenue?...

— J'avais quitté la capitale dans le but de vous rejoindre.

— Dans le Maine?

— Oui, chevalier.

— Quelle cause extraordinaire avait pu vous pousser à entreprendre un voyage si dangereux?

— Vous n'aviez pas répondu à la lettre que je vous avais envoyée... et...

— Vous m'aviez écrit?

— Il y a un mois.

— Votre lettre ne m'est point parvenue.

— Son contenu devait pourtant vous intéresser...

— Quel était-il donc?

— Je vous disais que j'étais impatiente de vous voir...

— Vous m'aimez donc toujours autant? interrompit le chevalier avec un ton singulier, comme pour couper court à ces protestations amoureuses qu'il supposait être le fond de cet entretien.

— Pourriez-vous en douter, chevalier?

— Oh! du tout, au contraire!...

Et il porta à ses lèvres la main ravissante de sa maîtresse pour donner un démenti aux paroles qu'il venait de prononcer.

— Mais, dites-moi donc, Jovita, pourquoi vous vous êtes fait annoncer sous le nom de la duchesse?

— Le hasard m'a appris que vous soupiez ici, et comme je voulais vous voir aujourd'hui même, j'ai craint que vous n'hésitassiez à quitter vos amis pour me recevoir.

— Vous doutez donc de ma tendresse?

— Peut-être!

— Vous avez tort, ma chère enfant.

— Ah! chevalier, c'est qu'aujourd'hui vous n'êtes plus ce gentilhomme aimable, gracieux, empressé que j'avais rêvé, et que j'ai eu le malheur de rencontrer aux fêtes princières de l'hôtel de Guise. Alors vous étiez envié par toutes les femmes; elles n'avaient pas assez d'yeux pour vous voir, et elles regrettaient de n'avoir chacune qu'un cœur à vous offrir. Comme elles, je me laissais entraîner vers vous; ma jeunesse, ma beauté, mon rang, ma fortune m'autorisaient à croire que je l'emporterais facilement sur mes rivales... Hélas! je ne m'étais pas trompée!

— Est-ce que vous regrettez de m'avoir aimé?

— Je ne regretterais rien, si vous m'aimiez encore, car moi, je vous aime toujours!... et votre conduite envers moi, ne prouve pas que vous ayez l'intention de tenir religieusement vos promesses... Oh! je m'aperçois bien à présent que mon amour vous gêne et que ma présence vous fatigue, car vous cherchez toutes les occasions de m'éviter... Vous me fuyez, parce que vos désirs satisfaits n'attirent plus dans votre âme cette passion ardente qui vous enivrait, et qui, à mes yeux, vous rendait le plus aimable gentilhomme de France. Ma vanité de jolie femme m'a perdue, et l'orgueil de mon nom est devenu un fardeau!... Ah! chevalier, vous êtes bien coupable, vous qui m'aviez juré un amour éternel!...

— Ma chère, répliqua d'Aumale d'un ton cavalier, à votre âge vous devriez savoir qu'il n'y a rien d'éternel ici-bas.

Jovita sentit son cœur bondir, et elle se leva en s'appuyant sur la petite table près de laquelle elle était assise à côté du chevalier.

— Songez-y, reprit-elle d'une voix tremblante, si l'amour s'en va, le déshonneur reste! Et la pauvre femme, confiante en l'avenir, qui s'est abandonnée aux élans de son cœur, aux illusions de son âme, ne peut être sauvée de la honte que par celui à qui elle s'est donnée.

— Je trouve, ma toute belle, repartit d'Aumale d'un ton enjoué, que vous attachez plus d'importance qu'il ne le faut à notre liaison. Vous parlez de déshonneur, de honte, de remords comme si tout Paris savait que je suis votre amant et que vous êtes ma maîtresse. Mais heureusement que, pour ma part, je suis discret, et je ne pense pas que, de votre côté, vous ayez manqué de prudence. Donc, vous voyez que votre position vis-à-vis le monde n'est pas aussi grave, aussi nuisible à votre nom que vous le supposez. Ce qui est inconnu de la foule, n'existe pas pour la foule; je vous ai aimée, c'est vrai, mais je ne vous ai pas compromise.

— Vous oubliez donc ces promesses sacrées que vous m'avez faites devant l'image du Christ! s'écria Jovita toute frémissante; vous oubliez donc qu'il serait infâme de tromper ainsi une femme dont la poésie de l'amour était dans l'honnêteté de son amant! Si vous vous parjurez, si vous reniez vos serments vous êtes un misérable!... Mais non, ce que je dis là n'est pas possible, n'est-ce pas chevalier; n'est-ce pas que si vous n'aimez plus celle qui vous aime encore, vous ne l'abandonnerez pas, vous ne la repousserez pas du moins et que vous aurez pitié d'elle, ne fût-ce que pour donner un nom à l'enfant qu'elle porte dans son sein?

— Vous êtes mère?

— Oui; comprenez-vous maintenant pourquoi je ne pouvais résister au désir de vous revoir? Si j'ai entrepris ce voyage, c'est qu'il n'y avait que moi qui dût vous apprendre cette nouvelle; je comprenais que c'était par ma bouche seule que vous pouviez savoir qu'un lien indissoluble existait désormais entre nous...

Pâle et immobile, le chevalier écoutait Jovita.

— A quoi pensez vous donc? reprit l'Espagnole, vous semblez ne pas comprendre la portée de mes paroles...

— Je pense à l'imprudence que nous avons commise de nous aimer; je pense à la fatalité qui pèse sur nos amours...

— Que voulez-vous dire?

— Je veux dire que ce que vous venez de m'apprendre me rend le plus malheureux des hommes...

— Le plus malheureux des hommes!

— Si je ne consultais que mon cœur, ma chère Jovita, je vous conduirais ce soir même à l'autel pour qu'un prêtre consacrât notre union.., mais dans ma position cela est impossible..

— Impossible, chevalier!

— Des considérations de famille m'empêchent, en cette circonstance, d'avoir une volonté... Mes parents, les plus grands dignitaires du royaume, de leur puissante autorité annuleraient une détermination prise par moi sans leur assentiment... Je ne puis donc, sans les consulter, vous promettre de partager avec vous mon nom et ma fortune...

— Vous ne pouvez pourtant pas, chevalier, m'abandonner dans l'état où je suis?... oh! non, c'est impossible!... Agir ainsi, ce serait ma mort!... ce serait immoler sans pitié une femme qui vous aime et que vous avez aimée... Non, vous êtes incapable de me réduire au désespoir! Écoutez la voix de votre cœur...

Jovita, en parlant ainsi, s'était mise aux genoux de son amant et cherchait à lire dans le fond de son âme, en fixant sur lui ses grands yeux noyés de larmes.

Après un moment de silence, elle continua :

— Ami, ne repousse pas mes prières, sois bon, généreux; celle qui t'implore à genoux n'est pas la folle jeune fille que tu poursuivais de ton amour au milieu des bals et des fêtes... c'est une mère qui prie pour son enfant!... Songe qu'en brisant son cœur, tu brises deux existences... Laisse-toi toucher par mes larmes... car mieux que personne tu dois être sensible à leur douloureuse éloquence... Un père n'a plus le cœur d'un amant, mais il ne peut pas non plus avoir le cœur d'un bourreau!...

Le chevalier d'Aumale fut ému malgré lui; la voix de la

prière trouvait un écho dans son âme. Il tendit les mains à Jovita et la releva avec bonté.

— Tout ce que tu me dis, ma chère enfant, m'attriste et me désespère... mais je ne sais comment faire... pour ne pas être parjure envers toi... Ta douleur me rend malheureux, je souffre.

— Ah! fit Jovita avec un mouvement de joie.

— Qu'as-tu donc, mon enfant?

— Dieu vient de m'inspirer; il vient de me donner une idée qui peut sauver mon honneur et ouvrir devant toi un brillant avenir!... Dieu est juste et bon, car il n'abandonne pas les malheureux, lui!

— Parle, ma Jovita, je t'écoute.

— Je suis jeune, riche, j'appartiens à une des premières maisons de la monarchie espagnole... Pars avec moi, viens à la cour de Philippe II, tu trouveras dans son armée une place digne de ta bravoure et de tes talents militaires...

— Moi, servir un autre pays que la France?

— Sa Majesté Très-Chrétienne n'a-t-elle pas promis des secours à la Ligue? ne doit-elle pas envoyer des troupes pour soutenir le parti à la tête duquel est Mgr le duc de Mayenne? Le roi te confiera le commandement de ses soldats.

— Un soldat devant le danger, reprit froidement d'Aumale, ne doit pas abandonner son drapeau. Nos ennemis sont à quelques lieues de Paris, demain peut-être ils seront à ses portes; ma présence est indispensable aux événements qui se préparent... Je ne puis donc pas consentir à quitter la France dans un moment où mon bras peut avoir une influence sur ses destinées.

Jovita recula frémissante. Ses yeux, en fixant son amant, avaient les regards d'une folle.

— Vous ne m'aimez donc plus, chevalier? dit-elle en martelant ses paroles entre ses dents.

— Rien pourtant ne peut faire soupçonner la bonne foi de mes intentions.

— Si une autre que moi vous demandait le sacrifice que je vous demande, continua Jovita d'un ton de rage et de dépit, peut-être n'hésiteriez-vous pas...

— Que voulez-vous dire? je ne vous comprends pas.

— Vous ne me comprenez pas, parce que ce n'est plus moi que vous aimez ; parce que la pauvre fille aimante et séduite n'a plus pour votre cœur les charmes de la jeune fille crédule et innocente que vous poursuivez de vos assiduités. Vous repoussez Jovita parce que vous aimez Marie!...

— Marie? répéta d'Aumale avec un étonnement simulé.

— Oui, la fille d'un orfèvre avec laquelle vous avez eu un rendez-vous dans le jardin d'une maison du faubourg Saint-Germain...

— On vous a trompée... balbutia le chevalier.

— Je n'osais croire à votre perfidie, lorsqu'il y a trois mois on me prévint de votre inclination pour cette jeune fille ; mais aujourd'hui le doute ne m'est plus permis.

— Je vous jure...

— Taisez-vous ; vous allez mentir !

Et par un mouvement brusque, Jovita porta la main à un petit poignard caché dans son corsage.

D'Aumale ne s'aperçut pas de ce mouvement, car il venait de tourner la tête vers la porte, où il lui semblait avoir entendu du bruit.

— Je vous dis, moi, reprit l'Espagnole avec force, que vous adorez mademoiselle Marie ; osez donc le nier en me regardant en face?

— Il aurait tort de nier, car il ferait un mensonge, dit le petit baron de Saint-Yon en ouvrant la porte ; cette nouvelle conquête lui tourne la tête... n'est-ce pas, chevalier?

A l'apparition du baron, Jovita avait mis précipitamment son masque et d'Aumale s'était placé devant elle.

D'Aumale lança un regard foudroyant à Saint-Yon, mais celui-ci était tellement ivre qu'il ne s'en inquiéta guère ; il avait assez

26.

de conserver son équilibre, sans s'inquiéter des signes ou des menaces que pouvait lui faire son ami...

— Si cette jolie femme, continua le baron, est la charmante Marie, dont tu voulais tout à l'heure nous conter l'histoire... ne te gênes pas, il y a place pour elle à notre table...

Flavacourt entra à son tour, mais il était moins ivre que le baron ; il avait quitté le souper pour aller à sa recherche.

— Mon cher, lui dit d'Aumale, emmène Saint-Yon ; et dans quelques minutes je vous rejoindrai.

Flavacourt comprit l'indiscrétion du baron, et moitié de force, moitié de bonne volonté, il l'entraîna hors de la salle de jeu.

Cette scène inattendue avait vivement frappé Jovita, elle en était restée atterrée.

Le chevalier d'Aumale comprit aussitôt qu'il fallait, coûte que coûte, qu'il changeât de rôle ; la feinte et la dissimulation ne pouvaient plus être employées pour combattre avec succès les accusations que sa maîtresse portait contre lui.

— A présent, oserez-vous me soutenir, dit Jovita, que vous n'êtes pas l'amant ou plutôt le séducteur de mademoiselle Marie Jorand ?

D'Aumale ne répondit point.

— Ah ! tenez, monsieur le chevalier, il faut que vous ayez l'âme bien vile, bien basse, pour jouer avec la vie de pauvres femmes comme vous le faites ! Votre noble nom, que vous devriez porter la tête haute, pur et sans tache, ne vous sert qu'à répandre autour de vous le désespoir et la honte. Pour votre cœur, l'amour n'est plus une passion, c'est un caprice, vous en gaspillez la sainteté et l'ivresse. La femme qui tombe entre vos bras, attirée par un prestige irrésistible, ne s'en relève que perdue et flétrie. Mais ne croyez pas, monsieur le chevalier, que je consente à subir l'humiliation dont vous m'avez abreuvée, non ; à compter de ce jour, mon affection pour vous se change en une haine implacable ; je m'attache à vous, je veux vous poursuivre, jusqu'à ce que je me sois faite vengeresse de toutes les malheureuses que vous avez trompées. Je ne chercherai pas l'ombre pour vous atteindre; vous atteindre, non; je vous combattrai en face et au grand jour!... Le scandale, je ne le redoute plus! Vous avez brisé ma vie, je briserai la vôtre! Le sang castillan, qui bouillonne dans mes veines, qui gonfle mon cœur, me donnera la force, le courage de laver la tache dont vous l'avez souillé!

— Señorita, je crois que vous devenez folle, dit alors le chevalier avec une inflexion de voix douce et tranquille; mes amis on fait trop honneur au souper, il sont ivres!... n'ajoutez donc pas foi à leurs paroles... Ah! que vous êtes encore enfant, ma chère!...

— Eh bien, reprit Jovita en tirant un papier de son sein, puisque vous êtes un homme si noble et si loyal, je vais porter cette lettre, que vous m'avez écrite au temps que vous m'aimiez, à mon oncle Bernardin de Mendoze... Regardez, c'est bien votre écriture... Il n'y a de faux que les serments qu'elle contient.

La jeune fille, en disant cela, avait posé à distance la lettre sur la table.

D'Aumale avança rapidement le bras pour s'en emparer et l'anéantir.

Mais l'Espagnole avait lu dans le fond de son âme; elle saisit son poignard, et d'un coup, prompt comme l'éclair, elle lui cloua la main sur la table.

Le chevalier poussa un cri perçant, et les convives avinés qui soupaient encore dans l'appartement voisin accoururent.

Jovita avait disparu.

La scène que nous venons de raconter se passait une heure après minuit.

CHAPITRE XXVIII

DE QUELLE MANIÈRE LA SEÑGRITA JOVITA FUT SAISIE, BAILLONNÉE, LIÉE ET GAROTTÉE, EN ESSAYANT DE SE SAUVER DE L'HÔTEL CARNAVALET

Au cri que le chevalier d'Aumale avait poussé en se sentant blessé, Jovita avait été saisie de frayeur ; sans perdre une minute, elle avait gagné la porte de la salle de jeu et était descendue lestement jusqu'au bas de l'escalier. Elle allait ouvrir la porte du vestibule qui donnait sur la cour, quand elle sentit une main se poser sur son épaule.

— Est-ce vous, Gosi ? dit-elle d'une voix étouffée.

Pour toute réponse elle fut renversée par deux hommes qui se jetèrent sur elle et qui la bâillonnèrent avant qu'elle eût eu le temps de jeter le moindre cri. Ses pieds et ses mains furent liés en un clin d'œil avec de petites cordes de soie. Mise ainsi dans l'impossibilité de remuer ou de crier au secours, elle fut portée dans une voiture qui stationnait depuis une heure dans la cour de l'hôtel.

Un homme était déjà dans la voiture, et un de ceux qui portaient l'Espagnole se mit à côté d'elle. Des coups de fouet retentirent, et le véhicule emporté par de vigoureux chevaux fut bientôt de l'hôtel de Carnavalet dans la grande rue Saint-Antoine.

Jovita, qui ne comprenait rien à ce guet-apens, s'était évanouie entre ses deux ravisseurs.

Arrivé à la Bastille, un cavalier qui suivait la voiture s'avança vers le chef des soldats ligueurs qui gardaient la porte et lui remit un papier signé de M. de Balagny, gouverneur de Paris. Aussitôt le pont-levis fut baissé et la voiture disparut dans l'obscurité de la nuit, en suivant la route qui conduisait au château de Vincennes.

A quelques centaines de pas de la forteresse, la voiture changea tout à coup de direction, l'homme à cheval qui l'escortait lui fit prendre un chemin de traverse à droite qui devait se rapprocher ou aboutir à la Seine.

Le voyage continua ainsi à travers champs pendant un quart d'heure.

Le ciel était sombre et le tonnerre roulait dans le lointain. La señorita Jovita était toujours comme une masse inerte, et gardée à vue par ses compagnons de route.

Tout à coup le voisin de gauche de l'Espagnole se pencha en avant et dit, en s'adressant à son complice :

— Camarade, connaissez-vous cette jeune dame?

— Non. Et vous?

— Moi, je crois la connaître.

— Ah!

— C'est une riche Espagnole.

— Ça m'est égal.

— Pourquoi?

— Parce que j'ai reçu dix pistoles pour veiller sur elle jusqu'à Angers, et je veille. J'ai même ordre, dans le cas où l'on nous attaquerait pour chercher à la délivrer, de la poignarder.

— De la tuer?

— Oui.

— Mort de Dieu! vous ne feriez pas cela?

— On voit bien que vous n'êtes pas du métier, mon camarade; des ordres sont des ordres, et il faut être honnête ..

— Depuis notre sortie de Paris cette pauvre femme est sans connaissance; si nous lui retirions son bâillon?

— Gardons-nous-en bien, répondit d'un ton brutal le second individu; elle n'aurait qu'à crier!...

— Nous sommes en pleine campagne.

— Qu'importe! la voix d'une femme est perçante, et ses cris pourraient être entendus de quelques cavaliers huguenots qui rôdent dans les environs.

— Écoutez donc comme sa respiration est sifflante; elle doit bien souffrir, l'infortunée?

— Souffrir n'est pas mourir; laissons-la. Au prochain relai, et si notre chef le permet, nous la soulagerons.

— Où est-il donc notre chef?

— Il galope en avant pour éclairer la route.

— Alors, attendons ses ordres.

— Quand vous serez un vieux tire-laine comme moi, reprit l'homme de droite, vous verrez qu'il est toujours avantageux de ne pas s'écarter de la consigne.

— N'avez-vous pas entendu un coup de sifflet?

— Non, vous rêvez, mon camarade, c'est le cri de quelque oiseau de nuit.

Un second coup de sifflet vibra dans l'espace et arriva distinctement aux oreilles des ravisseurs.

— Cette fois je ne me suis pas trompé.

— Non, sang-Dieu!

Au moment où le vieux tire-laine se penchait en dehors de la voiture pour examiner un cavalier qui arrivait ventre à terre, son compagnon lui plongea son poignard entre les deux épaules.

Le bandit s'affaissa sur lui-même et un son rauque sortit de sa poitrine; c'était son dernier soupir, il était mort.

Les coups de sifflet avaient attiré l'attention de l'homme qui galopait, monté sur un excellent cheval, en avant de la voiture. Il revint sur ses pas et dit quelques mots à ceux qui faisaient l'office de postillons.

Le cavalier qui venait de Paris cria alors :

— C'est moi, Gosi ; c'est moi !

Le brave Gosi, qui était à la gauche de Jovita, sauta à terre en reconnaissant la voix de son maître ; car ce cavalier qui était arrivé ainsi de Paris à toute bride n'était autre que Chicot.

Le chef des ravisseurs, nos lecteurs ont pu le deviner depuis longtemps, était don Gaspar d'Alcégas.

Une fois à terre, Gosi tira son épée et en deux bonds il fut derrière la monture de l'Espagnol, et d'un coup vigoureux coupa le jarret d'une de ses jambes de derrière : la pauvre bête poussa un hennissement de douleur, chancela et roula dans la poussière. Mais don Gaspar se tira habilement de cette attaque imprévue, il vida les étriers et se trouva sur le sol droit et ferme en face de Gosi.

Pendant que cela se passait, Chicot avait arrêté la voiture en se jetant à la tête des chevaux de l'attelage, mais un coup d'arquebuse tiré par un des conducteurs atteignit sa monture en plein poitrail ; l'ardent animal, en se sentant blessé à mort, fit un demi-tour sur lui-même, et entraîna son cavalier dans sa chute. Chicot n'eut pas le temps de quitter la selle, et resta étendu sur la route, engagé sous le corps du cheval.

Gosi se précipita l'arme haute sur l'Espagnol, et un combat acharné s'engagea entre eux. Malgré la demi-obscurité de la nuit, les deux combattants rivalisaient de force et d'adresse : coup porté, coup paré. Dans leur rage, leurs épées se brisèrent ; alors ils firent chacun un pas en arrière et s'armèrent du poignard.

La lutte devint plus brutale et les coups plus décisifs.

Ils se précipitèrent l'un sur l'autre avec une fureur égale.

Don Gaspar était grand, élancé et adroit ; Gosi était petit, large des épaules, trapu et très-fort.

L'Espagnol faisait preuve de beaucoup d'habileté dans son attaque, mais le Français montrait une présence d'esprit rare dans sa défense.

Les deux combattants étaient donc dignes l'un de l'autre.

En moins de dix minutes ils s'étaient fait réciproquement plusieurs blessures peu dangereuses, à la vérité, mais d'où le sang coulait avec abondance. Enfin, trempés de sueur, haletants, harassés de fatigue, ils suspendirent le combat.

Don Gaspar d'Alcégas recula de trois pas. En tournant la tête, il aperçut la voiture immobile ; elle était arrêtée devant Chicot et sa monture qui gisaient étendus sur le chemin.

— En route! donc, cria-t-il, en route!

Les conducteurs, qui avaient perdu la tête, à la vue du drame qui s'accomplissait sous leurs yeux, reprirent leur sang-froid à la voix de leur maître, et faisant faire un détour à leurs chevaux, ils partirent à fond de train.

La détonation du coup de feu avait tiré la señorita Jovita de son évanouissement. La malheureuse, toujours bâillonnée, liée et garrottée, se tordait dans des convulsions atroces, en poussant de douloureux gémissements.

Le départ de la voiture détermina Gosi à recommencer la lutte, en prenant l'offensive. Il se précipita sur son adversaire, l'œil étincelant et rugissant de rage comme une bête fauve. Mais l'Espagnol avait eu le temps de rouler son court manteau autour de son bras gauche, de sorte qu'il put parer le coup redoutable qui lui était porté, sans pouvoir éviter pourtant une nouvelle blessure au-dessus du poignet.

Le combat devint alors plus acharné.

Une détermination désespérée traversa un instant l'esprit de Gosi. Il jeta son poignard loin de lui, et avec l'aveuglement d'un boule-dogue enragé, il se précipita tête baissée sur don Gaspar. L'Espagnol, qui ne s'attendait pas à cette attaque d'un nouveau genre, ne put résister au choc de son ennemi, qui était doué d'une force herculéenne. Il perdit son équilibre et trébucha. Gosi, alors, le ceinturant de ses deux bras de fer, le souleva et le renversa sur le sol.

Don Gaspar, en tombant, enfonça son arme jusqu'à la garde

dans le côté gauche de son terrible adversaire. Celui-ci poussa un cri de lion blessé à mort, et de ses musculeuses mains saisit le cou de son ennemi comme dans un étau. L'Espagnol n'eut pas la force de retirer le poignard de la plaie profonde qu'il venait de faire... Ses yeux se retournèrent dans l'orbite... Il était mort.

Gosi l'avait étranglé.

Chicot, qui de loin suivait d'un œil inquiet le combat, était parvenu à sortir sa jambe engagée sous le cadavre de son cheval. Il avait fait des efforts surhumains, comprenant parfaitement que si don Gaspar d'Alcégas était vainqueur sa mort était certaine.

Il arriva près de son valet au moment où celui-ci se relevait en chancelant. Il ouvrit ses bras, et Gosi épuisé y trouva un point d'appui.

— C'est bien, mon brave, dit le fou du roi. C'est toi qui m'as sauvé la vie aujourd'hui; nous sommes quittes.

Gosi porta la main à sa poitrine, il tourna la tête vers son maître; mais en voulant parler un flot de sang sortit de sa bouche.

Chicot, en cherchant à soutenir son valet qui chancelait, sa main rencontra le manche du poignard de l'Espagnol; il le retira de la blessure avec précaution.

— Pauvre ami ! murmura-t-il en laissant glisser à terre Gos qui venait de perdre connaissance.

Il appuya la tête du blessé sur son genou et lui approcha des lèvres une petite gourde qu'il portait sur lui et qui contenait une liqueur spiritueuse.

Après avoir avalé quelques gorgées de ce cordial, le malheureux reprit ses sens. Sa figure était livide et ses yeux étaient hagards.

Chicot le mit sur son séant au pied d'un arbre; ce changement de position provoqua un nouveau vomissement de sang.

— Ah! mon cher maître, dit Gosi d'une voix éteinte, je savais bien que l'homme-rouge me porterait malheur...

— L'homme-rouge n'a rien à faire dans tout ceci, répondit le bouffon ; tu es blessé, mais tu guériras... Allons, du courage, ventre-de-biche !

— Non, je sens que je n'en reviendrai pas... je n'échapperai pas cette fois à la colère de Dieu... Depuis le 24 décembre, je suis maudit... maudit !... Adieu, maître... adieu !

Gosi prononça ces derniers mots d'une façon presque inintelligible. Le peu de force qui lui restait l'abandonna, et il se laissa aller à la renverse au pied de l'arbre contre lequel il était appuyé.

Le fou du roi s'empressa de lui porter secours, mais, hélas ! tout était bien fini... Gosi venait de rendre l'âme.

Chicot, malgré la philosophie qui formait le fond de son caractère, ne put surmonter sa douleur ; il sentait qu'en perdant cet homme il ne perdait pas un serviteur vulgaire, mais un ami qui lui était dévoué par instinct. Il souleva à plusieurs reprises la tête du mort et l'appela trois fois par son nom. On eût dit qu'il doutait encore de son trépas... Alors il laissa un libre cours à ses pleurs... lui, bouffon de cour, qui poussait la plaisanterie et l'épigramme jusqu'au scepticisme pour flageller la bassesse de maints courtisans ; lui, fou du roi, qui pour sceptre avait une marotte, là, seul, sur le bord d'un chemin, au milieu d'une plaine silencieuse, pleurait comme un enfant.

Bientôt le jour commença à poindre.

Chicot passa sa main sur son front comme pour débarrasser son cerveau de la tristesse de ses pensées et jeta les yeux autour de lui. Pas un toit hospitalier ne se montrait à l'horizon, ses regards ne rencontraient que des champs immenses récemment dévastés par le passage des troupes royales et huguenotes. Il résolut d'attendre qu'il fût grand jour avant de prendre un parti ; le hasard pouvait lui amener quelque habitant d'un village voisin qui l'aiderait à sortir d'embarras. Après s'être promené de long en large pour chasser de ses membres l'engourdissement produit par l'inaction et la fraîcheur de la nuit, il s'arrêta près du cadavre de don Gaspar d'Alcégas.

— Que je suis donc étourdi, dit-il en mettant un genou en terre ; la douleur allait me faire commettre une fière bévue...

Et il visita les poches de l'Espagnol défunt.

Dans le haut-de-chausses il trouva une longue bourse remplie de doublons, et dans le pourpoint des lettres et des papiers.

Il mit la bourse dans sa poche et s'assit sur le bord d'un fossé pour examiner les papiers. Il vit alors que Bernardin de Mendoze avait chargé don Gaspar d'éloigner la señorita Jovita de Paris ; puis il brisa le cachet d'une lettre adressée à Guillaume de Brie, sieur de la Mothe-Serrand, personnage fort connu dans la province de l'Anjou.

— Que peut-il donc y avoir de commun entre ce misérable et le chevalier d'Aumale ? dit Chicot après avoir lu la signature de la lettre.

Le sieur de la Mothe-Serrand était un gentilhomme angevin, qui, pour avoir entière liberté de commettre impunément toutes sortes de crimes, s'était fait grand ligueur et déclaré mortel ennemi du genre humain, sous prétexte de faire la guerre aux huguenots : autant de personnes de l'une et de l'autre religion qui tombaient entre ses mains, il les mettait à des rançons excessives, qui souvent allaient beaucoup au delà de leurs biens. Si quelqu'un ne voulait pas ou ne pouvait point se racheter, il le faisait mourir de faim ou causait sa mort par quelque autre supplice. Plusieurs accusations furent portées contre ce monstre ; mais comme il avait été toujours protégé par le duc de Guise, son infâme conduite avait échappé à la rigueur des lois.

— Ventre de biche ! s'écria Chicot après avoir lu la lettre avec attention, si la señorita arrive jusqu'au château du cruel et avare La Mothe-Serrand, elle est perdue !

En substance, voici ce que le chevalier écrivait à ce seigneur, si tristement célèbre : Il lui disait que la femme que lui conduisait un de ses amis, était une des ennemies les plus acharnées de la Ligue en général et de M. l'ambassadeur d'Espagne en particulier. Il était donc chargé, soi-disant, par Bernardin de Mendoze de la mettre dans l'impossibilité de nuire jusqu'à nouvel ordre. Il promettait en outre une grosse somme d'argent pour une séquestration rigoureuse pendant plusieurs mois. Et il ajoutait que cette jeune femme avait des moments de folie, suite incontestable des excès de la vie de débauche qu'elle menait à Paris depuis longtemps.

Chicot connaissait les instincts barbares du seigneur angevin, et il ne douta pas un instant que si l'infortunée jeune fille devenait sa prisonnière, elle serait une victime de plus à ajouter à ses nombreuses victimes. Comment la sauver de ce nouveau guet-apens?

La voiture qui emportait Jovita était déjà loin; elle était partie depuis deux heures. Et puis, Chicot ne pouvait plus compter sur le concours dévoué de son fidèle Gosi; il n'avait pas même un cheval à sa disposition pour continuer sa route. Que faire? Là, seul, abandonné, en compagnie de deux cadavres, il perdait un temps précieux, et il savait le sort qui était réservé à la jeune Espagnole.

Il marchait avec agitation; tout à coup il s'arrêta au milieu de ses réflexions, il venait de trouver une idée et de prendre subitement une détermination.

Chicot traîna le corps de don Gaspar d'Alcégas à côté de celui de Gosi et piqua en terre le tronçon d'une épée brisée. Il déchira une feuille de ses tablettes et écrivit dessus : *Passant, qui que tu sois, donne la sépulture à ces deux hommes en terre bénite; c'étaient deux braves, bons catholiques; Dieu te récompensera!*

Il attacha cette inscription sur la poignée de l'épée, qui figurait une croix plantée à côté des morts, et se disposa à partir.

Avant de s'éloigner, il considéra une dernière fois Gosi dont le visage maculé de sang était horrible à voir.

— Adieu, mon brave serviteur, dit-il avec émotion; je vais continuer l'entreprise si fatalement commencée, la conduire à bonne fin ou mourir.

En partant, son pied heurta un corps dur, il se baissa et ramassa le poignard ensanglanté de Gosi dans la poussière.

— Je le garderai comme un pieux souvenir, dit-il en le passant à sa ceinture.

Et il partit au pas de course en suivant les empreintes que les roues de la voiture avaient laissées sur le chemin.

Expliquons à présent à nos lecteurs par quelle circonstance imprévue Gosi et Chicot avaient pris part aux événements qui venaient de s'accomplir.

La veille de l'entrevue de la señorita Jovita avec M. le chevalier d'Aumale, le bouffon du roi avait été rue de Hautefeuille. L'Espagnole lui avait raconté une partie de ses déceptions et lui avait laissé entrevoir ses inquiétudes pour l'avenir.

Chicot avait offert de se joindre à Gosi pour l'accompagner : elle y avait consenti.

— Après avoir été chercher le chevalier au Louvre, à son campement de la Grange-Batelière, à sa demeure, ils avaient fini par le rencontrer soupant joyeusement à l'hôtel de Carnavalet.

D'Aumale, surpris si désagréablement au milieu de ses plaisirs, par une femme qui n'avait plus le moindre empire sur ses sens ou sur son imagination, avait fait prévenir don Gaspar d'Alcégas.

L'Espagnol, qui était prêt à tout événement, avait obéi. Il avait embusqué deux tire-laine dans le vestibule. Pendant que ces hommes étaient ainsi tapis dans l'ombre, don Gaspar avait rencontré Gosi causant avec Chicot à la porte de l'hôtel. Comme il avait une grande admiration pour son courage, depuis l'aventure de la taverne de la rue des Cordeliers, car c'était lui qui l'avait tiré de la cave où les moines l'avaient jeté, il s'était approché de lui et l'avait pris à part.

— Voulez-vous me rendre un service ? lui avait-il dit.

— Oui, avait répondu Gosi.

— J'ai mission de débarrasser le chevalier d'Aumale d'une de ses maîtresses; il me manque un homme pour cette petite expédition, voulez-vous le remplacer?

— Volontiers, mais quelle est cette femme?

— Oh! ne vous inquiétez pas de son nom ni de son rang, avait repris don Gaspar en interrompant Gosi; c'est une aventurière, une Espagnole qui l'obsède et qui l'ennuie...

— Mais je suis là, avec un de mes amis; permettez-moi de prendre congé de lui et je suis à vous.

— Dépêchez-vous, car la femme en question peut sortir d'un moment à l'autre et la voiture qui doit l'emmener est prête.

Gosi avait été retrouver Chicot, qui l'attendait à vingt pas de là et lui avait conté ce dont il s'agissait en deux mots.

Chicot avait tout de suite compris que Jovita courait un grand danger et qu'il fallait venir à son secours. Il avait donc ordonné à son valet de se prêter à toutes les volontés de l'inconnu; et quant à lui, il s'était éloigné immédiatement pour recruter quelques amis, afin d'être en force pour s'opposer à l'entreprise tramée contre la jeune fille. Mais, en son absence, le rapt avait eu lieu, et quand il était revenu dans le quartier Saint-Antoine, la voiture qui emportait Jovita était déjà en route, elle passait sur le pont-levis de la porte située à gauche de la Bastille.

Les hommes que Chicot avait réunis voyant l'affaire manquée, avaient refusé de sortir de Paris.

Le fou du roi n'avait pas hésité de monter à cheval et à se mettre à la poursuite des ravisseurs; il comptait sur le concours de son valet pour agir.

Gosi, comme on l'a vu, était placé dans la voiture à côté de Jovita; en entendant un coup de sifflet lancé d'une façon toute particulière, il avait bien reconnu le signal dont il était convenu avec son maître. Et supposant que son maître était accompagné de quelques gaillards solides et braves, il n'avait pas hésité à engager le combat.

Nos lecteurs en connaissent les diverses péripéties et le dénoûment; mais ce qu'ils ne savent pas, c'est ce que fit le chevalier d'Aumale après avoir été blessé. Il fut reconduit chez lui par ses amis, et quand il fut seul, il fit appeler Poncet, son secrétaire, par son valet de chambre.

Comme il ne pouvait écrire, souffrant horriblement de la blessure que l'Espagnole lui avait faite à la main droite, il dicta la lettre suivante :

« Mon cher La Mothe-Serrand.

« Au moment de monter en voiture, la femme que l'on te conduit m'a blessé légèrement d'un coup de poignard. Méfie-toi : c'est une tigresse à qui il faut rogner les ongles. Le plus noir de tes cachots sera toujours trop bon pour elle. Elle arrivera à ton château presque en même temps que le porteur de cette lettre. Mayenne et Inigo[1] t'auront une reconnaissance éternelle du zèle et du dévouement que tu montreras pour la cause des fervents catholiques, etc. »

Un courrier était parti immédiatement pour Angers.

Le chevalier d'Aumale était sûr d'avance d'avoir un exécuteur ponctuel de ses ordres dans le sieur de La Mothe-Serrand... Ces deux hommes étaient si bien faits pour s'entendre !

[1] Surnom de Mendoze.

CHAPITRE XXIX

OU L'ON VERRA QUELLES FURENT LES CONSÉQUENCES DES CLAUSES
DU TESTAMENT DE PIERRE JORAND

Les armées royales après avoir emporté d'assaut la ville de Poissy, passèrent la Seine et allèrent camper sous les murs de Pontoise.

Mayenne qui était parvenu à réunir sous ses ordres huit ou dix mille hommes, voulut secourir cette ville. Il fit partir le sieur de Hautefort à la tête de deux mille soldats; ce renfort permit aux assiégés de résister quelques jours. Ils se réfugièrent dans l'église Notre-Dame qu'ils avaient transformée en forteresse, mais l'artillerie des royaux, battant en brèche l'édifice, les contraignit de se rendre au bout de neuf jours d'une défense héroïque.

Le sieur de Hautefort, du parti de la Ligue, avait été tué dans l'église, et le sieur de Charbonnière, capitaine huguenot fut blessé mortellement d'un coup d'arquebuse, au moment où le roi de Navarre avait la main sur son épaule. Les pertes furent importantes de part et d'autre. Enfin, le 25 juillet, la ville se rendit à Henri III.

Sur ce, arrivèrent Harlay de Sancy avec dix mille Suisses, et le duc de Longueville, Lanoue *bras-de-fer*, et Givry avec leurs troupes particulières. Ces renforts qui venaient si à propos grossir l'armée des royaux, s'étaient arrêtés à Conflans-Sainte-Honorine, au confluent de l'Oise et de la Seine.

Le roi, accompagné du Béarnais, alla aussitôt les passer en revue. En comptant ces auxiliaires, l'armée royaliste se montait à trente mille hommes bien équipés et bien armés.

La présence de ces troupes à quelques lieues de Paris avait jeté la perturbation dans les rangs des ligueurs. Le duc de Mayenne lui-même ne savait plus où donner de la tête. Il était au Louvre lorsque Bussy le Clerc vint lui annoncer que de Sancy avait amené des secours à Henri.

— Alors nous sommes perdus! s'écria le duc.

— Pas encore, monseigneur, répondit Bussy.

— Mon nom n'a plus ce prestige d'autrefois sur la populace ligueuse, et c'est elle seule aujourd'hui qui pourrait nous sauver.

— Je vous avais prévenu, monseigneur... Je connais mieux que vous les Louchard, les Sénault, et les Crucé... Ils sont populaires parce qu'ils savent se faire aimer.

— N'ai-je donc rien fait pour le peuple, moi?

— Oui, monseigneur. Vous lui avez permis de piller les maisons des royalistes, mais vous avez froissé son amour-propre...

— Et comment cela?

— En introduisant dans le conseil, de votre autorité privée, des membres qui n'avaient pas été soumis à ses suffrages.

— Où en serions-nous si je m'étais laissé mener par ces harangueurs de carrefours?

— Avec le peuple, monseigneur, il faut respecter les principes; usez de la légalité envers lui, il vous sera tout dévoué, mais si vous employez l'arbitraire pour le conduire, vous le blessez au cœur... Et une blessure faite au cœur du peuple, monseigneur, saigne longtemps.

— Ce qui est fait est fait, Bussy; je ne peux pas revenir sur des décisions prises en séance solennelle à l'Hôtel-de-Ville, il faut que j'accepte la position comme elle est et que je triomphe, sinon je me ferai tuer en soldat, à la tête de mes quelques amis fidèles... Henri pourra rentrer dans sa bonne ville de Paris, mais ce ne sera qu'en passant sur mon corps.

— On n'a jamais douté de votre courage, monseigneur, dit Bussy le Clerc en inclinant légèrement la tête.

— Ah! si pour sauver Paris, je savais à quel saint me vouer...

— A saint Jacques, mon frère, dit madame de Montpensier en entrant suivie du Père prieur des Jacobins.

— Oh! je vous en prie, ma sœur, répondit le duc, ne me parlez plus de votre moine... c'est un lunatique... un fou...

— Un fou dont on peut diriger la folie, monseigneur, est capable de grandes choses, dit le père Bourgoin d'un ton hypocrite, respectueux et dévot.

— Vous avez donc aussi confiance, mon père, dans la mission du frère Jacques...

— Oui, monseigneur, répondit le prieur; ce jeune profès obéit à une inspiration divine qui lui donne la volonté et la force d'accomplir... tout ce que nous voudrons.

— Ce jeune religieux, reprit la duchesse avec vivacité, sera pour nous un saint ange descendu des voûtes célestes... Il est prêt à souffrir mille morts, à subir toutes les tortures, pourvu qu'il purge la terre de l'infâme Valois! S'il le faut, il n'hésitera pas à aller le trouver au milieu de ses soldats et à le frapper d'une main sûre.

— A l'entendre, dit le duc en se penchant vers Bussy, elle est persuadée que tout ce qu'elle pense arrivera.

— Pour que Jacques puisse circuler librement, reprit madame la duchesse, le Père prieur demande un passe-port.

— Je m'en charge, répondit le duc; Charles de Luxembourg, comte de Brienne, notre prisonnier, le lui donnera.

— Il faudrait encore, dit Bourgoin, une lettre d'un des amis du roi.

— Pourquoi?

— Pour que notre sauveur puisse arriver jusqu'au Valois...

— Je comprends. Eh bien! maître Bussy a assez de royalistes dans la Bastille pour vous la procurer...

— J'ai tous les gros bonnets du Parlement, répondit le ligueur.

— C'est tout ce que vous demandez pour délivrer la France de l'assassin de mes frères, dit Mayenne d'un ton d'incrédulité? en se tournant vers le Père prieur.

— Oui, monseigneur.

— Mon père il faut encore un couteau, dit la duchesse.

— Le couvent le fournira, madame.

A la suite de cette courte conversation, nos personnages se séparèrent.

Le duc de Mayenne et Bussy le Clerc se dirigèrent vers la partie nord de la ville pour donner un coup d'œil à des travaux de fortification qui étaient en cours d'exécution.

Madame la duchesse de Montpensier et le Père prieur se rendirent au couvent.

Le même jour, et presque à la même heure que cette scène se passait au Louvre, une scène intime, non moins intéressante pour nos lecteurs, avait lieu au pont au Change, dans la maison de l'orfévre.

Madame veuve Jorand et le vénérable curé Martinet avaient été une seconde fois à l'étude de notaire où le testament de Pierre Jorand était déposé et lecture leur en avait été faite.

En rentrant chez elle, madame Jorand dit à sa fille :

— Mon enfant, nous venons de prendre connaissance des dernières volontés de ton malheureux oncle et il te nomme héritière de tout ce qu'il possède...

— Moi, ma mère? dit Marie avec étonnement.

— Mais à une condition, ma fille.

— Laquelle?

— A la condition que tu épouseras M. Gaston.

Marie fit un mouvement et pâlit légèrement.

— M. Gaston est un brave jeune homme, reprit madame Jorand; il a du talent et il est fort laborieux. Lorsqu'il demanda ta main, ton oncle fut seul à repousser sa demande. Nous ne fûmes pas consultées... et j'avoue que pour ma part je ne ferai aucune opposition à ton mariage avec lui.

— Comment se fait-il donc, ma mère, dit la jeune fille, que mon oncle, après avoir repoussé M. Gaston, me le donne aujourd'hui pour époux?

— A son lit de mort, mon enfant, il aura jeté un regard sur le passé, et il aura vu qu'il avait eu tort d'agir ainsi en cette circonstance.

— Béni soit l'homme, dit M. Martinet, qui reconnaît ses fautes au moment de comparaître devant le tribunal de Dieu!

— Mais, ma mère, dit la jeune fille avec hésitation, mon oncle, dans son testament, a-t-il prévu le cas où je ne voudrais pas devenir la femme de M. Gaston?

— Oui, mon enfant. Si tu n'épouses pas ce jeune homme, il te déshérite et te maudit...

— Déshéritée et maudite! répéta Marie avec effroi.

— Hésiterais-tu à remplir les dernières volontés d'un mourant?

La jeune fille poussa un profond soupir.

— Songes-y, ma fille, les pensées d'un malheureux qui va mourir sont des pensées qui naissent sous l'inspiration de Dieu. Elles doivent être sacrées...

— Mais cependant, interrompit Marie, si je n'avais pas l'intention de me marier... si je voulais me retirer du monde pour consacrer ma vie au divin Créateur?

— Je ne puis pas croire, mon enfant, que tu aies jamais l'idée d'entrer au couvent; je pense que ton amitié pour moi est assez forte, assez tendre, assez dévouée, pour que tu ne songes pas à me quitter... Réfléchis donc, ma chère Marie; je n'ai plus que toi sur terre, tous ceux qui avaient mon affection sont au ciel; que deviendrais-je si tu m'abandonnais?... Non, c'est impossible, tu ne peux pas vouloir la mort de ta mère!...

— Moi, vouloir votre mort, ma mère, oh! jamais! dit la jeune fille.

— Alors, ma chère enfant, ne me parle plus d'entrer en religion, puisque le couvent pour toi est pour moi la tombe.

— Je crois, dit à son tour M. Martinet, que mademoiselle Marie n'a aucunement l'intention de désobéir aux volontés suprêmes de son bon et excellent oncle. Il a toujours eu pour elle l'affection la plus dévouée. Je me souviens que lorsqu'il était prisonnier des huguenots à Niort, et qu'il me fit demander du fond de son cachot, sa dernière pensée fut pour sa nièce. Oui, mademoiselle, votre oncle, chargé de fers, à la veille de marcher au supplice, avait votre nom sur les lèvres; ce n'était pas sa douloureuse infortune qui le préoccupait, c'était votre avenir. O l'excellent homme! il vous aimait de l'amitié d'un père! Et si, à ses derniers moments, il a demandé que vous devinssiez la femme de M. Gaston, c'est qu'il était persuadé que ce jeune homme vous aime et que vous pouvez être heureuse avec lui... Avant de quitter Paris pour aller en mission, il me disait qu'il regrettait de ne pas vous voir mariée avec le jeune artiste, car tous les renseignements qu'il avait pris prouvaient que M. Gaston avait pour vous un franc et sincère amour.

— Bon oncle! murmura Marie en essayant de retenir de grosses larmes qui roulaient dans ses yeux.

— Mon enfant, reprit madame Jorand après un moment de silence, mon enfant, j'attends ta réponse.

La jeune fille leva ses yeux noyés de pleurs vers sa mère; elle remua les lèvres comme si elle eût voulu parler, mais tout à coup elle cacha sa tête dans ses deux mains et éclata en sanglots. Elle succombait à la lutte qui se livrait en elle entre le remords et le devoir; son cœur était brisé par de poignants et terribles souvenirs...

— Qu'as-tu, mon enfant? s'écria madame Jorand en se précipitant vers Marie et en l'enlaçant de ses bras; parle, dis-moi la cause de ta douleur... Est-ce que tu éprouverais quelque répugnance à accomplir les dernières volontés de ton oncle?... Tu ne te sens peut-être aucune inclination pour M. Gaston... tu as peut-être disposé de ton cœur... un autre peut-être...

D'un regard la jeune fille interrompit sa mère.

— Je te dis cela, continua la pauvre femme, mais rassure-toi, ma fille, je n'en crois rien... Tu as été élevée par moi avec trop de soin, avec trop d'affection pour que je soupçonne un seul instant qu'une mauvaise pensée ait jamais pu troubler la pureté de ton âme!... Je sais que tu connais le prix de mon amour maternel et que tu aimerais mieux mourir que de faire une tache, si petite qu'elle fût, à notre nom... Je puis donc croire que tu seras heureuse de te rendre aux désirs de ton oncle mourant, dont le dernier souhait a été pour toi : fortune et bonheur.

Marie se débarrassa des étreintes de sa mère. Elle essuya ses larmes et parut plus calme. Elle venait de prendre une résolution suprême.

— Je consens, dit-elle d'une voix lente et pleine d'émotion, à devenir la femme de M. Gaston.

Le vieux curé Martinet, sans perdre de temps, se rendit à la demeure du jeune peintre, et lui conta par quelles circonstances étranges la main de mademoiselle Jorand lui était accordée. Gaston, qui, depuis la visite d'Olivier le Long, attendait avec anxiété ce résultat heureux, fut au comble de la joie.

Le soir, à l'heure où tout le monde dormait ordinairement dans la maison de l'orfévre, une seule personne veillait : c'était Marie.

Elle s'était agenouillée sur un prie-Dieu, comme elle en avait l'habitude, pour faire sa prière du soir, et, à la lueur d'une lampe placée devant un petit crucifix pendu à la muraille, elle contemplait un médaillon à demi caché dans sa main : c'était le portrait du chevalier d'Aumale.

— O toi, mon adoré, dit-elle en portant la miniature à ses lèvres, ô toi, ma vie, mon espérance, mon bonheur, adieu!...

Maudit soit le jour où la fatalité me plaça sur tes pas, maudit soit le moment où tes regards si doux rencontrèrent les miens!... L'illusion avait empli mon cœur, la folie avait remplacé ma raison! Éblouie, fascinée par un prestige attaché à ta noble personne, je me laissai entraîner vers toi par une force inconnue... appuyée sur ton bras, ô mon bien-aimé, je marchais confiante à mon déshonneur, bercée par la suave éloquence de tes mensonges dorés! Près de toi, j'avais oublié mon obscure origine, j'avais oublié que c'était un crime de m'enorgueillir de t'aimer; et cependant j'étais heureuse de tes doux embrassements, car, au milieu de notre ivresse, je sentais que nous étions égaux par le cœur!... Aujourd'hui j'entrevois seulement l'abîme ouvert sous mes pas; ce n'est que depuis ma chute que je puis en mesurer la profondeur... Malheur, malheur à vous, chevalier, qui n'avez pas eu pitié de la pauvre jeune fille, dont vous avez brisé, sans remords, la fragile existence! malheur à vous qui n'avez pas respecté l'enfant qui s'était confiée à vous avec toute la candeur de son innocence!!... Vous m'avez perdue, d'Aumale, mais Dieu me vengera!... Adieu, je ne veux plus te voir, adieu.

Marie ouvrit la fenêtre de la chambre qui donnait sur la Seine et jeta dans l'espace le médaillon qu'elle venait de porter à ses lèvres une dernière fois. Elle se remit à son prie-Dieu et chercha dans la prière un adoucissement à sa douleur.

Dieu devait exaucer ses vœux, car Dieu n'est jamais resté insensible à la prière d'un enfant qui se repent et qui pleure.

Le lendemain les fiançailles de Gaston et de Marie eurent lieu.

Gaston était heureux et s'abandonna tout entier à son bonheur.

Vingt fois, Marie, poursuivie par le remords, fut tentée de lui dévoiler le terrible secret qui pesait si lourdement sur sa conscience; mais, hélas! elle ne put jamais trouver assez de force en elle pour oser regarder sa honte en face. Les conséquences d'un pareil aveu l'anéantissaient: elle redoutait le mépris de celui dont elle allait porter le nom, et elle avait peur de la malédiction de sa pauvre mère, déjà éprouvée par tant de malheurs sur terre. Bref, elle se résigna à rester parjure et déloyale, espérant ne pas tarder à mourir du repentir de sa faute.

Elle attendait son châtiment de Dieu.

Le 30 juillet, la bénédiction nuptiale de Gaston et de Marie eut lieu à huit heures du soir, dans l'église Saint-Barthélemi, en présence des témoins exigés par la loi et de quelques amis de la famille Jorand. Après la cérémonie, les invités furent réunis à un souper préparé dans la maison du pont au Change.

Marie était pâle et chancelante. Elle paraissait souffrir, mais elle ne se plaignait pas. Elle se mit à table, et ne toucha à aucun mets.

Vers minuit, les convives se retirèrent.

La jeune femme monta alors à sa chambre, et pria M. Martinet de lui accorder un moment d'entretien.

— Mon père, dit Marie en se jetant aux genoux du prêtre, j'ai besoin de me confesser à vous ; c'est à vous seul que j'aurai le courage de révéler une faute qui me rend indigne de l'honnête homme qui, aujourd'hui, m'a prise pour épouse.

— Que voulez-vous dire, mon enfant ? s'écria le père Martinet en relevant Marie avec bonté.

— Je veux dire, mon père, qu'emportée par un amour irréfléchi, insensé, j'ai donné mon cœur à un autre... que M Gaston.

— Je ne puis croire cela... Voyons, ma chère enfant, remettez-vous, reprenez votre sang-froid ; votre main tremble dans la mienne... vous n'avez pas en ce moment conscience de vos paroles... Calmez-vous... vos yeux sont étincelants et vous grelottez comme si vous étiez en proie à une fièvre violente... vous souffrez ; allons, asseyez-vous près de moi sur cette chaise... et parlez-moi posément ; vous savez bien que pour vous je suis et serai toujours un bon et discret ami à qui l'on peut tout dire sans arrière-pensée.

— Oui, mon père, je suis une grande coupable, reprit lentement Marie, et, craignant de causer à ma mère un désespoir mortel, j'ai eu la lâcheté de ne pas persister dans le refus de me marier... A cette heure, je comprends seulement l'affreuse position où je me suis mise ; mais j'aimerais mieux mourir que de garder plus longtemps le secret de ma faute... Que dois-je faire, mon père ?

— Il faut oublier celui que vous avez aimé, mon enfant, et ne vous attacher désormais qu'à vos devoirs d'épouse... Vous donnez trop d'importance à une amourette... Gaston sera un si bon mari, que bientôt vous ne penserez plus qu'à lui.

Marie s'aperçut que le vieux curé ne l'avait pas comprise.

— Si j'ai un conseil à vous donner, continua M. Martinet, c'est de ne pas vous tourmenter... Si l'absolution de votre prétendue faute est nécessaire à votre repos, je suis prêt à vous l'accorder...

— Je ne puis recevoir l'absolution de ma conduite passée que d'un seul homme... c'est de Gaston.

— Eh bien ! je vais vous amener votre mari, reprit le vieux curé en se dirigeant vers la porte ; et ne craignez rien, il sera trop heureux de vous pardonner.

Et voyant que Marie était prise d'un tremblement convulsif, il revint vers elle.

— Allons donc, mon enfant, reprit-il, n'ayez donc pas de ces terreurs imaginaires... Vous, si bonne, si douce, si honnête, qui avez été élevée saintement sous l'œil de votre excellente mère... vous vous faites un fantôme d'une peccadille... votre péché vous paraît d'autant plus gros que votre naïve innocence est plus grande... Ma chère Marie, vous êtes plus sévère pour vous que ne le serait Dieu lui-même pour le plus grand coupable.

— Vous ne voulez donc pas me comprendre ? reprit d'une voix stridente la jeune fille en se levant précipitamment ; mon père, je suis indigne de partager le lit d'un honnête homme... Je suis déshonorée !

M. Martinet recula comme s'il avait obéi à une violente commotion.

— Déshonorée, répéta-t-il. Ah! malheureuse enfant!...

Marie, droite et ferme devant lui, le regardait d'un œil sec et hagard. Elle semblait disposée à braver la honte qui tout à l'heure l'avait rendue faible et craintive.

— Mon père, dit-elle, allez chercher mon époux. Je veux tout lui avouer moi-même, car je ne veux pas commettre une nouvelle infamie en trompant son affection pour moi. Allez, mon père.

Et d'un geste elle montra la porte au vieillard,

M. Martinet, dominé par le regard de la jeune femme, qui en ce moment avait une puissance surnaturelle, sortit tout en tremblant. C'était lui, à son tour, qui avait perdu son sang-froid.

— Allons, dit Marie en se voyant seule, puisque j'ai porté la coupe à mes lèvres il faut la vider jusqu'à la lie... Ah! mon Dieu! mais on étouffe ici...

Elle ouvrit la fenêtre.

Le vieux prêtre, après avoir descendu l'escalier, entra dans la salle à manger où Gaston causait avec madame Jorand.

— Comme vous êtes pâle, s'écria le jeune homme en apercevant le vieillard.

— Montez, monsieur, dit-il; votre femme vous demande.

— Qu'y a-t-il donc?

— Montez, monsieur, répéta le vieux prêtre.

Gaston, inquiet et troublé, se dirigea vers la chambre de Marie. Il en ouvrit vivement la porte: elle était vide. Il jeta les yeux tout autour de lui et prononça à plusieurs reprises le nom de Marie; personne ne répondit.

— Où donc est mon enfant? demanda madame Jorand au vieillard qui entrait derrière elle.

— Votre fille était ici il n'y a qu'un instant, répondit-il.

Alors, M. Martinet aperçut la fenêtre restée ouverte ; il devina l'affreuse vérité.

— O mon Dieu ! mon Dieu ! s'écria-t-il en courant à la croisée et y restant saisi de terreur.

— Parlez donc, parlez donc, mon père, dit Gaston en allant à lui et en regardant les eaux jaunâtres de la Seine qui tourbillonnaient en s'échappant des arches du pont.

— Vous ne me comprenez pas ?

— Non.

— Eh bien ! monsieur Gaston, l'infortunée Marie avait une grave faute à expier ; elle s'est fait justice elle-même... C'est un ange de plus dans le ciel... A genoux, prions pour elle !...

— Morte, ma fille ! s'écria la malheureuse mère.

Et elle tomba à la renverse sur le plancher.

— Mais il est peut-être encore possible de la sauver, s'écria à son tour le jeune homme.

Et, à demi fou de désespoir, il sortit en courant de l'appartement.

En ce moment, un marinier qui avait vu Marie se précipiter dans le fleuve détachait une barque du rivage pour aller à son secours.

Une heure du matin sonnait à l'horloge d'une église voisine.

CHAPITRE XXX

LE FRÈRE JACQUES SORT DE PARIS POUR PORTER UNE LETTRE DE M. DE
HARLAY AU ROI DE FRANCE,
QUI VENAIT D'ÉTABLIR SON QUARTIER GÉNÉRAL A SAINT-CLOUD

Henri III, après avoir laissé reposer son armée trois jours dans les environs de Conflans, avait donné ordre de marcher sur Paris.

Le Béarnais, selon sa coutume, avait le commandement de l'avant-garde.

Le 30 juillet, l'armée royale arrivait devant le pont de Saint-Cloud.

Le duc de Mayenne, instruit par ses espions du mouvement des royaux, s'était mis à la tête de trois ou quatre mille ligueurs pour défendre le point menacé. Il avait fait fermer les portes du pont et construire des barricades.

Le roi de France avait établi son quartier général à Saint-Cloud, et le Béarnais avait fixé le sien à Meudon, en cantonnant ses troupes à Vanvres, Issy et Vaugirard.

La plus grande terreur régnait à Paris. Le peuple découragé encombrait les places et les carrefours. La ville n'était pas en état de résister deux jours seulement aux forces ennemies, un miracle seul ou un événement inattendu pouvait cependant l'empêcher de tomber entre les mains du Valois.

Une seule personne de la maison de Lorraine ne s'abandonnait pas au découragement général, c'était madame la duchesse de Montpensier.

En apprenant l'arrivée du Valois à Saint-Cloud, elle se rendit à l'Hôtel de Ville où le père Bourgoin siégeait parmi les membres du conseil.

— Il n'y a pas de temps à perdre, lui dit-elle ; si le Valois n'est pas mort demain, nous sommes perdus.

— J'ai causé avec le frère Jacques toute la matinée, et il attend avec impatience le moment de sortir de la ville.

— Bussy vous a-t-il remis une lettre pour le roi?

— Non. Je l'attends. Et le passe-port?

— Il faut que notre sauveur vienne au Louvre ; je le ferai présenter au comte Brienne par un de mes affidés, et je ne doute pas qu'il n'obtienne facilement ce qu'il demande.

— Moi, je reste ici en attendant Bussy le Clerc.

— Si je me faisais conduire jusqu'à la Bastille?

— C'est inutile, madame ; restez avec moi à la séance du conseil, votre présence relèvera un peu le courage de nos partisans.

Pendant ce temps, Bussy le Clerc était à la Bastille avec le moine Trigallot, un de ses amis dévoués.

— Vous comprenez bien, mon frère, ce que vous avez à faire? disait le gouverneur.

— Parfaitement.

— Il nous faut une lettre pour le roi, et il faut que cette lettre soit d'un royaliste influent, de M. le président de Harlay, par exemple.

— Il est disposé à me recevoir?

— Il vous attend. Ce matin il a demandé la faveur d'entendre une messe dans son cachot ; j'ai bien voulu accéder à sa prière. Alors je vous ai envoyé chercher.

— Je vous remercie de la préférence ; mon zèle, croyez-le, maître Bussy, est à la hauteur de la confiance que vous avez en moi.

— Inutile de vous recommander de vous présenter devant lui comme un chaud partisan du roi...

— Soyez tranquille.

— Vous comprenez bien de quelle importance est pour nous la lettre du président de l'ancien parlement. Le messager que nous enverrons à Saint-Cloud pourra exiger ainsi de la remettre personnellement au roi.

— Oui, oui... Voici l'heure à laquelle m'attend le vieux royaliste; donnez-moi une petite écritoire, une plume et du papier, et je vais descendre à son cachot.

Le gouverneur lui remit aussitôt les objets demandés.

Le frère Trigallot retroussa sa robe et fourra dans ses chausses l'écritoire, la plume et la feuille de papier.

Bussy le Clerc appela le guichetier, et le moine sortit du cabinet où cette conversation avait eu lieu.

Après avoir parcouru un long corridor sombre, Prival, le guichetier, s'arrêta devant une porte massive, lourdement ferrée. Il l'ouvrit, et le moine entra d'un air béat dans un cachot faiblement éclairé par une étroite ouverture garnie d'énormes barreaux.

M. de Harlay, qui était assis, se leva en apercevant une robe de moine.

— Monsieur le président, dit Trigallot d'un ton humble et dévot, vous avez manifesté le désir d'entendre une messe...

— Oui, mon père.

— Je suis heureux, moi obscur serviteur de Jésus-Christ, de pouvoir rendre ce service à l'une des glorieuses victimes de la faction de la Ligue.

Et le moine déposa sur une petite table son ciboire et son étole.

— Depuis que je suis dans cet horrible souterrain, reprit le vieillard, je n'ai pas eu une seule fois la consolation d'approcher de la sainte table...

— Vos amis, détenus ici, monsieur le président, ont communié ces jours derniers... c'est moi qui ai approché la divine hostie des lèvres de MM. Portail, Praslin et de Resnel...

— Dieu soit loué! s'écria le président en joignant les mains, mes bons amis ne sont donc pas tous morts.

— J'espère bien qu'ils ne mourront pas de la main des ligueurs.

— Est-ce que les partisans du roi font, comme on me l'a dit, cause commune avec les assiégeants, les huguenots exceptés, bien entendu?

— Oui, monsieur le président; et vous serez tous délivrés avant trois jours.

— Avant trois jours! répéta le vieillard.

— Je suis chargé, par nos amis, reprit Trigallot à voix basse, d'aller à Saint-Cloud pour dire au roi que la porte Saint-Marceau lui sera ouverte demain.

— Si cela était vrai, mon Dieu!

— Vos bons amis, Praslin, Portail et de Resnel, m'ont remis chacun une lettre pour le roi, dans laquelle ils protestent de leur fidélité et engagent Sa Majesté à ajouter foi à nos paroles.

— Comment sortirez-vous de Paris, mon père?

— Par la porte Montmartre; elle est gardée par des religieux qui, de leur côté aussi, conspirent pour le salut de l'État.

— Ah! que ne puis-je aussi assurer le roi de mon respect et de mon dévouvement... Si je pouvais écrire...

— Si vous voulez joindre votre protestation à celles de vos amis, je puis vous en donner les moyens... quoique, je le suppose bien, Sa Majesté n'ait jamais douté de votre fidélité inaltérable... Comme j'espère avoir l'honneur de parler au roi, il me sera facile de lui remettre une lettre.

Le moine tira alors de ses chausses l'écritoire, la plume et le papier.

M. de Harlay ne put retenir sa joie, il sauta au cou du frère Trigallot et l'embrassa les larmes aux yeux. Puis il prit la plume et écrivit ce qui suit : « Sire, ce présent porteur vous fera entendre l'état de vos serviteurs et la façon de laquelle ils sont traités, qui ne leur ôte néanmoins la volonté et le moyen de vous faire très-humble service, et sont peut-être en plus grand nombre que Votre Majesté n'estime. Il se présente une belle occasion sur laquelle il vous plaira faire entendre votre volonté, et suppliant très-humblement croire le présent porteur en tout ce qu'il vous dira. »

Après ces lignes, le président fit une croix enfermée dans un O.

— Cela, dit le président en montrant au moine le signe qui tenait la place de la signature, est connu du roi.

Trigallot prit la lettre et commença à dire la messe.

M. de Harlay la suivit dévotement et chanta d'une voix assurée le *Domine salvum*. Puis le moine sortit en l'assurant de sa prochaine mise en liberté.

Trigallot rencontra dans le corridor Bussy le Clerc qui l'attendait. Il lui remit la précieuse missive.

— Par le sang du Christ! je l'aurais dictée moi-même, dit-il après l'avoir parcourue des yeux, qu'elle ne serait pas mieux.

Bussy alla immédiatement à la maison de ville, et raconta au Père prieur le stratagème dont il s'était servi pour obtenir quelques lignes de la main du vieux président.

— Maintenant, dit Bourgoin, si Jacques a été conduit au Louvre par le frère tourier du couvent pour demander un passe-port à M. le comte de Brienne et qu'il l'ait obtenu, il pourra partir aujourd'hui même pour Saint-Cloud.

Une heure plus tard, madame la duchesse de Montpensier, accompagnée du Père prieur, entrait au couvent des Jacobins.

Bourgoin conduisit la duchesse dans sa cellule, et fit appeler le frère tourier.

— Avez-vous été au Louvre avec le frère Jacques?

— Oui, mon père, hier.

— Avez-vous obtenu un passe-port de M. Charles de Luxembourg, comte de Brienne?

— Le voici.

Et le moine remit un parchemin plié au prieur[1].

La duchesse s'en empara et le parcourut vivement.

— C'est parfait, dit-elle; il est pour Orléans.

— Oui; mais comme tout chemin mène à Rome, reprit Bourgoin en souriant, Jacques pourra passer par Saint-Cloud.

Et, se tournant vers le frère tourier, il ajouta :

— Avez-vous acheté le couteau que je vous ai demandé?

— Mon père, je viens de le chercher... le voici.

De dessous sa robe il tira un couteau fraîchement aiguisé.

— Bon Dieu! quel beau couteau! s'écria la duchesse.

— Prenez garde de vous blesser, madame, dit le Père prieur en voyant sa complice s'emparer du susdit couteau.

— La lame est-elle bonne surtout? demanda-t-elle.

Et elle ajouta en déposant un baiser sur la pointe :

— Brave couteau, fais bien ton devoir.

Bourgoin le lui prit des mains et le rendit au frère tourier en lui commandant de le porter sur le tabernacle dans la salle des méditations.

— Cette dame est folle assurément de baiser un couteau, dit le moine entre ses dents en fermant la porte de la cellule.

---

[1] L'original du passe-port délivré à Jacques Clément est conservé aux manuscrits de la Bibliothèque impériale. En voici le texte :

« Le comte de Brienne et de Ligny, gouverneur et lieutenant général pour le roi à Metz et pays messin;

« Nous, gouverneurs, leurs lieutenants, cappitaines, chefs et conducteurs de gens de guerre, tant de cheval que de pied, à tous ceux qu'il appartiendra, salut. Nous vous prions et requérons vouloir seurement et librement laisser passer et repasser, aller, venir et séjourner, *frère Jacques Clément*, jacobin, natif de la ville de Xans (Sens) sous Bourgogne, de présent estudiant en ceste ville de Paris, s'en allans en la ville d'Orléans, sans luy donner n'y permettre qu'il lui soit donné aulcuns empeschemens, ains lui donner toute la faveur, aide et assistance qu'il vous requerra, et en cas semblable nous fairons le semblable en vostre endroit. Escrit au château du Louvre, à Paris, le XXIXe. jour de juillet 1589.

« CHARLES DE LUXEMBOURG.

« Par Monseigneur, DE CORSE. »

— O mon Dieu ! pourvu qu'il ne manque pas de courage, dit la duchesse ; si sa résolution allait l'abandonner !

— Ne craignez rien, madame, répondit le prieur ; si Jacques frappe le roi, il enfoncera le couteau jusqu'au manche ; car il n'aspire plus qu'à monter au ciel avec la couronne du martyre : il n'attend plus que le moment d'aller rejoindre son frère Jésus-Christ...

— Le Fils de Dieu ?

— Oui ; j'ai su disposer habilement son esprit à croire qu'il était le frère de notre Sauveur, parce que ses deux noms commencent par les mêmes lettres que ceux de Notre-Seigneur Jésus-Christ.

— En effet, Jacques Clément... dit madame de Montpensier. Alors il faut qu'il parte à l'instant même...

— Il va entendre la messe et communier, puis il se mettra en route.

— La messe !... communier !... que de temps perdu, mon père !

— Retournez au Louvre, madame, et ne vous inquiétez plus de rien ; je prends tout sur moi.

Le lendemain, Jacques Clément, après avoir passé une partie de la nuit dans la salle des méditations, entendit la messe et communia. C'était le 31 juillet. Vers midi, au moment de partir, il voulut recevoir la bénédiction du Père prieur.

Bourgoin lui dit :

— As-tu le couteau et la lettre ?

— Oui, mon père.

— Tu te souviendras bien de mes instructions...

— Oui, si l'on m'interroge, j'accuserai les huguenots et le roi de Navarre.

— Souviens-toi que Judith a tué le roi des Assyriens et que son nom est sanctifié.

— Les anges, cette nuit, sont venus me visiter pendant mes prières et m'ont promis de m'assister dans mon entreprise ; il pourrait bien se faire que demain je revinsse au couvent et que je vous dise : *Ecce caput Holofernis, principis militiæ Assyriorum...*

— Va, mon frère, et Dieu te reconnaîtra pour son fils, car il t'a choisi pour être le sauveur de son Église.

— Donnez-moi votre bénédiction, mon père.

Jacques se mit à genoux, et Bourgoin psalmodia les paroles suivantes : *Benedictus Dominus qui creavit cœlum et terram, et te direxit in vulnera capitis principis inimicorum nostrorum.*

Le jeune moine alors se releva, prit son chapelet entre ses doigts, et, après avoir regardé une dernière fois le prieur, il fit le signe de la croix et sortit du couvent.

D'un pas ferme il gagna la rue de Vaugirard, et fut bientôt à la porte de la ville. Le chef du poste, après avoir pris connaissance de son passe-port, lui fit ouvrir la porte.

Chemin faisant, Jacques Clément fut accosté par deux soldats qui lui demandèrent où il allait.

— A Saint-Cloud, leur répondit-il.

— Eh bien! mon frère, si vous le permettez, répondit l'un d'eux, nous ferons route avec vous, car nous servons dans les armées royales.

— Volontiers.

A quelque distance du camp de Henri III, M. le procureur général Laguesle, qui venait du côté de Paris, rencontra notre moine marchant entre les deux soldats. Le croyant prisonnier, il s'arrêta.

— Où conduisez-vous ce frère? demanda-t-il.

— A Saint-Cloud, répondit un des soldats.

— Il est donc votre prisonnier ?

— Du tout. Il vient de Paris, et il porte au roi des lettres très-importantes de la part de ses bons serviteurs.

— Est-ce la vérité, jeune homme? reprit Laguesle en se tournant vers Jacques.

— Oui ; je vais trouver le roi, et il faut que je lui parle moi-même.

— Vous-même ?

— Il ne peut entendre que de ma bouche ce que j'ai à lui dire. Voyez plutôt.

Et le moine tira de sa ceinture la lettre du président de Harlay.

M. Laguesle en lut le contenu.

— Si vous voulez venir avec moi, reprit le procureur général, je vous présenterai à Sa Majesté ; car vous êtes sans doute le messager que nous attendons aujourd'hui de Paris.

— C'est moi, répondit Jacques Clément sans la moindre hésitation.

Arrivé à Saint-Cloud, M. Laguesle apprit que le roi était parti avec le Béarnais pour inspecter le campement des troupes et qu'il ne rentrerait au quartier peut-être que fort tard. Il mena donc le moine en son logis. Il le questionna, car Sa Majesté avait défendu de lui présenter des personnes venant de Paris, sans s'informer préalablement de leur identité et des motifs qui les amenaient.

Jacques Clément, voyant la nécessité d'expliquer sa mission, dit de nouveau qu'il venait de la part de M. le premier président, pour dire à Sa Majesté que tous les bons serviteurs qu'elle avait dans Paris étaient excessivement inquiets de ne recevoir aucune nouvelle de son armée, quoiqu'ils sussent qu'elle était fort près ; et que, la veille, les ligueurs avaient emprisonné mille ou douze cents des partisans du roi, mais que les tortures de la prison ne diminuaient rien de leur attachement pour lui ; et que par conséquent, quoique M. de Harlay fût sous les verrous, il s'efforçait de servir la cause royale en l'envoyant vers Sa Majesté pour lui dire de sa part qu'une porte de Paris, dont les gardiens étaient gagnés, était prête à s'ouvrir pour lui donner entrée dans la ville.

Et le moine ajouta qu'il avait encore bien d'autres choses à dire, mais qu'elles ne pouvaient être entendues que du roi lui-même.

Ce que voyant, M. Laguesle fit donner à manger à Jacques Clément et ordonna de lui préparer, dans sa propre demeure, un lit pour qu'il pût y rester la nuit.

Pendant que le moine était à table, le roi passa à cheval devant la maison de Laguesle, qui était située en face du pont. Il était accompagné du duc d'Épernon et de cinq ou six autres personnes de la cour. Il retournait à la maison de Gondy, évêque de Paris, où il logeait. Elle était située sur les hauteurs de Montretout, et de ses fenêtres on apercevait l'intérieur de Paris.

Derrière l'escorte du roi, à dix pas environ, galopait un soldat huguenot, cuirassé au dos et casque en tête. Il était monté sur un magnifique cheval qu'il maniait en habile écuyer.

— Savez-vous, dit un des gentilshommes de la suite du roi à un de ses amis qui se trouvaient à sa droite, savez-vous quel est ce cavalier hérétique qui nous suit depuis un quart d'heure?

— Non; tout ce que je puis vous dire, c'est qu'il a parlé à Sa Majesté au moment où elle traversait le village de Sèvres.

— Ah!

— Oui.

— D'où vient-il?

— Du quartier du Béarnais sans doute.

Ce cavalier dont la présence intriguait les officiers royaux n'était autre que Chicot, notre vieille connaissance.

Comment se faisait-il qu'il était à Sèvres sur le passage du roi, et pourquoi portait-il un costume de soldat huguenot, c'est ce que nous allons apprendre à nos lecteurs.

Chicot, après avoir laissé sur route les cadavres de Gosi et de don Gaspar d'Alcégas, s'était mis, avons-nous dit, à la poursuite de la voiture qui emportait l'infortunée Jovita évanouie. Au bout d'une lieue, il avait aperçu les toits de chaume de quelques cabanes groupées au milieu d'un petit bois que traversait le chemin. Il avait hâté sa course.

29.

A trois pas de la première chaumière, il avait été arrêté par un *Qui vive !* prononcé vigoureusement avec un accent gascon.

Il avait tourné la tête et avait aperçu, à une fenêtre du rez-de-chaussée d'une misérable maison, le canon d'une arquebuse braquée sur lui.

— Halte-là ! avait reprit la voix méridionale.

Chicot qui, depuis sa naissance, était au fait du caractère gascon, avait obéi avec la docilité d'un enfant.

Deux soldats s'étaient avancés vers lui l'épée en main.

Le bouffon du roi avait trouvé immédiatement en sa cervelle un moyen de se tirer d'affaire. Il avait adressé la parole aux deux huguenots en gascon gasconnant.

Aussitôt les deux soldats s'étaient tournés vers la maison et avaient crié :

— Cape dé bious ! c'est un compatriote.

Six hommes étaient sortis et l'avaient entouré, non pas en ennemis, mais en amis.

Chicot était tombé dans une cornette commandée par Jean de Chavillac, qui allait rejoindre le corps d'armée qui assiégeai Poissy.

Une fois devant le capitaine, le bouffon avait raconté l'enlèvement de la jeune Espagnole et les événements qui l'avaient suivi.

Alors Chavillac avait répondu :

— Mon cher compatriote, la dame que vous cherchez est en notre pouvoir, mes braves soldats ont arrêté la voiture, et quand ils se sont aperçus de quoi il retournait, ils ont fusillé ceux qui la conduisaient pour leur apprendre à agir humainement envers une femme charmante. Eh ! parfandious ! on est homme ou on ne l'est pas !

Jovita, brisée par les tortures qu'elle avait endurées, était dans une petite chambre, étendue sur une paillasse, le meilleur lit de la chaumière.

Le lendemain, Jean de Chavillac avait donné à Chicot un costume de guerre complet, et en le quittant lui avait laissé dix hommes, sous son commandement.

Six jours plus tard, le bouffon du roi avait rejoint le Béarnais au camp de Meudon et, avait été installer Jovita à Sèvres.

Chicot avait raconté tout au long cette aventure à Henri de Bourbon, qui y avait pris grand intérêt. Il avait juré son ventre-saint-Gris! et avait ajouté : Puisque tu m'assures que ton héroïne est charmante, je veux la voir. Quand elle sera complétement rétablie, tu me l'amèneras. Le bouffon, donc, suivait l'escorte du roi. Après avoir monté la côte de Montretout, il entra avec tout le monde dans la demeure de Gondy.

M. Laguesle aborda alors le roi et lui dit qu'un moine, venant de Paris, était chez lui, attendant le moment de pouvoir remettre à Sa Majesté une lettre de M. le premier président.

— Demain, demain, répondit Henri ; ma jument m'a brisé les reins... Ce maudit Béarnais n'est pas comme moi, lui, il supporte admirablement une longue course à cheval.

Henri, suivi de Chicot, entra dans la salle à manger.

— Sa Majesté est servie, lui dit son maître d'hôtel.

— Ah! mon pauvre Guimbagnette, lui répondit le roi ; je n'ai pas d'appétit, je suis harassé... Donne-moi simplement un verre d'eau sucrée avec un peu de citron ; je ne veux pas autre chose pour mon souper.

Pendant que Guimbagnette, le maître d'hôtel, apprêtait le verre d'eau citronnée, Henri se tourna vers les gentilshommes qui composaient sa suite et leur dit :

— Messieurs, soupez sans moi, faites honneur au délicieux repas préparé par ce cher Guimbagnette ; demain est un grand jour, prenez des forces. Demain nous entrons dans Paris..., et nous fêterons notre victoire dans mon château du Louvre.

Henri but le verre d'eau sucrée et ajouta :

— Bon appétit, messieurs, je vais me reposer...

Les gentilshommes s'inclinèrent et le roi sortit.

— Sa Majesté se huguenotise, dit M. de Mirepoix à demi-voix, en jetant les yeux sur Chicot qui accompagnait le roi, ce soldat doit être un des religionnaires de l'Ours de Béarn.

— Comment, répondit de Bellegarde, sous ce costume d'hérétique vous ne reconnaissez pas Chicot le bouffon?

— Il revient près du maitre, ajouta M. de Chamerault, parce que la fortune sourit à nos armes.

— Je crois, objecta Laguesle, qu'il regrettait moins le roi que les douceurs de la vie royale.

— Assurément, répliqua Lavergne. En campagne le pauvre diable a perdu sa marotte; au Louvre, il trônait en bouffon, mais enfin il trônait.

— Oui, pour nous accabler de ses épigrammes, continua Rambouillet; sa royauté ridicule lui faisait bien peu d'amis...

— L'inaction et l'ennui, ajouta d'O, lui donnaient au moins quelques flatteurs.

— Quel est l'imbécile qui n'a pas ses flatteurs? reprit Rambouillet.

— Messieurs, dit à son tour le jeune comte d'Auvergne, je n'ai jamais eu à me plaindre de ses quolibets, moi, et je suis persuadé que malgré sa parole caustique et railleuse, c'est au fond un serviteur dévoué et un brave soldat.

— Tout le monde sait que Chicot est brave, repartit de Bellegarde.

— Il me semble, messieurs, ajouta Rambouillet, que nous perdons un temps précieux en nous occupant d'un bouffon, quand un excellent souper tout servi nous attend. A table!

Les gentilshommes prirent des siéges, et Guimbagnette fit commencer le service.

Du Halde avait devancé le roi dans la chambre à coucher. Il l'aida à se débarrasser de son armure, puis se retira.

— Je suis aise de te revoir, mon ami, dit le roi en tendant la main à Chicot, je suis heureux que tu puisses assister à mon triomphe... Demain, deux portes de Paris s'ouvriront devant moi comme par enchantement.

— Tu as donc des intelligences dans la place, mon cher Henriquet?

— Oui ; la porte Saint-Honoré et la porte de Vaugirard me seront livrées par mes sujets restés fidèles.

— Bravo! mon fils ; le Mayenne mérite une leçon.

— Et je la lui donnerai.

— Tu vois bien, Henriquet, que j'avais raison lorsque je te conseillais de prendre ton beau-frère pour allié.

— Non, j'ai eu tort.

— Pourquoi?

— Parce que si je n'avais pas fait cause commune avec ce roitelet hérétique, Paris entier serait resté royaliste, tandis...

— Mon fils, tu es ingrat, dit Chicot en interrompant le roi: les huguenots sont de bons soldats et, sans eux, Mayenne te faisait prisonnier à Tours.

— Par la mort-Dieu! je n'en crois rien, s'écria Henri.

— La victoire te fait oublier vite les services qu'on te rend.

— Mais ces diables de religionnaires me nuisent plus aujourd'hui qu'ils ne me sont utiles... qu'ils retournent en Poitou et en Saintonge manger leur pain bis, mais qu'ils n'entrent pas dans ma capitale avec moi... Ce Béarnais me perdra!...

Et le roi laissa tomber sa tête sur sa poitrine.

— Enfin, reprit Chicot après un long silence, je venais te prévenir, Henriquet, que si demain nous étions obligés de donner l'assaut, tu me verrais combattre en soldat aux premiers rangs. J'ai toujours ma haine contre cette maudite famille de Lorraine...

— Tu es un bon ami, toi.

— Mais qui dit la vérité en riant. A propos, tu es au mieux maintenant avec d'Épernon?

— Oui, il ne nuit pas à ma gloire, lui.

— Ce cher duc! puise-t-il toujours à pleines mains dans tes coffres?... C'est que, pour lui, l'argent est toujours le nerf du dévouement.

— Ne dis pas de mal de Pernon, mon ami, il a les mêmes idées que moi sur le Béarnais.

— Alors, ventre-de-biche! je vois que, malgré son exil, il est resté habile courtisan.

— Je suis sûr, reprit le roi, comme sortant d'un demi-sommeil, que cette duchesse de Montpensier aura laissé mourir de faim mes petits oiseaux et mes écureuils dans ma belle volière du Louvre... Et mes petits chiens que j'aimais tant!... Écoute-donc, mon ami, n'entends-tu rien?

— J'entends les éclats de rire et le choc des verres de tes gentilshommes...

— Ils s'amusent!...

Le souper touchait à sa fin, et les convives, excités par des vins généreux, riaient et trinquaient si bruyamment, que le tapage qu'ils faisaient montait jusqu'à la chambre du roi.

Chicot prit congé de Henri.

Le roi, aussitôt après le départ du bouffon, descendit dans la salle à manger.

En voyant Sa Majesté la surprise des soupeurs fut extrême.

— Jésus-Marie! mes gentilshommes, dit gaiement Henri, vous êtes de joyeux buveurs!... Par la messe! vous êtes des buveurs qui n'engendrez pas la mélancolie!... Votre joie tapageuse m'a remis de mes fatigues et m'a ôté l'envie de dormir... Je viens partager vos plaisirs et concourir à votre gaieté par ma présence. Allons, riez, buvez, c'est que je suis aussi un boute-entrain, moi, quand je veux!!!...

— Vive le roi! crièrent les gentilshommes en levant leurs verres.

— Demain nous serons au Louvre, enterrons joyeusement la campagne!... Il faut jouir du peu de temps qui nous reste à vivre hors de ma capitale... Créons-nous d'agréables souvenirs! musique! cartes, brelan! amusons-nous, jouons! Des cartes, vite, des cartes! Je veux tout tenir, seul, contre vous! me ferez-vous tête, messieurs?

— Vive le roi! répétèrent les gentilshommes à demi-ivres.

— Allons, *presto* laquais! apportez les tapis... les cartes... vite, demain nous aurons bien d'autres choses à faire... Table nette, messieurs! ces bouteilles et ces verres sont déplacés ici... Bouteille vide, corps sans âme! Allons, Mirepoix, prends la nappe, et toi aussi, Chamerault... Allons, c'est moi qui commande, y êtes-vous? une... deux... trois...

Et le roi, aidé de deux gentilshommes, fit sauter la nappe avec les verres, les bouteilles et les assiettes.

Après cette folie de débauché, dont le roi paraissait fort content, le jeu commença.

Henri III resta devant le tapis vert à jouer, à la prime, jusqu'à une heure très-avancée de la nuit.

CHAPITRE XXXI

COMMENT LE JACOBIN ARRIVA JUSQU'AU ROI DE FRANCE, ET DE QUELLE MANIÈRE IL LE BLESSA MORTELLEMENT

En quittant le roi, Chicot était remonté à cheval pour retourner à Sèvres, près de Jovita.

Au moment où il arrivait en face du pont son attention fut attirée par une dispute violente qui s'était élevée entre plusieurs soldats. Il dirigea sa monture de ce côté.

— Ce prisonnier m'appartient, disait un arquebusier.

— Non, il est à moi, reprenait un autre.

— Espion pris est bon à garder, et je le garde.

— Alors nous partagerons la récompense.

— Non, sang-Dieu ! j'ai mis le premier la main sur le traître et je ne l'abandonnerai à personne.

— Mais c'est moi qui l'ai fait remarquer, quand il sautait la tranchée.

— Tu mens !

— Eh bien ! tu ne le garderas pas vivant ; on ne paye pas un cadavre.

En disant cela le soldat avait donné un coup de dague dans la poitrine du prisonnier.

— Harnibieu ! s'écria le brave Givry en accourant sur le lieu du tumulte, vous êtes des lâches d'assassiner de sang-froid un homme qui ne peut se défendre !

— C'est un espion de Mayenne.

— Qu'importe !

Et Givry, d'un coup du pommeau de son épée, fit reculer le soldat.

Chicot était sauté au bas de son cheval et se frayait un passage au milieu des hommes qui entouraient le blessé.

— Ah! c'est vous, maître fou, dit Givry en apercevant Chicot à la lueur d'une torche que portait un volontaire suisse; aidez-moi donc à tirer ce pauvre jeune homme des mains de ces furieux.

Quel ne fut pas l'étonnement de Chicot en reconnaissant dans le ligueur son ami Gaston.

— Ventre-de-biche! dit-il, c'est le ciel qui m'envoie.

— Vous connaissez ce jeune homme? demanda Givry.

— C'est un de mes bons amis.

— Alors, emmenez-le.

— Qui de vous a fait ce prisonnier? dit Chicot en se tournant vers les soldats.

— Moi, répondit un arquebusier à la figure hâlée et au regard menaçant.

— Tenez, voici pour sa rançon.

Et le fou du roi mit deux pièces d'or dans la main du soldat.

Le jeune peintre était pâle; il serrait les mains de Chicot avec effusion sans pouvoir prononcer une parole. Il suivit son ami, car il n'était pas blessé. le coup de poignard qu'il avait reçu sur sa cuirasse y avait fait simplement une tétine. Il n'en était résulté pour lui qu'une meurtrissure douloureuse, mais sans danger pour sa vie.

— Montez sur mon cheval, lui dit le fou.

— Et vous?

— Moi, j'irai à pied; j'ai les jambes assez longues pour vous accompagner jusqu'à Sèvres. En route!

Un quart d'heure après nos deux amis étaient arrivés à leur destination.

Quand Chicot eut fait entrer Gaston dans la petite maison qu'il habitait, il lui dit:

— Apprenez-moi, maintenant, par quel concours de circonstances vous êtes tombé entre les mains des royaux.

— Le duc de Mayenne avait demandé un homme de bonne volonté pour reconnaître les dispositions des ennemis ; et comme je voulais mourir, je m'étais chargé de cette mission périlleuse.

— Vous vouliez mourir ?

— Oui. Ah! c'est que vous ne savez pas tout ce qui s'est passé depuis la dernière fois que je vous ai vu.

— Que vous est-il arrivé ?

— J'ai épousé Marie Jorand.

— Je ne vois pas ce qu'il y a là de si malheureux.

— Le soir de notre mariage, Marie, rongée par un terrible remords, a confié à un vieux prêtre qu'elle avait été la maîtresse du chevalier d'Aumale...

— Pauvre fille !

— Puis elle a voulu expier sa faute par la mort...

— Elle est morte ?

— Elle s'est noyée.

— O mon Dieu !

— J'ai cherché moi-même et fait chercher son corps dans la Seine par des mariniers ; il nous a été impossible de le retrouver.

— Madame Jorand avait donc consenti à vous accorder sa main, quoique vous fussiez sans famille ?

— Elle avait voulu se conformer aux dernières volontés de son beau-frère ; du reste, l'opposition à mon union avec Marie ne venait pas d'elle, elle venait de Pierre Jorand.

— Je lui avais démontré, à Tours, qu'il avait eu tort de vous faire un crime d'avoir été abandonné par ceux à qui vous deviez le jour... Mais vous pâlissez, Gaston, souffririez-vous ?

— Oui, un peu.

— Otez votre cuirasse ; elle est légère pour une armure de combat, mais, ne l'ayant plus, vous respirerez plus à votre aise.

Le jeune homme déboucla sa cuirasse et la posa à terre.

— Si nous examinions maintenant votre blessure? dit Chicot.

— Je ne me sens pas blessé; voyez, la pointe du poignard dirigé contre moi n'a fait qu'une tétine à ma cuirasse.

— C'est égal, un coup peut avoir des suites dangereuses.

Gaston, voyant l'insistance amicale que le fou du roi avait pour lui, s'empressa alors de retirer son pourpoint.

En effet, la blessure était très-légère. On apercevait seulement une marque bleuâtre au haut de la poitrine, près de la clavicule droite.

— Ce ne sera rien, mon ami, dit Chicot, quelques heures de sommeil et vous n'y penserez plus... Mais qu'avez-vous donc là, pendu au cou, continua-t-il en changeant de ton, vous portez donc des reliques?

— C'est la moitié d'une médaille d'or, répondit le jeune homme en présentant l'objet au bouffon; mademoiselle Agnès de Novielle m'a dit que ce fragment de médaille m'aiderait un jour à retrouver mon père... Mais elle n'a pu me donner de plus amples renseignements.

— Attendez donc, mon ami, reprit Chicot en ôtant aussi son pourpoint, j'ai aussi sur moi, ou je me tromperais fort, l'autre moitié de cette pièce d'or...

Et il rapprocha de la moitié de médaille de Gaston une autre moitié qu'il portait pendue à son cou depuis son voyage en Poitou auprès du Béarnais.

— Est-ce que par hasard ce serait vous?...

— Non, non, Gaston, ce n'est pas moi qui suis votre père... si celui que je présume est votre père... vous ne le verrez jamais...

— Jamais?

— Non, parce qu'il est mort.

— Mort!

— Il est mort assassiné.

— Son nom?

— Il s'appelait Louis de Guise.

. . . .

Le lendemain matin, tous les royaux étaient sur pied que Henri III, fatigué de sa nuit de débauche, était encore au lit.

A six heures, le Béarnais avait déjà parcouru tous ses quartiers sur les hauteurs de Meudon, et MM. de Rosny, Lanoue, Châtillon et Agrippa d'Aubigné étaient à leurs postes.

Les huguenots attendaient le signal de l'attaque, qui devait être transmis de Saint-Cloud.

A sept heures, Henri III sortit de son lit, appela M. de Bellegarde et son écuyer du Halde, puis se mit à genoux sur son prie-Dieu. Il pria longtemps, sans doute pour demander à Dieu le pardon de son orgie de la veille.

— Habille-moi, du Halde, dit-il, après avoir pris de l'eau bénite et fait le signe de la croix.

— Sire, dit Bellegarde, le boute-selle est sonné; les troupes n'attendent plus que la présence de Votre Majesté pour se mettre en marche.

— Eh bien ! qu'elles attendent, mon fils.

La toilette du roi était à peine commencée quand, s'échappant des mains de du Halde, Henri passa dans sa garde-robe.

Quelques instants après, M. Laguesle arrivait à la porte de la chambre de Sa Majesté, et du Halde, prévoyant un nouveau retard de cette visite, refusait de le laisser entrer. Le roi entendant du bruit sortit de sa garde-robe, et s'adressant à son écuyer :

— Avec qui parles-tu donc, du Halde?

— C'est M. Laguesle qui veut entrer.

— Qu'il entre; je lui ai promis hier de le recevoir ce matin avec le messager de M. le président de Harlay.

— Sire, dit alors Laguesle, faut-il faire monter le jeune moine?

— Oui, oui, qu'il monte. Les Parisiens jetteraient de beaux cris s'ils apprenaient que je refuse de recevoir les moines.

Laguesle sortit pour aller chercher le soi-disant envoyé de M. le premier président. Pendant ce temps, du Halde aida le roi à passer un pourpoint de chamois sur lequel il mettait ordinairement le corps de cuirasse.

LE DUC DES MOINES.

— Voici Sa Majesté, dit Laguesle en revenant accompagné de Jacques.

— Entrez, mon frère, dit Henri, je suis prêt à vous écouter.

Jacques Clément s'avança les mains jointes et les yeux fixés à terre. Arrivé en face du roi, il se mit à genoux.

— Relevez-vous lui dit Henri.

Le jeune moine obéit.

— Vous avez quelque chose à me dire de la part de mes serviteurs restés fidèles?

— Oui, sire; mais ce que j'ai à vous dire ne doit être entendu que de vous seul.

— Ces messieurs sont de mes amis et des sujets dévoués, vous pouvez parler devant eux.

— Non, sire.

— Alors venez près de cette fenêtre.

Jacques Clément suivit le roi dans l'embrasure d'une fenêtre, tandis que Bellegarde, Laguesle et du Halde se retiraient à l'autre extrémité de l'appartement.

— Vous avez des lettres à me remettre, à ce l'on m'a dit? reprit Henri.

— Oui, sire.

Alors le moine remit au roi une lettre.

— C'est bien la main de M. de Harlay, dit Henri après l'avoir ouverte; je reconnais son écriture italienne...

En ce moment, Jacques Clément tira brusquement son couteau de sa manche et en donna un coup vigoureux dans le ventre du roi.

— Ah! le méchant moine, s'écria Henri, il m'a blessé!

Le roi retira le couteau resté dans la plaie et en frappa le moine au-dessus du sourcil gauche.

Aux cris du roi Laguesle accourut et, tirant son épée, il la passa au travers du corps de l'assassin.

Jacques Clément tomba à la renverse, en levant les deux bras vers le ciel.

Du Halde ouvrit la porte et cria :

— Au secours, on vient de tuer le roi !...

Aussitôt Chalabre, Montséry, Saint-Gaudens, ordinaires de Sa Majesté, et plusieurs autres archers de la porte se précipitèrent dans l'appartement.

— C'est ce jacobin qui a fait le coup ? demanda Montséry.

Et il lui donna un coup d'épée.

Chalabre, Saint-Gaudens et les autres l'imitèrent.

En moins d'une minute le corps de Jacques Clement fut criblé de blessures [1].

— Ne le tuez pas, criait de Bellegarde, en aidant le roi à se mettre sur son lit.

— Oh ! mon Dieu, mon Dieu ! disait Laguesle avec désespoir ; faut-il que vos implacables ennemis, sire, se soient servis de moi pour un attentat aussi grand !...

— Ne vous désespérez pas, Laguesle, lui répondit Henri, je ne souffre pas... Envoyez chercher Portail, mon chirurgien... ou Miron...

Deux ordinaires prirent alors le cadavre du jacobin, et le jetèrent par la fenêtre.

Rambouillet, d'Entragues, d'O, Châteauvieux et autres gentilshommes entrèrent, suivis des chirurgiens.

On examina la blessure du roi, elle ne fut pas déclarée mortelle.

Portail posa un appareil sur la plaie ; puis le roi ordonna qu'on allât chercher le Béarnais.

Chicot arriva sur ces entrefaites, et Henri lui tendit la main :

— Un scélérat de moine a voulu me tuer, mon ami ; heureusement son coup a manqué... La protection du ciel m'a sauvé... Ah ! les moines, les moines ! Je n'en reverrai de ma vie... A-t-on envoyé auprès de mon frère à Meudon ?...

— Tu veux voir le roi de Navarre, mon Henriquet ?

---

[1] M. de Thou dit dans son histoire : *Statim innumeris vulneribus confossum interficiunt.*

— Oui, qu'on se hâte... Je veux le voir.

— Je vais le chercher; dans une demi-heure il sera ici.

Chicot sortit en courant, monta sur son cheval et partit au galop.

En passant à Sèvres devant la maison où il avait laissé le matin Gaston et Jovita, il vit devant la porte un attroupement de paysans et de mariniers.

— Qu'y a-t-il? demanda-t-il.

— C'est une morte qu'on vient de retirer de la rivière, lui répondit une vieille femme; c'est Joseph Milot le pêcheur, qui l'a trouvée, en relevant ses filets.

Chicot mit pied à terre et entra chez lui.

Là, un affreux spectacle l'attendait.

Un cadavre qui paraissait avoir séjourné plusieurs jours dans l'eau était étendu sur un drap au milieu d'une pièce du rez-de-chaussée. C'était une jeune fille en costume de mariée.

Jovita était à genoux et priait.

Gaston était assis et sanglotait.

Chicot examina la morte et s'écria :

— Mais c'est le corps de Marie Jorand!

— Oui, mon ami, dit le jeune homme en découvrant son visage inondé de larmes.

— Comment se fait-il qu'il soit ici?

— Ce matin, un quart d'heure après votre départ, j'aperçus beaucoup de monde qui se dirigeait vers la berge de la Seine, à cent pas d'ici, près du bas coteau de Meudon. Entraîné par la curiosité, je courus aussi de ce côté, et je reconnus dans la morte qu'un pêcheur venait de retirer de l'eau ma bien-aimée Marie.

— O mon Dieu! fit Chicot.

— Le chevalier d'Aumale, dit alors Jovita d'une voix tremblante de colère, est un lâche et un misérable qui se joue de la vertu et de l'honneur, mais je jure sur ce cadavre de laver dans son sang, tôt ou tard, toutes ses infamies!

Un grand bruit se fit dans la rue; c'était le roi de Navarre, accompagné de ses principaux officiers, qui se rendait à Saint-Cloud.

Henri III fut heureux de revoir son beau-frère, et lui dit :

— Je sens que Dieu m'appelle vers lui... Bientôt ma couronne sera vôtre... Croyez-moi, si vous voulez en jouir paisiblement, mon frère, rentrez dans le sein de l'Église catholique, apostolique et romaine.

Le roi de Navarre s'agenouilla près du lit et baisa en pleurant la main du royal blessé.

Henri reprit :

— Mon frère, en mourant, je laisse autour de vous mes amis et mes serviteurs fidèles, aimez-les comme je les aimais, et ils vous seront d'un grand secours pour la pacification du royaume, dont vous êtes l'espérance et le salut... O bon Dieu! Je n'entends plus... mes yeux se troublent. . Seigneur, que votre volonté soit faite!...

Et Henri III, ce dernier enfant gâté de la Florentine Catherine de Médicis, rendit le dernier soupir, entouré de ses courtisans. Il était âgé de trente-huit ans, dix mois, treize jours et dans la quinzième année de son règne.

Le lendemain, le corps défiguré de Jacques Clément fut tiré à quatre chevaux, puis brûlé sur un bûcher par la main du bourreau. Ses cendres furent jetées au vent.

Le coup de couteau de ce Jacobin n'était autre que la revanche prise par la maison de Lorraine sur la maison de France.

Henri III en mourant laissait son royaume dans la plus sanglante anarchie. Le huguenot roi de Navarre ne pouvait arriver au trône qu'en s'imposant par la force des armes, ou en abjurant. Pour régner, le Béarnais devait disparaître dans Henri IV; c'est ce qui arriva en effet; et alors le premier des Bourbons succéda au dernier des Valois.

FIN

TABLE DES MATIÈRES

Préface. . . . . ı
Introduction. 1
Chapitre I. — Dans quelle situation se trouve le roi de France après avoir fait assassiner le roi de Paris. 7
Chap. II. — De la rencontre singulière que fit Chicot en allant de Blois à Saint-Jean d'Angély. 13
Chap. III. — Où l'on verra qu'il est quelquefois utile à un honnête homme de savoir tricher au jeu. 23
Chap. IV. — Comment les soldats du Béarnais s'emparèrent de la ville de Niort. 39
Chap. V. — Où l'on verra pourquoi Pierre Jorand avait besoin de se confesser au P. Martinet avant de s'abandonner au bourreau. 50
Chap. VI. — Chicot et Gosi arrivent à Saint-Jean d'Angély. Le roi de Navarre les emmène avec lui à Niort. Ce qu'ils y firent. 61
Chap. VII. — Ce qui se passait dans la bonne ville de Paris pendant que Henri III était à Blois et le Béarnais en Poitou. 75
Chap. VIII. — Où le lecteur retrouvera plusieurs personnages avec lesquels il a déjà fait connaissance. 88
Chap. IX. — Quelle nouvelle grave et inattendue arriva à Paris le 7 janvier 1589. 98

Chap. X. — Ce que fit le duc des Moines depuis sa fuite de Lyon jusqu'à son entrée triomphale à Paris. 107

Chap. XI. — Scènes intimes dans la maison de l'orfévre du pont au Change. 117

Chap. XII. — Où l'on verra comment la jalousie peut faire naître la haine dans le cœur d'une femme. 126

Chap. XIII. — Où le lecteur apprendra ce que la duchesse de Montpensier méditait pour sa vengeance. 140

Chap. XIV. — Où l'on verra que le duc de Mayenne et le chevalier d'Aumale, par leur façon d'agir, faisaient des mécontents. 150

Chap. XV. — Chicot et Gaston cherchent à se trouver face à face avec leurs ennemis personnels. 164

Chap. XVI. — Où il est démontré que si le bon vin fait perdre la tête, il peut aussi sauver la vie. 172

Chap. XVII. — Pourquoi le chevalier d'Aumale avait fait venir chez lui don Gaspar d'Alcégas. 184

Chap. XVIII. — Chicot, pour échapper aux agents de M. le duc de Mayenne, se décide à quitter Paris. 194

Chap. XIX. — Où l'on verra pourquoi Gosi donne deux coups d'épée et pourquoi Gaston reçoit trois coups de poignard. 205

Chap. XX. — Henri III, contraint et forcé par les circonstances, se décide à signer une trêve avec le roi de Navarre. 217

Chap. XXI. — Après le combat sous les murs de Tours, Chicot parcourt le champ de bataille et trouve le corps d'un de ses amis parmi les morts. 229

Chap. XXII. — Pourquoi madame la duchesse de Montpensier inventait des nouvelles, et comment Gosi en ressentit le contre-coup. 242

Chap. XXIII. — Comment le prieur du couvent des Jacobins faisait apparaître la vierge Marie au frère Jacques. 251

Chap. XXIV. — Où l'on verra que M. l'ambassadeur d'Espagne maudit les affaires de la Ligue et la conduite de sa nièce. 263

Chap. XXV. — Comment mademoiselle Jorand rencontra le chevalier d'Aumale, et la conversation qu'ils eurent ensemble. 271

Chap. XXVI. — Où l'on verra comment Chicot rentra dans Paris, et pourquoi la señorita Jovita alla chez l'orfévre du pont au Change. . . 284

Chap. XXVII. — Comment le souper du chevalier d'Aumale fut interrompu, et de quel événement dramatique il fut suivi. 297

Chap. XXVIII. — De quelle manière la señorita fut saisie, bâillonnée, liée et garrottée en essayant de se sauver de l'hôtel Carnavalet. . . . 308

Chap. XXIX. — Où l'on verra quelles furent les conséquences des clauses du testament de Pierre Jorand. 320

TABLE DES MATIERES.

Chap. XXX. — Le frère Jacques sort de Paris pour porter une lettre de M. de Harlay au roi de France qui venait d'établir son quartier général à Saint-Cloud.. 332

Chap. XXXI. — Comment le jacobin arriva jusqu'au roi de France et de quelle manière il le blessa mortellement. 348

FIN DE LA TABLE

PARIS. — IMP. SIMON RAÇON ET COMP., RUE D'ERFURTH, 1.

www.ingramcontent.com/pod-product-compliance
Lightning Source LLC
Chambersburg PA
CBHW050251170426
43202CB00011B/1641